AF209751

Utvalda svenska verb översatta till Feylî kurdiska

Första upplagan

Förlag och tryck: BoD
ISBN: 978-91-7699-094-0
www.feyli.se
Info@feyli.se

Till min älskade dotter Madjan,
Må kunskap belysa din väg

Förord

Huvudsyftet med denna bok är att ge läsaren en inblick i de verb som finns inom dialekten Feylî. Målgruppen är främst Feylî-talande kurder som vill lära sig mer om sitt eget modersmål och om möjligt utöka sin "verb" förråd, även kurder (och alla som vill) med annan dialekt ska kunna ha möjligheten att bekanta sig med dialekten Feylî.
Författaren har utgått från de Kurdiska verben när de översattes till svenska, så trots att det är en svensk-kurdisk verb-bok så har betoningen lagts på de kurdiska verben. Därför förekommer det svenska verb som har exemplifierats (så som Bli) för att få fram betydelsen av de kurdiska verben så klar och tydlig som möjligt.
Min högsta önskan är att se dem som har kunskap, intresse eller medel ska börja skriva eller sponsra böcker skrivna med vår urgamla och så vackra dialekt och jag hoppas innerligt att den här obetydliga boken ska kunna hjälpa dem som har intresset.

Avslutningsvis så vill jag nämna författaren Abbas Jalilian vars böcker har varit ovärderliga för mig. Det var hans böcker (Zerrîne u sîmîne) som fick mig att intressera mig för mitt språk och vilja lära mig mer. Hans främsta bok enligt mitt tycke är Ferhengî başûr vilket är en ordbok skriven på kurdiska och översatt till farsi och rekommenderas starkt för alla de som vill lära sig mer.

Feylî alfabetet

Bokstav	Exempel	Motsvarighet
A, a	**A**gir (Eld), **A**yim (Människa)	Svenskt **A**
B, b	**B**ar (Last), **B**aL (Vinge,Arm)	Svenskt **B**
C, c	**C**ûwan (Ung), **C**î (Plats)	Engelskt **J**
Ç ç	**Ç**eft (Sned), **Ç**ew (Öga)	Engelskt **Ch**(apter)
D, d	**D**ar (Träd), **D**aLig (Moder)	Svenskt **D**
E, e	**E**ncîr (Fikon), **E**ger (Om)	Svenskt **Ä**
Ê, ê	**Ê**ware (Skyming), R**ê** (Väg)	Svenskt **e** i R**e**n
F, f	**F**irye (Mycket), **F**îl (Elefant)	Svenskt **F**
G, g	**G**iran (Dyr), **G**ep (Stor)	Svenskt **G**
H, h	**H**eşt (Åtta), **H**awsa (Granne)	Svenskt **H**
I, i	**I**ncig (Kläder), **I**msaL (I år)	Svenskt **e** i h**e**tt
Î, î	**Î**la (Den här sidan), S**î**r (Vitlök)	Svenskt **I**
J, j	**J**an (Smärta), **J**in (Kvinna)	Franskt **J**
K, k	**K**ew (Blå), **K**awirr (Får)	Svensk **K**
L, l	**L**iç (Läpp), **L**ifane (Tvilling/Par)	Svenskt **L**
M, m	**M**ar (Orm), **M**aL (Hus)	Svenskt **M**
N, n	**N**an (Bröd), **N**ixan (Nagel)	Svenskt **N**
O, o	K**o**me (Många), M**o**re (Mutter)	Svenskt **Å**
P, p	**P**a (Ben), **P**ül (Pengar)	Svenskt **P**
Q, q	**Q**ert (Lån), **Q**eün (Tjock)	Arabisk **Q** i **Q**ibbla
R, r	**R**ê (Väg), **R**as (Sanning/Höger)	Svenskt **R**
S, s	**S**a (Skugga), **S**aL (År)	Svenskt **S**
Ş, ş	**Ş**an (Axel), **Ş**ar (Stad)	Engelskt **Sh**
T, t	**T**aze (Ny/Färsk), **T**ûp (Boll)	Svensk **T**
U, u	K**u**rr (Pojke), K**u**L (Kort)	Svenskt **o** i k**o**rt
Û, û	K**û**r (Blind), K**û**L (Axel)	Svenskt **o** i L**o**k
Ü, ü	K**ü**ye (Berg), R**ü**(Ansikte)	Tyskt **ü**

V, v	Gî**v** (Diameter), Mid**v**er (Rådjur)	Svenskt **V**
W, w	**W**aran (Regn), **W**ehar (Vår)	Engelskt **W**
X, x	**X**aLû (Morbror), **X**aw (Sömn/Dröm)	**Kh**(an)
Y, y	**Y**ek (Ett), **Y**e (Den)	Svenskt **J**
Z, z	**Z**êw (Mark, Jord), **Z**ûr (Styrka)	Svenskt **Z**

I boken förekommer även L inom orden vilket motsvaras av amerikanskt L som i App(L)e och (L)eg.

Det finns två andra sätt att skriva denna L => ll samt ł. Då det inte finns någon standard man kan följa har författaren valt L.

Bokstäver som upprepas betonar bokstaven. Som exempel kan nämnas Ki**rr**, Wi**rr**, Xi**rr**.

Förklaring av återkommande verb

Inom Feylî dialekten förekommer det en hel del löst sammansatta verb och för att minska mängden text och därmed öka läsbarheten så har jag valt att inte böja var och en av dessa verb i översättningen. Utan här nedan ska jag samla de och visa hur de böjs.

Exempel på hur det kan se ut:
Flamma 1 [Girr girtin*] 2 [Gurrew bün*] 3 [BiLûze kirdin*] 4 [BiLûze dan*], [BiLêze dan*]

Som det framgår av texten ovan så har vi 4 olika verbändelser, nämligen: *girtin*, *bün*, *kirdin* samt *dan*. Var och en av dessa avslutas med * och ska ha deras böjningar förklarade här. Numreringarna baseras på nya verbändelser och inte de olika orden. Så *dan* i exemplet ovan har förekommit två gånger, men båda får samma nummer då det är samma ändelse på båda. Se sida 5 för utförlig genomgång av verbändelserna.

Birdin* [bird]

Ewem, Eweyd, Ewad, Eweymin, Ewen, Ewen | ~im, ~id, ~, ~îmin, ~in, ~in | ~imes, ~ides, ~iges, ~îmines, ~ines, ~ines | ~îm, ~îd, ~î, ~îmin, ~în, ~în

Bün* [bü]

Edam, Edayd, Edê, Edaymin, Edan, Edan | ~m, ~d, ~, ~min, ~n, ~n | ~mes, ~des, ges, ~mines, ~nes, ~nes | ~gîm, ~gîd, ~gî, ~gîmin, ~gîn, ~gîn

Çün* [çü]

Eçim, Eçid, Eçê, Eçîmin, Eçin, Eçin | ~m, ~d, ~, ~min, ~n, ~n | ~mes, ~des, ~ges, ~mines, ~nes, ~nes | ~gîm, ~gîd, ~gî, ~gîmin, ~gîn, ~gîn

Dan* [da]

Edem, Edeyd, Edê, Edeymin, Eden, Eden | ~m, ~yd, ~, ~ymin, ~n, ~n | ~mes, ~ydes, ~ges, ~ymines, ~nes, ~nes | ~gîm, ~gîd, ~gî, ~gîmin, ~gîn, ~gîn

Girtin* [girt]

Egirim, Egirid, Egirê, Egirîmin, Egirin, Egirin | ~im, ~id, ~, ~îmin, ~in, ~in | ~imes, ~ides, ~iges, ~îmines, ~ines, ~ines | ~îm, ~îd, ~î, ~îmin, ~în, ~în

Hatin* [hat]

Eyem, Eyeyd, Eyad, Eyeymin, Eyen, Eyen | ~im, ~id, ~, ~îmin, ~in, ~in | ~imes, ~ides, ~iges, ~îmines, ~ines, ~ines | ~îm, ~îd, ~î, ~îmin, ~în, ~în

Hawirdin* [hawird]

Eyerim, Eyerid, Eyerê, Eyerîmin, Eyerin, Eyerin | ~im, ~id, ~, ~îmin, ~in, ~in | ~imes, ~ides, ~iges, ~îmines, ~ines, ~ines | ~îm, ~îd, ~î, ~îmin, ~în, ~în

Keftin* [keft]

Ekefim, Ekefid, Ekefê, Ekefîmin, Ekefin, Ekefin | ~im, ~id, ~, ~îmin, ~in, ~in | ~imes, ~ides, ~iges, ~îmines, ~ines, ~ines | ~îm, ~îd, ~î, ~îmin, ~în, ~în

Kirdin* [kird]

Ekem, Ekeyd, Ekad, Ekeymin, Eken, Eken | ~im, ~id, ~, ~îmin, ~in, ~in | ~imes, ~ides, ~iges, ~îmines, ~ines, ~ines | ~îm, ~îd, ~î, ~îmin, ~în, ~în

Kîşan* [kîş]

E~im, E~id, E~ê, E~îmin, E~in, E~in | ~am, ~ayd, ~a, ~aîmin, ~an, ~an | ~ames, ~aydes, ~ages, ~aîmines, ~anes, ~anes | ~aîm, ~aîd, ~aî, ~aîmin, ~aîn, ~aîn

Kuştin* [kuşt]

Ekujim, Ekujid, Ekujê, Ekujîmin, Ekujin, Ekujin | ~im, ~id, ~, ~îmin, ~in, ~in | ~imes, ~ides, ~iges, ~îmines, ~ines, ~ines | ~îm, ~îd, ~î, ~îmin, ~în, ~în

Menîn* [men]

Emenim, Emenid, Emenê, Emenîmin, Emenin, Emenin | ~îm, ~îd, ~î, ~îmin, ~în, ~în | ~îmes, ~îdes, ~îges, ~îmines, ~înes, ~înes | ~îgîm, ~îgîd, ~îgî, ~îgîmin, ~îgîn, ~îgîn

Menistin* [menist]

Emenim, Emenid, Emenê, Emenîmin, Emenin, Emenin | ~im, ~id, ~, ~îmin, ~in, ~in | ~imes, ~ides, ~iges, ~îmines, ~ines, ~ines | ~îm, ~îd, ~î, ~îmin, ~în, ~în

Nan* [na]

Enem, Eneyd, Enê, Eneymin, Enen, Enen | ~m, ~yd, ~, ~ymin, ~n, ~n | ~mes, ~ydes, ~ges, ~ymines, ~nes, ~nes | ~gîm, ~gîd, ~gî, ~gîmin, ~gîn, ~gîn

Senistin* [senist]

Esenim, Esenid, Esenê, Esenîmin, Esenin, Esenin | ~im, ~id, ~, ~îmin, ~in, ~in | ~imes, ~ides, ~iges, ~îmines, ~ines, ~ines | ~îm, ~îd, ~î, ~îmin, ~în, ~în

A

Abortera [MinaL le bar birdin*]

Acceptera [Qebûl kirdin*]

- ***sin situation*** [We ser birdin*]

Accepteras [Rewa bün*], [Qebûl bün*]

Acklimatisera *(vänja)* [Gurê girtin*]

Ackumulera [Cemew kirdin*], [Xirr kirdin*], [Kû kirdin*], [Girdew kirdin*], [Lim kirdin*]

Addera 1 [Cem dan*], 2 [Kû kirdin*], [Cem kirdin*] 3 [Fire kirdin*], [Zîyag kirdin*], [Ezafe kirdin*], [Zîyatî kirdin*]

Aducera [Nerma kirdin*], [Nerm kirdin*]

Aga [Hewsar kirdin*], [Ayim kirdin*], [Et kirdin*], [Hey le wer kirdin*], [Edew kirdin*], [Hey kirdin*]

Agera *skiljedomare* [Beyn girtin*]

Agitera 1 [DiLgawî dan*], [Han dan*] 2 [Tîj kirdin*], [Têj kirdin*], [Ser têj kirdin*], [Tîr kirdin*]

Andas [Hinas kîşan*], [Henas kîşan*]

Anfalla 1 [Pelemar birdin*], [Hütre birdin*], [HiLamat birdin*], [HeLmet birdin*], [Hüjim birdin*], [Hela birdin*], [Hêriş birdin*] 2 [Hêriş kirdin*], [Hirriş kirdin*] 3 [Hütre dan*], [Heywet dan*], [HeLmet dan*], [HiLamat dan*] 4 [Wer nan*]

Anförtro *(med förtroende överlämna)* [Amanet dan*], [Emanet dan*]

Anförtros *(med förtroende erhålla)* [Xwas kirdin*]

Angripa 1 [Pelemar birdin*], [Hütre birdin*], [HiLamat birdin*], [HeLmet birdin*], [Hüjim birdin*], [Hela birdin*], [Hêriş birdin*] 2 [Hütre dan*], [Heywet dan*], [HeLmet dan*], [HiLamat dan*] 3 [Hêriş kirdin*], [Hirriş kirdin*] 4 [Wer nan*]

Anhopa 1 [Cemew kirdin*], [Xirr kirdin*], [Kû kirdin*], [Girdew kirdin*], [Lim kirdin*], [Gird kirdin*], [Cem kirdin*]

Anklaga 1 [Bixt dan*] 2 [Bixt kirdin*]

Anlända 1 Resîn [res] 2 Hatin [hat]

Anländer 1 e~im, e~id, e~ê, e~îmin, e~in, e~in 2 eyem, eyeyd, eyêd, eyeymin, eyen, eyen **Anlände** 1 ~îm, ~îd, ~î ,~îmin, ~în, ~în 2 ~im, ~id, ~, ~îmin, ~in, ~in **Har anlänt** 1 ~îmes, ~îdes, ~îges, ~îmines, ~înes, ~înes 2 ~imes, ~ides, ~iges, ~îmines, ~ines, ~ines **Hade anlänt** 1 ~îgîm, ~îgîd, ~îgî, ~îgîmin, ~îgîn, ~îgîn 2 ~îm, ~îd, ~î, ~îmin, ~în, ~în

Anmäla *sig frivilligt för...* [Emşêr bün*], [Hemşêr bün*]

Anmärka *fel* [Ertew girtin*], [Etew girtin*], [Ûn girtin*], [Serdes girtin*]

Anordna *fest* [Deyr girtin*], [Cejn girtin*]

Anskaffa 1 [We des girtin*] 2 [We des hawirdin*]

Anstränga *sig* 1 [Giztaw kirdin*], [Teqela kirdin*], [Kûşis kirdin*], [Zûr kirdin*] 2 [Zenibeleq dan*], [Dü cerr dan*], [Zûr dan*]

Ansvara *för* 1 [We mil girtin*]

Anta [Engar kirdin*], [HemiL kirdin*], [Guman kirdin*]

Anteckna Nüsanin [nüsan] ***antecknar*** enüsnim, enüsnid, enüsnê, enüsnîmin, enüsnin, enüsnin ***antecknade*** ~im, ~id, ~, ~îmin, ~in, ~in ***har antecknat*** ~imes, ~ides, ~iges, ~îmines, ~ines, ~ines ***hade antecknat*** ~îm, ~îd, ~î, ~îmin, ~în, ~în

Antända 1 Girranin [girran] 2 Gîsanin [gîsan] 3 [Giwirr kirdin*] 4 [Dem dan*]

antänder 1 egirrnim, egirrnid, egirrnê, egirrnîmin, egirrnin, egirrnin 2 egîsnim, egîsnid, egîsnê, egîsnîmin, egîsnin, ***antände*** 1 ~im, ~id, ~, ~îmin, ~in, ~in 2 ~im, ~id, ~, ~îmin, ~in, ~in ***har antänt*** 1 ~imes, ~ides, ~iges, ~îmines, ~ines, ~ines 2 ~imes, ~ides, ~iges, ~îmines, ~ines,

~ines ***hade antänt*** 1 ~îm, ~îd, ~î, ~îmin, ~în, ~în 2 ~îm, ~îd, ~î, ~îmin, ~în, ~în
Antändas 1 [BiLûze kirdin*] 2 [Gira girtin*], [Dem girtin*], [Girr girtin*] 3 [Gurrew bün*]
Använda 1 [We kar birdin*] 2 [We kar girtin*]
- ***som förevändning*** 1 [PeLm girtin*], [PeLp girtin*]
Arkebusera [Gullewaran kirdin*]
Arrestera [Dagîr kirdin*], [Desgîr kirdin*]
Arresteras [Desgîr bün*]
Attackera 1 [Hêriş kirdin*], [Hirriş kirdin*] 2 [Hütre dan*], [Heywet dan*], [HeLmet dan*], [HiLamat dan*] 3 [Pelemar birdin*], [Hütre birdin*], [HiLamat birdin*], [Hüjim birdin*], [Hela birdin*], [Hêriş birdin*], [Pelamar birdin*] 4 [Wer nan*]
Avbryta *mitt i ...* [Gübirr kirdin*]
Avhysa 1 [We deyşt kirdin*], [Der kirdin*] 2 [Der xistin*]
Avklä [Lüyeta kirdin*], [Rütew kirdin*], [Rüta kirdin*], [Rüt kirdin*]
Avla *djur* [Çîn girtin*]
Avlida 1 Mirdin [mird] 2 [Rehet bün*], [Betref bün*], [MirdaL bün*], [Mirdar bün*]
avlider 1 emirim, emirid, emirê, emirîmin, emirin, emirin ***avled*** 1 ~im, ~id, ~, ~îmin, ~in, ~in ***har avlidit*** 1 ~imes, ~ides, ~iges, ~îmines, ~ines, ~ines ***hade avlidit*** 1 ~îm, ~îd, ~î, ~îmin, ~în, ~în
Avlägsna [La birdin*], [Hîz dan*]
Avrätta *genom hängning* [We dara kirdin*], [We daraw kirdin*], [Daralüs kirdin*], [Dar kirdin*]
Avskeda [Mereqez kirdin*], [Mirexes kirdin*], [Mireqez kirdin*], [Bîkar kirdin*]
Avskedas [Mirexes bün*], [Mireqez bün*], [Mereqez bün*], [Bîkar bün*]
Avskriva *av skuld* 1 [Saf bün*] 2 [Saf kirdin*]
Avsluta *påbörjad arbete* 1 [Temam kirdin*] 2 [Ta ser birdin*]
Avslå [Ret kirdin*], [Qebûl nekirdin*]
Avslöja *hemlighet* 1 Zirranin [zirran] 2 [Aşkira kirdin*] 3 [We qaLa dan*], [We gaLa dan*] ***avslöjar*** 1 ezirrnim, ezirrnid, ezirrnê, ezirrnîmin, ezirrnin, ezirrnin ***avslöjade*** 1 ~im, ~id, ~, ~îmin, ~in, ~in ***har avslöjat*** 1 ~imes, ~ides, ~iges, ~îmines, ~ines, ~ines ***hade avslöjat*** 1 ~îm, ~îd, ~î, ~îmin, ~în, ~în
Avstå [We la dan*], [Des kîşan*]
Avsäga *sig från ansvar* 1 [Çakine kirdin*], [Çakir kirdin*], [Le milew kirdin*], [Xwey çakir kirdin*], [Exmaz kirdin*] 2 [Le milew bün*], [Çakir bün*] 3 Çew pûşanin [çew pûşan]
avsäger 3 çew epûşnim, çew epûşnid, çew epûşnê, çew epûşnîmin, çew epûşnin, çew epûşnin ***avsade*** 3 ~im, ~id, ~, ~îmin, ~in, ~in ***har avsagt*** 3 ~imes, ~ides, ~iges, ~îmines, ~ines, ~ines ***hade avsagt*** 3 ~îm, ~îd, ~î, ~îmin, ~în, ~în
Avtala *(ingå avtal)* 1 [Merc kirdin*], [Girew kirdin*], [Qit kirdin*], [Şert kirdin*], [Wade kirdin*], [Waye kirdin*], [Qiti qerar kirdin*] 2 [Qerar dan*] 3 [Qerar nan*], [Wade nan*]
Avvakta 1 [Pagez dan*], [Pa we gez dan*] 2 [Sewr kirdin*]
Avverka *avstånd* Wirrîn [wirr], Birrîn [birr] ***avverkar*** e~im, e~id, e~ê, e~îmin, e~in, e~in ***avverkade*** ~îm, ~îd, ~î, ~îmin, ~în, ~în ***har avverkat*** ~îmes, ~îdes, ~îges, ~îmines, ~înes, ~înes ***hade avverkat*** ~îgîm, ~îgîd, ~îgî, ~îgîmin, ~îgîn, ~îgîn
Avvika *av vägen* [Rê la dan*]
Avvänja [Terk kirdin*]

- ***från di*** 1 [Memigbir kirdin*], [Memigebir kirdin*] 2 [Le şîr girtin*]

Avvärja 1 [Defa kirdin*] 2 [Ver girtin*], [Wer girtin*]

Axla *ansvar* [KûL girtin*], [We kûL girtin*]

B

Babbla 1 [Çene dan*], [Çine dan*], [Çeki çinake dan*], [Çinake dan*], [Çeqi peL dan*] 2 [Lûre kirdin*], [Xwariban kirdin*], [Wirracî kirdin*], [Jeke jek kirdin*]

Bada *(simma)* [Mele kirdin*], [Sinaw kirdin*], [Awjenî kirdin*], [Melye kirdin*]

- ***tvätta sig*** [Aw we kûLa kirdin*], [Ser şûrdin*], [Hemam kirdin*]

Bajsa 1 [Gü kirdin*], [Firte kirdin*], [Xiraw kirdin*] 2 Rîyan [rîya] 3 [Cirîte dan*] ***bajsar*** 2 eryem, eryeyd, eryê, eryeymin, eryen, eryen ***bajsade*** 2 ~m, ~yd, ~, ~ymin, ~n, ~n ***har bajsat*** 2 ~mes, ~ydes, ~ges, ~ymines, ~nes, ~nes ***hade bajsat*** 2 ~gîm, ~gîd, ~gî, ~gîmin, ~gîn, ~gîn

Baka *bröd* [Nan kirdin*], [Nan durus kirdin*]

Baktala [Bixt we pê kirdin*], [Xwisp kirdin*], [Husp kirdin*], [Bedî kirdin*]

- ***och hitta på fel*** [Xusp u ûn girtin*], [Xwisp u ûn girtin*]

Banka 1 Kuwanin [kuwan] 2 Kutan [kuta] ***bankar*** 1 ekuwnim, ekuwnid, ekuwnê, ekuwnîmin, ekuwnin, ekuwnin 2 ekutim, ekutid, ekutê, ekutîmin, ekutin, ekutin ***bankade*** 1 ~im, ~id, ~, ~îmin, ~in, ~in 2 ~m, ~yd, ~, ~îmin, ~n, ~n ***har bankat*** 1 ~imes, ~ides, ~iges, ~îmines, ~ines, ~ines 2 ~mes, ~ydes, ~ges, ~îmines, ~nes, ~nes ***hade bankat*** 1 ~îm, ~îd, ~î, ~îmin, ~în, ~în 2 ~îm, ~îd, ~î, ~îmin, ~în, ~în

Baxna 1 [Şax kirdin*] 2 [Maq menistin*], [Maq menîn*] 3 [Maqew birdin*]

Be *en bön* [Dûwa kirdin*]

- ***om rättvisa och hjälp*** [Hawar birdin*], [Hana birdin*]

Bearbeta *med händerna* [Çing dan*]

Bedra *(lura)* 1 Firîwanin [firîwan] 2 XafiLanin [xafiLan] 3 Xawanin [xawan] 4 XeLetanin [xeLetan] 5 [GûL dan*], [Firîw dan*] 6 [DaLqiLa kirdin*], [Teqelfî kirdin*] 7 [Xapûre dan*] ***bedrar*** 1 efirîwnim, efirîwnid, efirîwnê, efirîwnîmin, efirîwnin, efirîwnin 2 exafiLnim, exafiLnid, exafiLnê, exafiLnîmin, exafiLnin, exafiLnin 3 exawnim, exawnid, exawnê, exawnîmin, exawnin, exawnin 4 exeLetnim, exeLetnid, exeLetnê, exeLetnîmin, exeLetnin, exeLetnin ***bedrog*** [1,2,3,4] ~im, ~id, ~, ~îmin, ~in, ~in ***har bedragit*** [1,2,3,4] ~imes, ~ides, ~iges, ~îmines, ~ines, ~ines ***hade bedragit*** [1,2,3,4] ~îm, ~îd, ~î, ~îmin, ~în, ~în

Bedöma *(uppskatta)* 1 [Sengîn u sûk kirdin*], [Azma kirdin*], [Dipyek kirdin*], [Sing kirdin*], [Berawird kirdin*] 2 [Sing dan*]

Bedöva 1 Tezanin [tezan] 2 [Bencew dan*], [Benc dan*] 3 [Sirr kirdin*] ***bedövar*** 1 eteznim, eteznid, etezně, eteznîmin, eteznin, eteznin ***bedövade*** 1 ~im, ~id, ~, ~îmin, ~in, ~in ***har bedövat*** 1 ~imes, ~ides, ~iges, ~îmines, ~ines, ~ines ***hade bedövat*** 1 ~îm, ~îd, ~î, ~îmin, ~în, ~în

Befalla 1 [Ferman dan*], [Desûr dan*], [Desxet dan*], [Destûr dan*] 2 [Emr kirdin*]

Befria [Azad kirdin*], [Aza kirdin*]

Begabba [GaLte kirdin*]

Begrava [Xak kirdin*], [ÇaL kirdin*], [Jêr xak kirdin*], [Le qewr nan*]

Begripa 1 Famîn [fam], 2 Famistin [famist] 3 [Halî bün*] 4 [Lê der kirdin*], [Ser lê der kirdin*] 5 [Bû birdin*] ***Begriper*** [1,2] Efamim, Efamid, Efamê, Efamîmin, Efamin, Efamin ***begrep*** [1] ~îm, ~îd, ~î, ~îmin, ~în, ~în [2] ~im, ~id, ~, ~îmin, ~in, ~tin ***har begripit*** [1] ~îmes, ~îdes, ~îges, ~îmines, ~înes, ~înes [2] ~imes, ~ides, ~iges, ~îmines, ~ines, ~ines ***hade begripit*** [1] ~îgîm, ~îgîd, ~îgî, ~îgîmin, ~îgîn, ~îgîn [2] ~îm, ~îd, ~î, ~îmin, ~în, ~în

Begrunda [Fikrew kirdin*], [Fikra kirdin*], [Fikr kirdin*], [Fêr kirdin*]

Begå *misstag* 1 XeLetyan [xeLetya] 2 [HeLe kirdin*], [Iştiba kirdin*], [XuL kirdin*], [HeLeşe kirdin*] ***begår misstag*** 1 exeLetyem, exeLetyeyd, exeLetyê, exeLetyeymin, exeLetyen, exeLetyen ***begick misstag*** 1 ~m, ~yd, ~, ~ymin, ~n, ~n ***har begått misstag*** 1 ~mes, ~ydes, ~ges, ~ymines, ~nes, ~nes ***hade begått misstag*** 1 ~gîm, ~gîd, ~gî, ~gîmin, ~gîn, ~gîn

- ***orätt*** [Bedî kirdin*]
- ***självmord*** 1 [Xwey qes kirdin*] 2 [Xwey kuştin*]

Behålla *hos sig* [Gila dan*], [Gilew dan*], [Gil dan*]

Behärska *sig* [Xwey girtin*]

Bekänna 1 [We jêr çün*], [We jîr çün*] 2 [Iqrar kirdin*], [Eqrar kirdin*]

Bemöda *sig* 1 [Zûr dan*] 2 [Giztaw kirdin*], [Teqela kirdin*], [Kûşis kirdin*], [Zûr kirdin*] 3 [Zenibeleq dan*], [Dü cerr dan*]

Benåda 1 Wexşîn [wexş], Bexşîn [Bexş] 2 Wexşanin [wexşan] ***benådar*** [1] e~im, e~id, e~ê, e~îmin, e~in, e~in 2 ewexşnim, ewexşnid, ewexşnê, ewexşnîmin, ewexşnin, ewexşnin ***benådade*** [1] ~îm, ~îd, ~î, ~îmin, ~în, ~în [2] ~im, ~id, ~, ~îmin, ~in, ~in ***har benådat*** [1] ~îmes, ~îdes, ~îges, ~îmines, ~înes, ~înes [2] ~imes, ~ides, ~iges, ~îmines, ~ines, ~ines ***hade benådat*** [1] ~îgîm, ~îgîd, ~îgî, ~îgîmin, ~îgîn, ~îgîn [2] ~îm, ~îd, ~î, ~îmin, ~în, ~în

Beordra 1 [Ferman dan*], [Desûr dan*], [Desxet dan*], [Destûr dan*] 2 [Emr kirdin*]

Berusa [Gwird kirdin*], [Mes kirdin*], [Rarr kirdin*]

Beräkna 1 Şimardin [şimar] 2 Jimardin [jimar] 3 [Hisaw kirdin*] ***beräknar*** [1,2] e~im, e~id, e~ê, e~îmin, e~in, e~in ***beräknade*** [1,2] ~dim, ~did, ~d, ~dîmin, ~din, ~din ***har beräknat*** [1,2] ~dimes, ~dides, ~diges, ~dîmines, ~dines, ~dines ***hade beräknat*** [1,2] ~dîm, ~dîd, ~dî, ~dîmin, ~dîn, ~dîn

Berätta 1 [Tarîf dan*], [Tîyerîf dan*] 2 [Tarîf kirdin*], [Tîyerîf kirdin*]

Berömma 1 [Tarîf dan*], [Tîyerîf dan*] 2 [Tarîf kirdin*], [Tîyerîf kirdin*]

Besegra 1 Tûzanin [tûzan] 2 Gûzanin [gûzan] 3 [Şikes dan*] 4 [Serkut kirdin*], [Samansa kirdin*] ***Besegrar*** 1 Etûznim, etûznid, etûznê, etûznîmin, etûznin, etûznin 2 egûznim, egûznid, egûznê, egûznîmin, egûznin, egûznin ***besegrade*** [1,2] ~im, ~id, ~, ~îmin, ~in, ~in ***har besegrat*** [1,2] ~imes, ~ides, ~iges, ~îmines, ~ines, ~ines ***hade besegrat*** [1,2] ~îm, ~îd, ~î, ~îmin, ~în, ~în

Besinna *sig* [Xweyan girtin*]

Besitta *område* Dawirranin [dawirran] ***besitter*** dawirrnim, dawirrnid, dawirrnê, dawirrnîmin, dawirrnin, dawirrnin ***besatt*** ~im, ~id, ~, ~îmin, ~in, ~in ***har besuttit***

~imes, ~ides, ~iges, ~îmines, ~ines, ~ines ***hade besuttit*** ~îm, ~îd, ~î, ~îmin, ~în, ~în
Beskatta [Bac girtin*]
Beskydda 1 [DaLte dan*] 2 [Piştî kirdin*]
Beskylla 1 [Bixt kirdin*], [Bixt we pê kirdin*] 2 [Tomet dan*], [Tûmet dan*], [Bixt dan*]
Beskåda [Çew waz kirdin*]
Beskära *(om växter)* [Seripel kirdin*], [Pelipû kirdin*], [Pesa kirdin*], [Heres kirdin*]
Beslagta 1 dawirranin [dawirran] 2 [Ira girtin*] 3 [dagîr kirdin*], [Iragîr kirdin*] ***beslagtar*** 1 dawirrnim, dawirrnid, dawirrnê, dawirrnîmin, dawirrnin, dawirrnin ***beslagtog*** 1 ~im, ~id, ~, ~îmin, ~in, ~in ***har beslagtagit*** 1 ~imes, ~ides, ~iges, ~îmines, ~ines, ~ines ***hade beslagtagit*** 1 ~îm, ~îd, ~î, ~îmin, ~în, ~în
Besluta *sig för* [Wen kirdin*], [Ila u bîm kirdin*]
Bespruta *med vatten* [Aw reşe kirdin*]
Besticka [Çewr kirdin*]
Bestiga *berg* [Taşewanî kirdin*], [Şaxewanî kirdin*]
Bestraffa 1 [Ceza dan*], [Ciza dan*], [Padaşt dan*], [Siza dan*] 2 [Hey le wer kirdin*], [Edew kirdin*]
Bestrida 1 [We/Le jêr dan*], [Le/We jîr dan*] 2 [Haşa kirdin*], [Na kirdin*]
Bestämma *sig för* [Wen kirdin*], [Ila u bîm kirdin*]
Besvara [Cûwaw dan*]
Besvära *(plåga)* [Azar dan*], [Zeftî dan*], [Cizr dan*]
Besöka *(gästa)* 1 [Ser dan*] 2 [Ser keşî kirdin*] 3 [We ser çün*], [Erê ser dan çün*] 4 [Hati çû kirdin*], [Hat u çün kirdin*], [Hati şû kirdin*]
Beta 1 Çerranin [çerran] 2 Lewerranin [lewerran] 3 [Kunre kirdin*], [Lewerr kirdin*], [MiLûçe kirdin*], [MiLûşe kirdin*], [Kinre kirdin*] ***betar*** 1 eçerrnim, eçerrnid, eçerrnê, eçerrnîmin, eçerrnin, eçerrnin 2 elewerrnim, elewerrnid, elewerrnê, elewerrnîmin, elewerrnin, elewerrnin ***betade*** [1,2] ~im, ~id, ~, ~îmin, ~in, ~in ***har betat*** [1,2] ~imes, ~ides, ~iges, ~îmines, ~ines, ~ines ***hade betat*** [1,2] ~îm, ~îd, ~î, ~îmin, ~în, ~în
Betala [Pül dan*]
- ***av skuld*** [Xün dan*], [Sixt dan*], [Tawan dan*], [Sûxt dan*]
- ***för blodvite*** [Xün dan*]

Bete *sig olämplig* 1 [Bedi bêca kirdin*] 2 [Bê hirmetî kirdin*]
- ***sig som barn*** [MinaLbazî kirdin*]

Betrakta 1 Dîn [dî] 2 [Temaşa kirdin*], [Niga kirdin*], [Seyl kirdin*], [Seyr kirdin*] ***betraktar*** 1 eünim, eünid, eünê, eünîmin, eünin, eünin ***betraktade*** 1 ~m, ~d, ~, ~min, ~n, ~n ***har betraktat*** 1 ~mes, ~des, ~ges, ~mines, ~nes, ~nes ***hade betraktat*** 1 ~gîm, ~gîd, ~gî, ~gîmin, ~gîn, ~gîn
Betsla [Hewsar kirdin*]
Bevaka *(ha under uppsikt)* 1 [We bêzi çew dan*], [Kişig dan*] 2 [Çawedêrî kirdin*]
Bevattna [Awyarî kirdin*]
Beväpna *sig* 1 [Le qey dan*] 2 [Le qey kirdin*]
Bida *sin tid* [Çewerê bün*]
Bifalla 1 [Nermaw bün*], [Nerm bün*], [Razî bün*], [Nerma bün*] 2 [Qebûl kirdin*]
Bilda *rök* [Düdî kirdin*]
Binda 1 Wesanin [wesan] 2 [Niq u cir kirdin*] 3 [Girye dan*] 4 Dawesanin [dawesan] ***binder*** 1 ewesnim, ewesnid, ewesnê, ewesnîmin, ewesnin, ewesnin 4

dawesnim, dawesnid, dawesnê, dawesnîmin, dawesnin, dawesnin ***band*** [1,4] ~im, ~id, ~, ~îmin, ~in, ~in ***har bundit*** [1,4] ~imes, ~ides, ~iges, ~îmines, ~ines, ~ines ***hade bundit*** [1,4] ~îm, ~îd, ~î, ~îmin, ~în, ~în

Biståå 1 [Desgîrî kirdin*], [Bar ras kirdin*], [Hamyarî kirdin*], [Yarî kirdin*], [Piştî kirdin*], [Ladarî kirdin*] 2 [Desmêt dan*], [Mêet dan*], [Yarî dan*], [Hamyarî dan*], [DaLte dan*] 3 [Jêri baL girtin*], [BinbaL girtin*], [Bar heL girtin*]

Bita 1 [Gez girtin*], [Geze girtin*], [Qep girtin*] 2 Gezîn [gez] 2 e~im, e~id, e~ê, e~îmin, e~in, e~in ***bet*** 2 ~îm, ~îd, ~î, ~îmin, ~în, ~în ***har bitit*** 2 ~îmes, ~îdes, ~îges, ~îmines, ~înes, ~înes ***hade bitit*** 2 ~îgîm, ~îgîd, ~îgî, ~îgîmin, ~îgîn, ~îgîn

- ***av*** 1 eLqirtanin [eLqirtan] 2 Qirtanin [qirtan] 3 [Paç kirdin*] ***biter*** 1 eLqirtnim, eLqirtnid, eLqirtnê, eLqirtnîmin, eLqirtnin, eLqirtnin 2 eqirtnim, eqirtnid, eqirtnê, eqirtnîmin, eqirtnin, eqirtnin ***bet*** [1,2] ~im, ~id, ~, ~îmin, ~in, ~in ***har bitit*** [1,2] ~imes, ~ides, ~iges, ~îmines, ~ines, ~ines ***hade bitit*** [1,2] ~îm, ~îd, ~î, ~îmin, ~în, ~în
- ***gäller endast för häst samt åsna/mula*** [Qewçig girtin*]
- ***sig i läppen*** *liç* Qirtanin [qirtan] ***biter*** eqirtnim, eqirtnid, eqirtnê, eqirtnîmin, eqirtnin, eqirtnin ***bet*** ~im, ~id, ~, ~îmin, ~in, ~in ***har bitit*** ~imes, ~ides, ~iges, ~îmines, ~ines, ~ines ***hade bitit*** ~îm, ~îd, ~î, ~îmin, ~în, ~în

Bjuda *hem* [Dawet kirdin*], [XuLk kirdin*], [Tarif kirdin*], [Deng kirdin*]

Bladdra [Çene dan*], [Çine dan*], [Çeki çinake dan*], [Çinake dan*], [Çeqi peL dan*] 2 [Lûre kirdin*], [Xwariban kirdin*], [Wirracî kirdin*], [Jeke jek kirdin*]

Blanda *(mixa)* 1 Şêwanin [şêwan] 2 Jenîn [jen] 3 [Le yeka dan*], [Le yekew dan*], [We yekew dan*], [Le yek dan*], [Şêw dan*] 4 [Amête kirdin*], [Hamête kirdin*], [Çingeşêw kirdin*] ***blandar*** 1 eşêwnim, eşêwnid, eşêwnê, eşêwnîmin, eşêwnin, eşêwnin 2 e~im, e~id, e~ê, e~îmin, e~in, e~in ***blandade*** 1 ~im, ~id, ~, ~îmin, ~in, ~in 2 ~îm, ~îd, ~î, ~îmin, ~în, ~în ***har blandat*** 1 ~imes, ~ides, ~iges, ~îmines, ~ines, ~ines 2 ~îmes, ~îdes, ~îges, ~îmines, ~înes, ~înes ***hade blandat*** 1 ~îm, ~îd, ~î, ~îmin, ~în, ~în 2 ~îgîm, ~îgîd, ~îgî, ~îgîmin, ~îgîn, ~îgîn

- ***alkoholhaltig dryck*** [Kunc kirdin*]
- ***ihop*** *(minne)* [Yeka dan*], [Yekew dan*]

Blekna [KaL bün*], [KaLew bün*], [Kem reng bün*]

Bli Bün [bü] **blir** edam, edayd, edê, edaymin, edan, edan **blev** ~m, ~d, ~, ~min, ~n, ~n **har blivit** ~mes, ~des, ges, ~mines, ~nes, ~nes **hade blivit** ~gîm, ~gîd, ~gî, ~gîmin, ~gîn, ~gîn

- ***arbetslös*** [Bîkar bün*]
- ***arg*** 1 [Tin u têjew bün*], [Kirj bün*], [Terr bün*], [Lêxin bün*], [Girj bün*], [Cirr bün*] 2 [Exm kirdin*]
- ***arrogant*** [Wadar bün*], [Qûz bün*]
- ***av med*** [Le milew bün*], [Çakir bün*], [Rehet bün*]
- ***av med bekymmer*** [Rehet bün*]
- ***bandit*** [Yaxî bün*]
- ***bankrutt*** [Werşikist bün*], [Werşikest bün*]
- ***bedragen*** *(luras)* xeLetyan [xeLetya] ***blir bedragen*** exeLetyem, exeLetyeyd, exeLetyê, exeLetyeymin, exeLetyen, exeLetyen ***blev bedragen*** ~m, ~yd, ~, ~ymin, ~n, ~n ***har blivit bedragen*** ~mes,

~ydes, ~ges, ~ymines, ~nes, ~nes ***hade blivit bedragen*** ~gîm, ~gîd, ~gî, ~gîmin, ~gîn, ~gîn

- ***beroende*** 1 [Hûkare bün*], [Hukare bün*], [Dîyan xünî bün*] 2 [Adet kirdin*]

- ***beroende av hjäp*** [Mixtac bün*], [Mihtac bün*]

- ***berusad*** [Gurd bün*], [Gwird bün*], [Mes bün*], [Rarr Bün*]

- ***berömd*** 1 [Naw der kirdin*], [Naw ras kirdin*] 2 [Nawdar bün*], [Nawgîr bün*]

- ***biten*** Gezyan [gezya] ***blir biten*** egezyem, egezyeyd, egezyê, egezyeymin, egezyen, egezyen ***blev biten*** ~m, ~yd, ~, ~ymin, ~n, ~n ***har blivit biten*** ~mes, ~ydes, ~ges, ~ymines, ~nes, ~nes ***hade blivit biten*** ~gîm, ~gîd, ~gî, ~gîmin, ~gîn, ~gîn

- ***blind*** [Kûr bün*], [Zelîl bün*]

- ***blöt*** [Terr bün*], [Xüs bün*]

- ***bullrig*** [Şilix bün*]

- ***deprimerad*** *(arbetsrelaterad)* [GuL pêz bün*]

- ***dödad*** 1 Kuşyan [kuşya] 2 Kujyan [kujya] ***blir dödad*** 1 ekuşyem, ekuşyeyd, ekuşyê, ekuşyeymin, ekuşyen, ekuşyen 2 ekujyem, ekujyeyd, ekujyê, ekujyeymin, ekujyen, ekujyen ***blev dödad*** [1,2] ~m, ~yd, ~, ~ymin, ~n, ~n ***har blivit dödad*** [1,2] ~mes, ~ydes, ~ges, ~ymines, ~nes, ~nes ***hade blivit dödad*** [1,2] ~gîm, ~gîd, ~gî, ~gîmin, ~gîn, ~gîn

- ***dödstrött*** [Lû birr bün*], [HeLak bün*]

- ***döv*** [Kerr bün*]

- ***ett par*** [Cift bün*]

- ***fattig*** [Feqîr bün*], [Hejar bün*], [Kemdes bün*]

- ***flykting*** 1 [Awe lêz bün*], [Der we der bün*], [HeLweda bün*], [Aware bün*] 2 [Penahende bün*]

- ***fredlös*** [Yaxî bün*]

- ***fri*** [Azad bün*], [WiL bün*]

- ***fuktig*** [Nim kîşan*], [Nim girtin*], [Nimdar bün*]

- ***full*** [Gurd bün*], [Gwird bün*], [Mes bün*], [Rarr bün*]

- ***förbannad*** 1 [Tin u têjew bün*], [Kirj bün*], [Terr bün*], [Lêxin bün*], [Girj bün*], [Cirr bün*] 2 [Le yek çün*] 3 [Exm kirdin*]

- ***förkyld*** 1 [Hewa girtin*] 2 [Bîmar bün*]

- ***förlåten*** Wexşyan [wexş] ***blir förlåten*** ewexşyem, ewexşyeyd, ewexşyê, ewexşyeymin, ewexşyen, ewexşyen ***blev förlåten*** ~m, ~yd, ~, ~ymin, ~n, ~n ***har blivit förlåten*** ~mes, ~ydes, ~ges, ~ymines, ~nes, ~nes ***hade blivit förlåten*** ~gîm, ~gîd, ~gî, ~gîmin, ~gîn, ~gîn

- ***förstummad*** [Maqew birdin*]

- ***förvirrad*** [HeLegirr bün*], [HeLe dawan bün*], [Agirepirr bün*], [Sati wirr bün*]

- ***förvånad*** [Maqew birdin*]

- ***galen*** [Lêwe bün*], [Lîwe bün*], [Şêt bün*]

- ***gammal*** [Pîr bün*]

- ***gammal och sängliggande*** [GuLûme bün*], [GuLûLe bün*]

- ***genomfrusen*** [Reqa bün*], [Req bün*], [Yex bün*]

- ***gravid*** [Awis bün*], [Zigpirr bün*]

- ***grumlig*** [Lêxin bün*]

- ***grötig*** [Xesew bün*], [Xelîsew bün*]

- ***handikappad*** [Seqet bün*], [Felec bün*], [Ga goLûme bün*]

- ***havande*** [Awis bün*], [Zigpirr bün*]

- ***hemlös*** [Awe lêz bün*], [Der we der bün*], [HeLweda bün*], [Aware bün*]

- ***hittad*** [We dî bün*], [Peya bün*], [Peyda bün*], [Pêya bün*]

- ***hungrig*** [Wirsî bün*], [Wirsî bün*]

- ***häpen*** [Maqew birdin*]
- ***högfärdig*** [Wadar bün*], [Qûz bün*]
- ***högljudd*** [Şilix bün*]
- ***ihop*** [Cift bün*]
- ***ihålig*** [Pük bün*]
- ***invalidiserad*** [Seqet bün*], [Felec bün*], [Ga goLûme bün*]
- ***jäktad*** [HewL bün*], [Despaçe bün*]
- ***knotig*** [Gin ginew bün*]
- ***knutig*** [Gin ginew bün*]
- ***knäpp*** [Lêwe bün*], [Lîwe bün*], [Şêt bün*]
- ***knölig*** [Gin ginew bün*]
- ***konfunderad*** [HeLegirr bün*], [HeLe dawan bün*], [Agirepirr bün*]
- ***kort*** [KuLew bün*], [KuL bün*], [Kûta bün*]
- ***kväll*** [Tarîkew bün*], [Tarîk bün*], [Tîyerîk bün*], [Şew bün*], [Şewar bün*]
- ***känd*** 1 [Nawdar bün*], [Nawgîr bün*] 2 [Naw der kirdin*], [Naw ras kirdin*], [Ser ras kirdin*]
- ***kär*** [DiL dan*], [Giriftar bün*], [Aşiq bün*], [Pawen bün*]
- ***könsmogen*** *(om människa)* [Tük kirdin*]
- ***ledig*** [Mereqez bün*], [Mirexes bün*]
- ***lemlästad*** [Seqet bün*], [Felec bün*], [Ga goLûme bün*]
- ***len*** [Nermew bün*]
- ***lerig*** [Lêxin bün*], [Xerigî bün*]
- ***levande*** [Zênig bün*], [Zînig bün*]
- ***livlig*** [Şilix bün*]
- ***ljusare*** *(om färg)* [KaL bün*]
- ***lortig*** [ÇepeL bün*], [Çirkin bün*]
- **lugn** 1 Kamyan [kamya] 2 kasyan [kasya] 3 [Sitar girtin*], [Aram girtin*] 4 Sirewyan [sirewya] 5 [Aram bün*] ***blir lugn*** 1 ekamyem, ekamyeyd, ekamyê, ekamyeymin, ekamyen, ekamyen 2 ekasyem, ekasyeyd, ekasyê, ekasyeymin, ekasyen, ekasyen 4 esirewyem, esirewyeyd, esirewyê, esirewyeymin, esirewyen, esirewyen ***blev lugn*** [1,2,4] ~m, ~yd, ~, ~ymin, ~n, ~n ***har blivit lugn*** [1,2,4] ~mes, ~ydes, ~ges, ~ymines, ~nes, ~nes ***hade blivit lugn*** [1,2,4] ~gîm, ~gîd, ~gî, ~gîmin, ~gîn, ~gîn
- ***lurad*** 1 XeLetyan [xeLetya] 2 [Xam bün*] 3 [GûL xwardin*] ***blir lurad*** 1 exeLetyem, exeLetyeyd, exeLetyê, exeLetyeymin, exeLetyen, exeLetyen ***blev* lurad** 1 ~m, ~yd, ~, ~ymin, ~n, ~n ***har blivit lurad*** 1 ~mes, ~ydes, ~ges, ~ymines, ~nes, ~nes ***hade blivit lurad*** 1 ~gîm, ~gîd, ~gî, ~gîmin, ~gîn, ~gîn
- ***låg*** [Nizm bün*]
- ***lång*** [Berz bün*], [BiLên bün*], [Dirîj bün*], [Şûrra bün*]
- ***lätt, om vikt*** [Sûkew bün*], [Sewik bün*]
- ***lös*** *(rep,tand,..)* [Sisew bün*], [Sis bün*], [Şila bün*], [Şil bün*]
- ***mycket dyr*** 1 [Xün we dema girtin*], [Xün we dem girtin*] 2 [Firye giran bün*]
- ***mycket trött*** [Şehît bün*], [HeLak bün*]
- ***mätt*** [Têr bün*], [Sîr bün*], [Sêr bün*]
- ***nöjd*** [Rehet bün*], [Asûde bün*]
- ***nött*** [Pütar bün*]
- ***oenig*** [Tûr kirdin*], [La lê kirdin*], [Qar kirdin*] 2 [Qar bün*]
- ***oense*** [Tûr kirdin*], [La lê kirdin*], [Qar kirdin*]
- ***omtalad*** [Nawdar bün*], [Nawgîr bün*]
- ***osams*** 1 Tûryan [tûrya] 2 [Tûr kirdin*], [La lê kirdin*], [Qar kirdin*] 3 [Qar bün*] ***blir osams*** 1 etûryem, etûryeyd, etûryê, etûryeymin, etûryen, etûryen ***blev osamt*** 1 ~m, ~yd, ~, ~ymin, ~n, ~n ***har blivit***

osams 1 ~mes, ~ydes, ~ges, ~ymines, ~nes, ~nes 2 tûr kirdines, la lê kirdines, qar kirdines ***hade blivit osams*** 1 ~gîm, ~gîd, ~gî, ~gîmin, ~gîn, ~gîn

- ***otålig*** [Bîqerar bün*]
- ***ovän*** [Qar bün*]
- ***rastlös*** [Bîqerar bün*], [Bîtaqet bün*], [Ser çün*]
- ***riven*** Tilîşyan [tilîşya] ***blir riven*** etilîşyem, etilîşyeyd, etilîşyê, etilîşyeymin, etilîşyen, etilîşyen ***blev riven*** ~m, ~yd, ~, ~ymin, ~n, ~n ***har blivit riven*** ~mes, ~ydes, ~ges, ~ymines, ~nes, ~nes ***hade blivit riven*** ~gîm, ~gîd, ~gî, ~gîmin, ~gîn, ~gîn
- ***rosenrasande*** [Tin u têj bün*], [Kirj bün*], [Terr bün*], [Lêxin bün*], [Girj bün*], [Cirr bün*]
- ***rund*** [Gird bün*], [Xirr bün*]
- ***ryktbar*** 1 [Nawdar bün*], [Nawgîr bün*] 2 [Naw ras kirdin*]
- ***rynkig*** [Lûç bün*], [Lüç bün*]
- ***rädd*** Gazyan [gazya] ***blir rädd*** egazyem, egazyeyd, egazyê, egazyeymin, egazyen, egazyen ***blev rädd*** ~m, ~yd, ~, ~ymin, ~n, ~n ***har blivit rädd*** ~mes, ~ydes, ~ges, ~ymines, ~nes, ~nes ***hade blivit rädd*** ~gîm, ~gîd, ~gî, ~gîmin, ~gîn, ~gîn
- ***samstämmig*** [Ta kirdin*]
- ***sjuk*** [Nexweş bün*], [Merîz bün*], [Xeste bün*], [Bîmar bün*]
- ***skev*** [HeLew bün*], [Hel bün*], [Çeft bün*], [Lar bün*], [Tîrr bün*]
- **skrämd** 1 Xwirryan [xwirrya] 2 [Qij kirdin*] 3 [ZîyeLetaq bün*] 4 [Rix çün*], [Riq çün*] ***blir skrämd*** exwirryem, exwirryeyd, exwirryê, exwirryeymin, exwirryen, exwirryen ***blev skrämd*** ~m, ~yd, ~, ~ymin, ~n, ~n ***har blivit skrämd*** ~mes, ~ydes, ~ges, ~ymines, ~nes, ~nes ***hade blivit skrämd*** ~gîm, ~gîd, ~gî, ~gîmin, ~gîn, ~gîn
- ***skämd*** Genyan [genya] ***blir skämd*** egenyem, egenyeyd, egenyê, egenyeymin, egenyen, egenyen ***blev skämd*** ~m, ~yd, ~, ~ymin, ~n, ~n ***har blivit skämd*** ~mes, ~ydes, ~ges, ~ymines, ~nes, ~nes ***hade blivit skämd*** ~gîm, ~gîd, ~gî, ~gîmin, ~gîn, ~gîn
- **slagen** 1 Kujyan [kuj] 2 Kuşyan [kuş] 3 Kutyan [kut] 4 [Kutek xwardin*], [Kuştin xwardin*] ***blir slagen*** [1,2,3] e~yem, e~yeyd, e~yê, e~yeymin, e~yen, e~yen ***blev slagen*** [1,2,3] ~yam, ~yayd, ~ya, ~yaymin, ~yan, ~yan ***har blivit slagen*** [1,2,3] ~yames, ~yaydes, ~yages, ~yaymines, ~yanes, ~yanes ***hade blivit slagen*** [1,2,3] ~yagîm, ~yagîd, ~yagî, ~yagîmin, ~yagîn, ~yagîn
- ***sliten*** om saker [Pütar bün*]
- ***släkt genom giftermål*** [Qewmî kirdin*], [Jin u jinxwaz kirdin*]
- ***slö*** *(motsatsen till vass)* [Kul bün*]
- ***smal*** *(om persons vikt)* [Aw bün*], [Lerr bün*], [Barîk bün*], [Sûkew bün*]
- ***smutsig*** [Pîs bün*], [ÇepeL bün*], [Çirkin bün*]
- ***sned*** [HeLew bün*], [Hel bün*], [Çeft bün*], [Lar bün*], [Tîrr bün*]
- ***snurrig*** [Gîj bün*], [Sati wirr bün*], [Wirr bün*]
- ***stel*** *(om muskel)* [Req bün*]
- ***strandsatt*** [Dermene bün*], [Xerîk bün*]
- ***stressad*** 1 [Agire pirr bün*], [HewL bün*], [Despaçe bün*] 2 [Ser tep şêwyan*], [Ser şêwyan*]
- ***ställd*** [Maqew birdin*]
- ***svindlad*** [Xam bün*]

- ***sårad** känslor* Tûryan [tûrya] ***blir sårad*** etûryem, etûryeyd, etûryê, etûryeymin, etûryen, etûryen ***blev sårad*** ~m, ~yd, ~, ~ymin, ~n, ~n ***har blivit sårad*** ~mes, ~ydes, ~ges, ~ymines, ~nes, ~nes ***hade blivit sårad*** ~gîm, ~gîd, ~gî, ~gîmin, ~gîn, ~gîn

- ***sömnig*** 1 [Xaw da girtin*], [Xaw girtin*] 2 [Xaw hatin*]

- ***sönderriven*** Tilîşyan [tilîşya] ***blir sönderriven*** etilîşyem, etilîşyeyd, etilîşyê, etilîşyeymin, etilîşyen, etilîşyen ***blev sönderriven*** ~m, ~yd, ~, ~ymin, ~n, ~n ***har blivit sönderriven*** ~mes, ~ydes, ~ges, ~ymines, ~nes, ~nes ***hade blivit sönderriven*** ~gîm, ~gîd, ~gî, ~gîmin, ~gîn, ~gîn

- ***tillfreds*** [Rehet bün*]

- ***tjock*** 1 [Çax bün*], [Qwirs bün*], [Qeün bün*] 2 [Gûşt girtin*]

- ***tjockflytande*** [Xes bün*], [Xelîs bün*]

- ***tom*** [Pük bün*], [Petî bün*]

- ***trådig*** [TaL taL bün*], [Ben ben bün*]

- ***trång*** [Teng bün*]

- ***trögflytande*** [Xesew bün*], [Xelîs bün*]

- ***trött*** 1 Dapirükyan [dapirükya] 2 [Mîyenê bün*], [Şeket bün*] ***blir trött*** 1 dapirükyem, dapirükyeyd, dapirükyê, dapirükyeymin, dapirükyen, dapirükyen ***blev trött*** 1 ~m, ~yd, ~, ~ymin, ~n, ~n ***har blivit trött*** 1 ~mes, ~ydes, ~ges, ~ymines, ~nes, ~nes ***hade blivit trött*** 1 ~gîm, ~gîd, ~gî, ~gîmin, ~gîn, ~gîn

- ***tårögd*** [Aw le çew kû bün*]

- ***tät*** [Kipa bün*], [Kip bün*]

- ***upprörd*** [Agireware bün*]

- ***ursinnig*** [Tin u têjew bün*], [Kirj bün*], [Terr bün*], [Lêxin bün*], [Girj bün*], [Cirr bün*]

- ***uteliggare*** [Lat bün*], [WiL bün*], [Werela bün*]

- ***utmattad*** [Lû birr bün*], [HeLak bün*] [Şeketi şehît bün*]

- ***utsliten*** *om sak* [Pütar bün*]

- ***varm*** [Germ bün*]

- ***veckig*** [Lûç bün*], [Lüç bün*]

- ***viskös*** [Xes bün*], [Xelîs bün*]

- ***våt*** [Terr bün*], [Xüs bün*]

- ***yr*** [Gîj bün*], [Sati wirr bün*], [Wirr bün*]

Blinka 1 eLqirtanin [eLqirtan] 2 Pirtanin [pirtan] 3 Qirpanin [qirpan] 4 Qirtanin [qirtan] ***blinkar*** 1 eLqirtnim, eLqirtnid, eLqirtnê, eLqirtnîmin, eLqirtnin, eLqirtnin 2 epirtnim, epirtnid, epirtnê, epirtnîmin, epirtnin, epirtnin 3 eqirpnim, eqirpnid, eqirpnê, eqirpnîmin, eqirpnin, eqirpnin 4 eqirtnim, eqirtnid, eqirtnê, eqirtnîmin, eqirtnin, eqirtnin ***blinkade*** [1,2,3,4] ~im, ~id, ~, ~îmin, ~in, ~in ***har blinkat*** [1,2,3,4] ~imes, ~ides, ~iges, ~îmines, ~ines, ~ines ***hade blinkat*** [1,2,3,4] ~îm, ~îd, ~î, ~îmin, ~în, ~în

Blixtra Girrmanin [girrman] ***blixtrar*** egirrmnim, egirrmnid, egirrmnê, egirrmnîmin, egirrmnin, egirrmnin ***blixtrade*** ~im, ~id, ~, ~îmin, ~in, ~in ***har blixtrat*** ~imes, ~ides, ~iges, ~îmines, ~ines, ~ines ***hade blixtrat*** ~îm, ~îd, ~î, ~îmin, ~în, ~în

Blomma [GuL kirdin*], [GeLa kirdin*], [Çüzere dan*]

Blomstra [GuL kirdin*], [GeLa kirdin*], [Çüzere dan*]

Blunda 1 Nüqanin [nüqan] 2 Qüçanin [qüçan] 3 [Nüç kirdin*], [Nüşt kirdin*] 4 Nüçanin [nüçan] **blundar** 1 enüqnim, enüqnid, enüqnê, enüqnîmin, enüqnin, enüqnin 2 eqüçnim, eqüçnid, eqüçnê, eqüçnîmin, eqüçnin, eqüçnin 4 enüçnim, enüçnid, enüçnê, enüçnîmin, enüçnin, enüçnin **blundade** [1,2,4] ~im, ~id, ~, ~îmin, ~in, ~in **har blundat** [1,2,4] ~imes, ~ides, ~iges, ~îmines, ~ines, ~ines **hade blundat** [1,2,4] ~îm, ~îd, ~î, ~îmin, ~în, ~în

Blygas 1 [Aw bün*], [Şermesar bün*], [Şermezar bün*], [XecaLet bün*], [Tîyerîq bün*], 2 [Dem ew xwar kirdin*], [Heya kirdin*], [Şerm kirdin*], [Ser ew xwar kirdin*]

Blåsa [Huff kirdin*], [Hiff kirdin*]

- ***upp ballong och liknande*** [Bad kirdin*], [Bag kirdin*]

- ***vind*** [Ba heL kirdin*], [Wa heL kirdin*], [EL kirdin*], [HeL kirdin*]

Bläddra [La perre dan*]

Blänka [Wirşe dan*], [Girşe dan*], [Şewq dan*]

Blötlägga 1 Fîsanin [fîsan], 2 Tilîsanin [tilîsan], 3 Xüsanin [xüsan] ***blötlägger*** 1 efîsnim, efîsnid, efîsnê, efîsnîmin, efîsnin, efîsnin 2 etilîsnim, etilîsnid, etilîsnê, etilîsnîmin, etilîsnin, etilîsnin 3 exüsnim, exüsnid, exüsnê, exüsnîmin, exüsnin, exüsnin ***blötlade*** [1,2,3] ~im, ~id, ~, ~îmin, ~in, ~in ***har blötlagt*** [1,2,3] ~imes, ~ides, ~iges, ~îmines, ~ines, ~ines ***hade blötlagt*** [1,2,3] ~îm, ~îd, ~î, ~îmin, ~în, ~în

Bo Jîyan [jîya] ***bor*** ejyem, ejyeyd, ejyê, ejyeymin, ejyen, ejyen ***bodde*** ~m, ~yd, ~, ~ymin, ~n, ~n ***har bott*** ~mes, ~ydes, ~ges, ~ymines, ~nes, ~nes ***hade bott*** ~gîm, ~gîd, ~gî, ~gîmin, ~gîn, ~gîn

Bocka 1 Çemanin [çeman] 2 [Çemew bün*] ***bockar*** 1 eçemnim, eçemnid, eçemnê, eçemnîmin, eçemnin, eçemnin ***bockade*** 1 ~im, ~id, ~, ~îmin, ~in, ~in ***har bockat*** 1 ~imes, ~ides, ~iges, ~îmines, ~ines, ~ines ***hade bockat*** 1 ~îm, ~îd, ~î, ~îmin, ~în, ~în

Bomma så det blir tätt [kirrkip kirdin*]

Bosätta sig 1 [Ca girtin*], [Cî girtin*], [Xişt cî girtin*] 2 [Cîgîr bün*]

Bota 1 [ILac kirdin*], [Dewere kirdin*], [Derman kirdin*], [Çare kirdin*], [Xas kirdin*], [Xû kirdin*], [Aza kirdin*] 2 [Şifa dan*], [Şefa dan*] 3 [Dewere birdin*]

Bredda *kavla* [WiLa kirdin*], [Pîyen kirdin*], [Pan kirdin*]

- ***omfång*** [Xirr kirdin*], [Wişa kirdin*]

Bringa *i oordning* 1 Çüçanin [çüçan] 3 Tüçanin [tüçan] ***bringar*** 1 eçüçnim, eçüçnid, eçüçnê, eçüçnîmin, eçüçnin, eçüçnin 3 etüçnim, etüçnid, etüçnê, etüçnîmin, etüçnin, etüçnin ***bragte*** [1,3] ~im, ~id, ~, ~îmin, ~in, ~in 4 ~îm, ~îd, ~î, ~îmin, ~în, ~în ***har bragt*** [1,3] ~imes, ~ides, ~iges, ~îmines, ~ines, ~ines 4 ~îmes, ~îdes, ~îges, ~îmines, ~înes, ~înes ***hade bragt*** [1,3] ~îm, ~îd, ~î, ~îmin, ~în, ~în 4 ~îgîm, ~îgîd, ~îgî, ~îgîmin, ~îgîn, ~îgîn

- ***om livet*** [Gîyan girtin*]

Brinna Sûzyan [sûzya] ***brinner*** esûzyem, esûzyeyd, esûzyê, esûzyeymin, esûzyen, esûzyen ***brann*** ~m, ~yd, ~, ~ymin, ~n, ~n ***har brunnit*** ~mes, ~ydes, ~ges, ~ymines, ~nes, ~nes ***hade brunnit*** ~gîm, ~gîd, ~gî, ~gîmin, ~gîn, ~gîn

Brisera 1 Terekanin [terek] 2 Tereqanin [tereq] 3 Teqanin [teq] ***briserar*** e~nim, e~nid, e~nê, e~nîmin, e~nin, e~nin ***briserade*** ~anim, ~anid, ~an, ~anîmin, ~anin, ~anin ***har briserat*** ~animes, ~anides, ~aniges, ~anîmines, ~anines, ~anines ***hade briserat*** ~anîm, ~anîd, ~anî, ~anîmin, ~anîn, ~anîn

Brista *(genom att få sprickor)* [Zeng birdin*], [Zereng birdin*], [Şeq birdin*], [Şex birdin*], [Şîq birdin*], [Terek birdin*]
Bruka *använda* 1 [Desew kar kirdin*], [Xerîk kar kirdin*] 2 [We kar hawirdin*] 3 [We kar birdin*]
Brusa *om vatten* 1 TiLûfanin [tiLûfan] 2 Xirûşanin [xirûşan] ***brusar*** 1 etiLûfnim, etiLûfnid, etiLûfnê, etiLûfnîmin, etiLûfnin, etiLûfnin 2 exirûşnim, exirûşnid, exirûşnê, exirûşnîmin, exirûşnin, exirûşnin ***brusade*** [1,2] ~im, ~id, ~, ~îmin, ~in, ~in ***har brusat*** [1,2] ~imes, ~ides, ~iges, ~îmines, ~ines, ~ines ***hade brusat*** [1,2] ~îm, ~îd, ~î, ~îmin, ~în, ~în
Bryna *(vässa)* [Deme zerd kirdin*], [Têj kirdin*], [Tîj kirdin*]
Bryta *ta sönder* Şikanin [şikan] ***bryter*** eşiknim, eşiknid, eşiknê, eşiknîmin, eşiknin, eşiknin ***bröt*** ~im, ~id, ~, ~îmin, ~in, ~in ***har brutit*** ~imes, ~ides, ~iges, ~îmines, ~ines, ~ines ***hade brutit*** ~îm, ~îd, ~î, ~îmin, ~în, ~în
Bråka [Cen kirdin*], [Ceng kirdin*], [Mirafe kirdin*], [Şerr kirdin*]
Bränna 1 Sûzanin [sûzan] 2 Sizanin [sizan] 3 Sûçanin [sûçan] 4 Sûtanin [sûtan] 5 [Agir dan*] ***bränner*** 1 esûznim, esûznid, esûznê, esûznîmin, esûznin, esûznin 2 esiznim, esiznid, esiznê, esiznîmin, esiznin, esiznin 3 esûçnim, esûçnid, esûçnê, esûçnîmin, esûçnin, esûçnin 4 esûtnim, esûtnid, esûtnê, esûtnîmin, esûtnin, esûtnin ***brände*** [1,2,3,4] ~im, ~id, ~, ~îmin, ~in, ~in ***har bränt*** [1,2,3,4] ~imes, ~ides, ~iges, ~îmines, ~ines, ~ines ***hade bränt*** [1,2,3,4] ~îm, ~îd, ~î, ~îmin, ~în, ~în
 - ***hår*** Kizanin [kizan] ***bränner*** ekiznim, ekiznid, ekiznê, ekiznîmin, ekiznin, ekiznin ***brände*** ~im, ~id, ~, ~îmin, ~in, ~in ***har bränt*** ~imes, ~ides, ~iges, ~îmines, ~ines, ~ines ***hade bränt*** ~îm, ~îd, ~î, ~îmin, ~în, ~în
 - ***i spel*** 1 Kiçanin [kiçan] 2 Kizanin [kizan] ***bränner*** 1 ekiçnim, ekiçnid, ekiçnê, ekiçnîmin, ekiçnin, ekiçnin 2 ekiznim, ekiznid, ekiznê, ekiznîmin, ekiznin, ekiznin ***brände*** ~im, ~id, ~, ~îmin, ~in, ~in ***har bränt*** ~imes, ~ides, ~iges, ~îmines, ~ines, ~ines ***hade bränt*** ~îm, ~îd, ~î, ~îmin, ~în, ~în
Brännmärka [Dax kirdin*], [Dirûşim kirdin*]
Bua [Hew kirdin*], [GaL kirdin*]
Buckla *in* Qupanin [qupan] ***bucklar*** equpnim, equpnid, equpnê, equpnîmin, equpnin, equpnin ***bucklade*** ~im, ~id, ~, ~îmin, ~in, ~in ***har bucklat*** ~imes, ~ides, ~iges, ~îmines, ~ines, ~ines ***hade bucklat*** ~îm, ~îd, ~î, ~îmin, ~în, ~în
Buga 1 Çemanin [çeman] 2 [Çemew bün*] ***bugar*** 1 eçemnim, eçemnid, eçemnê, eçemnîmin, eçemnin, eçemnin ***bugade*** 1 ~im, ~id, ~, ~îmin, ~in, ~in ***har bugat*** 1 ~imes, ~ides, ~iges, ~îmines, ~ines, ~ines ***hade bugat*** 1 ~îm, ~îd, ~î, ~îmin, ~în, ~în
Bukta *utåt* 1 [Kûk dan*], [Qûx dan*], [Zitew dan*], [Zigew dan*] 2 [Zitew bün*]
Bulna 1 Pelemya [pelem] 2 [Pif kirdin*]
Bulnar epelemyem, epelemyeyd, epelemyê, epelemyeymin, epelemyen, epelemyen ***bulnade*** ~yam, ~yayd, ~ya, ~yaymin, ~yan, ~yan ***har bulnat*** ~yames, ~yaydes, ~ges, ~yaymines, ~yanes, ~yanes ***hade bulnat*** ~yagîm, ~yagîd, ~yagî, ~yagîmin, ~yagîn, ~yagîn
Busa [Şeytanî kirdin*], [Çetünî kirdin*], [Tetebû kirdin*]

Bygga 1 Saxtin [saxt] 2 [Dirus kirdin*], [Durus kirdin*] ***bygger*** 1 esazim, esazid, esazê, esazîmin, esazin, esazin ***byggde*** 1 ~im, ~id, ~, ~îmin, ~in, ~in ***har byggt*** 1 ~imes, ~ides, ~iges, ~îmines, ~ines, ~ines ***hade byggt*** 1 ~îm, ~îd, ~î, ~îmin, ~în, ~în
Bädda ELtekanin [eLtekan] ***bäddar*** eLteknim, eLteknid, eLteknê, eLteknîmin, eLteknin, eLteknin ***bäddade*** ~im, ~id, ~, ~îmin, ~in, ~in ***har bäddat*** ~imes, ~ides, ~iges, ~îmines, ~ines, ~ines ***hade bäddat*** ~îm, ~îd, ~î, ~îmin, ~în, ~în
Bära [Bar birdin*] 2 [KûL girtin*], [We kûL girtin*]
- ***på sin rygg*** [KûL kirdin*]

Bäva *för* 1 [Le pirig çün*], [ZîyeLig çün*], [ZüyeLe çün*] 2 [Mil kwirr girtin*]
Böja 1 Xefanin [xefan], Çemanin [çeman], ***böjer*** 1 exefnim, exefnid, exefnê, exefnîmin, exefnin, exefnin 2 eçemnim, eçemnid, eçemnê, eçemnîmin, eçemnin, eçemnin ***böjde*** [1,2] ~im, ~id, ~, ~îmin, ~in, ~in ***har böjt*** [1,2] ~imes, ~ides, ~iges, ~îmines, ~ines, ~ines ***hade böjt*** [1,2] ~îm, ~îd, ~î, ~îmin, ~în, ~în
- ***sig*** 1 Çemyan [çemya] 2 [Çemew bün*], [HeLew bün*] ***Böjer sig*** 1 eçemyem, eçemyeyd, eçemyê, eçemyeymin, eçemyen, eçemyen ***Böjde sig*** 1 ~m, ~yd, ~, ~ymin, ~n, ~n ***Har böjt sig*** 1 ~mes, ~ydes, ~ges, ~ymines, ~nes, ~nes ***Hade böjt sig*** 1 ~gîm, ~gîd, ~gî, ~gîmin, ~gîn, ~gîn
- ***sig för annans vilja*** [Mil nan*]

Bönafalla 1 [LaLke kirdin*], [LaLke laLk kirdin*] 2 [Des we damen bün*]
Börja 1 [Des pê kirdin*] 2 [Binya nan*]
Böta [Xün dan*]

C

Cirkla Çerxîn [çerx] ***cirklar*** e~im, e~id, e~ê, e~îmin, e~in, e~in ***cirklade*** ~îm, ~îd, ~î, ~îmin, ~în, ~în ***har cirklat*** ~îmes, ~îdes, ~îges, ~îmines, ~înes, ~înes ***hade cirklat*** ~îgîm, ~îgîd, ~îgî, ~îgîmin, ~îgîn, ~îgîn

D

Dabba sig [HeLe kirdin*], [Işţiba kirdin*], [XuL kirdin*], [HeLeşe kirdin]
Dalta [Naz kirdin*], [Nazarî kirdin*]
Dansa *folkdans* 1 [HeLperge kirdin*] 2 [Çûpî girtin*]
Darra 1 Lerzîn [lerz] 2 [Lere kirdin*], [Lerze kirdin*] ***darrar*** 1 e~im, e~id, e~ê, e~îmin, e~in, e~in ***darrade*** 1 ~îm, ~îd, ~î, ~îmin, ~în, ~în ***har darrat*** 1 ~îmes, ~îdes, ~îges, ~îmines, ~înes, ~înes ***hade darrat*** 1 ~îgîm, ~îgîd, ~îgî, ~îgîmin, ~îgîn, ~îgîn
- ***p.g.a. rädsla eller kyla*** [Lerz dagirtin*], [Lerz girtin*]

Dekorera [TiLa u piLa kirdin*]
Dela [Kut kirdin*], [Şeqe kirdin*], [Beş kirdin*]
- ***i halvor*** [Du beş kirdin*], [Nism kirdin*], [Nîm kirdin*], [Du kut kirdin*], [Şeq kirdin*], [Du kut kirdin*]
- ***ut*** [Dabeş kirdin*], [Beş kirdin*], [Beşa kirdin*], [Beşew kirdin*], [Beş beşew kirdin*]

Detonera 1 Terekanin [terek] 2 Tereqanin [tereq] 3 Teqanin [teq] ***detonerar*** e~nim, e~nid, e~nê, e~nîmin, e~nin, e~nin ***detonerade*** ~anim, ~anid, ~an, ~anîmin, ~anin, ~anin ***har detonerat*** ~animes, ~anides, ~aniges, ~anîmines, ~anines, ~anines ***hade detonerat*** ~anîm, ~anîd, ~anî, ~anîmin, ~anîn, ~anîn

Diskriminera [Diçewekî kirdin*]
Diskutera [Bas kirdin*]
Djupna [Qül bün*]
Domesticera [Ram kirdin*], [Desî kirdin*], [DeseLên kirdin*], [MaLî kirdin*]
Domptera [Ram kirdin*], [Desî kirdin*], [DeseLên kirdin*], [MaLî kirdin*]
Donera Wexşîn [wexş], Bexşîn [bexş] ***donerar*** e~im, e~id, e~ê, e~îmin, e~in, e~in ***donerade*** ~îm, ~îd, ~î, ~îmin, ~în, ~în ***har donerat*** ~îmes, ~îdes, ~îges, ~îmines, ~înes, ~înes ***hade donerat*** ~îgîm, ~îgîd, ~îgî, ~îgîmin, ~îgîn, ~îgîn
Dra 1 Kîşan [kîş] 2 Kirranin [kirran] ***drar*** 1 e~im, e~id, e~ê, e~îmin, e~in, e~in 2 ekirrnim, ekirrnid, ekirrnê, ekirrnîmin, ekirrnin, ekirrnin ***drog*** 1 ~am, ~ayd, ~a, ~aîmin, ~an, ~an 2 ~im, ~id, ~, ~îmin, ~in, ~in ***har dragit*** 1 ~ames, ~aydes, ~ages, ~aîmines, ~anes, ~anes 2 ~imes, ~ides, ~iges, ~îmines, ~ines, ~ines ***hade dragit*** 1 ~aîm, ~aîd, ~aî, ~aîmin, ~aîn, ~aîn 2 ~îm, ~îd, ~î, ~îmin, ~în, ~în
 - kniv, kort, mm Kîşan [kîş] ***drar*** e~im, e~id, e~ê, e~îmin, e~in, e~in ***drog*** ~am, ~ayd, ~a, ~aîmin, ~an, ~an ***har dragit*** ~ames, ~aydes, ~ages, ~aîmines, ~anes, ~anes ***hade dragit*** ~aîm, ~aîd, ~aî, ~aîmin, ~aîn, ~aîn
 - sig ur pga rädsla eller tappad intresse Kûmyan [kûmya] ***drar sig ur*** ekûmyem, ekûmyeyd, ekûmyê, ekûmyeymin, ekûmyen, ekûmyen ***drog sig ur*** ~m, ~yd, ~, ~ymin, ~n, ~n ***har dragit sig ur*** ~mes, ~ydes, ~ges, ~ymines, ~nes, ~nes ***hade dragit sig ur*** ~gîm, ~gîd, ~gî, ~gîmin, ~gîn, ~gîn
 - sig ur samarbete [Des hîz dan*], [Şil bün*], [Pişt serd bün*], [Des kîşan*]
 - uppmärksamhet till sig 1 [Bang dan*], [Hana dan*] 2 [Deng kirdin*], [Den kirdin*]
 - ut 1 Kenîn [ken], 2 Kenistin [Kenist], 3 Dirawirdin [dirawird], 4 Erawirdin [erawird] ***drar ut*** [1,2] ekenim, ekenid, ekenê, ekenîmin, ekenin, ekenin [3] edirarim, edirarid, edirarê, edirarîmin, edirarin, edirarin [4] eryerim, eryerid, eryerê, eryerîmin, eryerin, eryerin ***drog ut*** [1] ~îm, ~îd, ~î, ~îmin, ~în, ~în [2,3,4] ~im, ~id, ~, ~îmin, ~in, ~in ***har dragit ut*** [1] ~îmes, ~îdes, ~îges, ~îmines, ~înes, ~înes [2,3,4] ~imes, ~ides, ~iges, ~îmines, ~ines, ~ines ***hade dragit ut*** [1] ~îgîm, ~îgîd, ~îgî, ~îgîmin, ~îgîn, ~îgîn [2,3,4] ~îm, ~îd, ~î, ~îmin, ~în, ~în
Dressera [Ram kirdin*], [Desî kirdin*], [DeseLên kirdin*], [MaLî kirdin*]
Dricka 1 Xwardin [xward] 2 ELquranin [eLquran] 3 [Nûş kirdin*] ***dricker*** [1] exwem, exweyd, exwad, exweymin, exwen, exwen [2] eLqurnim, eLqurnid, eLqurnê, eLqurnîmin, eLqurnin, eLqurnin ***drack*** ~im, ~id, ~, ~îmin, ~in, ~in ***har druckit*** ~imes, ~ides, ~iges, ~îmines, ~ines, ~ines ***hade druckit*** ~îm, ~îd, ~î, ~îmin, ~în, ~în
Driva *bort/ut* [We deyşt kirdin*], [Der kirdin*]
 - lös 1 [Lat bün*], [WiL bün*], [Werela bün*], 2 [WiLgerdî kirdin*]
 - med 1 [GaLte kirdin*], [Dempaçganî kirdin*], [Tülekî kirdin*] 2 [Tîz girtin*] 3 [Ser ew ser nan*]
 - till vansinne [Şêt kirdin*], [Lîwe kirdin*], [Lêwe kirdin*]
Dryfta [Bas kirdin*], [Der barê qisye kirdin*]

Dränka 1 Xinkanin [xinkan] 2 [Jêr aw kirdin*] ***dränker*** 1 exinknim, exinknid, exinknê, exinknîmin, exinknin, exinknin ***dränkte*** 1 ~im, ~id, ~, ~îmin, ~in, ~in ***har dränkt*** 1 ~imes, ~ides, ~iges, ~îmines, ~ines, ~ines ***hade dränkt*** 1 ~îm, ~îd, ~î, ~îmin, ~în, ~în

Dröja 1 [Pagez dan*], [Pa we gez dan*] 3 [Sewr kirdin*]

Dunka 1 Kuwanin [kuwan] 2 Kutan [kuta] ***dunkar*** 1 ekuwnim, ekuwnid, ekuwnê, ekuwnîmin, ekuwnin, ekuwnin 2 ekutim, ekutid, ekutê, ekutîmin, ekutin, ekutin ***dunkade*** 1 ~im, ~id, ~, ~îmin, ~in, ~in 2 ~m, ~yd, ~, ~îmin, ~n, ~n ***har dunkat*** 1 ~imes, ~ides, ~iges, ~îmines, ~ines, ~ines 2 ~mes, ~ydes, ~ges, ~îmines, ~nes, ~nes ***hade dunkat*** 1 ~îm, ~îd, ~î, ~îmin, ~în, ~în 2 ~îm, ~îd, ~î, ~îmin, ~în, ~în

Duscha 1 [Aw we kûLa kirdin*] 2 [Ser şûrdin*]

Dyka 1 [Qüte dan*] 2 [Qüte birdin*], [Qürte birdin*]

- ***upp*** [We dî bün*], [Peya bün*], [Peyda bün*], [Pêa bün*]
- ***upp från ingenstans*** 1 [AziLde bün*], [Sewz bün*] 2 [Sewz kirdin*]

Dämma [Aw girtin*]

Dö 1 Mirdin [mird] 2 [Rehet bün*], [Betref bün*], [MirdaL bün*], [Mirdar bün*] ***dör*** emirim, emirid, emirê, emirîmin, emirin, emirin ***dog*** ~im, ~id, ~, ~îmin, ~in, ~in ***har dött*** ~imes, ~ides, ~iges, ~îmines, ~ines, ~ines ***hade dött*** ~îm, ~îd, ~î, ~îmin, ~în, ~în

- ***av något hett*** [HeLi pif kirdin*], [Pif kirdin*]
- ***av sorg*** [Şeq birdin*], [Le xuse mirdin*]
- ***martyrdöden*** [Şehît bün*], [Şehîd bün*]
- ***(nedsättande)*** Tûpyan [tûpya] ***dör*** etûpyem, etûpyeyd, etûpyê, etûpyeymin, etûpyen, etûpyen ***dog*** ~m, ~yd, ~, ~ymin, ~n, ~n ***har dött*** ~mes, ~ydes, ~ges, ~ymines, ~nes, ~nes ***hade dött*** ~gîm, ~gîd, ~gî, ~gîmin, ~gîn, ~gîn
- ***plötsligt*** 1 [Nakam bün*] 2 [Nakam çün*]
- ***ung*** 1 [Nakam bün*] 2 [Nakam çün*]

Döda 1 Kuştin [kuş], 2 Kujtin [kuj] 3 [Gîyan girtin*] 4 [Şehît kirdin*], [Xün kirdin*], [Mirdar kirdin*], [MirdaL kirdin*] 5 Kujanin [kujan] 6 Kuşanin [kuşan] ***dödar*** [1,2] e~im, e~id, e~ê, e~îmin, e~in, e~in 5 ekujnim, ekujnid, ekujnê, ekujnîmin, ekujnin, ekujnin 6 ekuşnim, ekuşnid, ekuşnê, ekuşnîmin, ekuşnin, ekuşnin ***dödade*** [1,2] ~tim, ~tid, ~t, ~tîmin, ~tin, ~tin [5,6] ~im, ~id, ~, ~îmin, ~in, ~in ***har dödat*** [1,2] ~times, ~tides, ~tiges, ~tîmines, ~tines, ~tines [5,6] ~imes, ~ides, ~iges, ~îmines, ~ines, ~ines ***hade dödat*** [1,2] ~tîm, ~tîd, ~tî, ~tîmin, ~tîn, ~tîn [5,6] ~îm, ~îd, ~î, ~îmin, ~în, ~în

Dölja 1 Pûşanin [pûşan], 2 Şardin [şard], 3 [Hişar kirdin*], [Jêr aw kirdin*], [Wişar kirdin*], [Nuqm kirdin*] 4 [Heşar dan*] ***döljer*** 1 epûşnim, epûşnid, epûşnê, epûşnîmin, epûşnin, epûşnin, 2 eşarim, eşarid, eşarê, eşarîmin, eşarin, eşarin, ***dolde*** [1,2] ~im, ~id, ~, ~îmin, ~in, ~in, ***har dolt*** [1,2] ~imes, ~ides, ~iges, ~îmines, ~ines, ~ines, 3 hişar kirdines, jêr aw kirdines, wişar kirdines, 4 heşar danes ***hade dolt*** [1,2] ~îm, ~îd, ~î, ~îmin, ~în, ~în

Döma mellan [Beyn girtin*]

E

Efterssträva 1 Xwastin [xwast], 2 Twastin [twast] ***eftersträvar*** 1 exwazim, exwazid, exwazê, exwazîmin. exwazin, exwazin 2 etwam, etwayd, etwad, etwaymin, etwan, etwan ***eftersträvade*** [1,2] ~im, ~id, ~, ~îmin, ~in, ~in ***har eftersträvat*** [1,2] ~imes, ~ides, ~iges, ~îmines, ~ines, ~ines ***hade eftersträvat*** [1,2] ~îm, ~îd, ~î, ~îmin, ~în, ~în

Egga [Han dan*], [BiLûm dan*], [GaL dan*], [Sîx dan*], [Sêx dan*], [DiLgawî dan*]

Elda 1 Sûzanin [sûzan] 2 Sizanin [sizan] 3 Sûçanin [sûçan] 4 Sûtanin [sûtan] ***eldar*** 1 esûznim, esûznid, esûznê, esûznîmin, esûznin, esûznin 2 esiznim, esiznid, esiznê, esiznîmin, esiznin, esiznin 3 esûçnim, esûçnid, esûçnê, esûçnîmin, esûçnin, esûçnin 4 esûtnim, esûtnid, esûtnê, esûtnîmin, esûtnin, esûtnin ***eldade*** [1,2,3,4] ~im, ~id, ~, ~îmin, ~in, ~in ***har eldat*** [1,2,3,4] ~imes, ~ides, ~iges, ~îmines, ~ines, ~ines ***hade eldat*** [1,2,3,4] ~îm, ~îd, ~î, ~îmin, ~în, ~în

Eliminera 1 [Nabût kirdin*] 2 [Beyn birdin*]]

Ena [Yey çew kirdin*], [Ara kirdin*], [Hamar kirdin*]

Entlediga [Mereqez kirdin*], [Mirexes kirdin*], [Mireqes kirdin*], [Nakar kirdin*], [Bîkar kirdin*]

Envisas [Car u hicet kirdin*], [Hicet kirdin*], [Lenc kirdin*], [Kutir kirdin*], [Eqrar kirdin*], [Kwit kirdin*], [Sikwin kirdin*], [Kûtir kirdin*]

Erbjuda *sig frivilligt* [Emşêr bün*], [Hemşêr bün*]

Erkänna 1 [We jêr çün*], [We jîr çün*] 2 [Iqrar kirdin*], [Eqrar kirdin*]

Eskortera 1 Resanin [resan] 2 [Verrê kirdin*] ***eskorterar*** eresnim, eresnid, eresnê, eresnîmin, eresnin, eresnin ***eskorterade*** ~im, ~id, ~, ~îmin, ~in, ~in ***har eskorterat*** ~imes, ~ides, ~ges, ~îmines, ~ines, ~ines ***hade eskorterat*** ~îm, ~îd, ~î, ~îmin, ~în, ~în

Estimera 1 [Sengîn u sûk kirdin*], [Azma kirdin*], [Dipyek kirdin*], [Sing kirdin*], [Berawird kirdin*] 2 [Sing dan*]

Etablera [Saz kirdin*], [Ber pa kirdin*]
- ***sig*** [Ca girtin*], [Cî girtin*], [Xişt cî girtin*]

Existera Bün [bü] ***existerar*** hesem, hesed, hesê, heseman, hesedan, heseyan ***existerade*** ~m, ~d, ~, ~min, ~n, ~n ***har existerat*** ~mes, ~des, ~ges, ~mines, ~nes, ~nes ***hade existerat*** ~gîm, ~gîd, ~gî, ~gîmin, ~gîn, ~gîn

Explodera *(utföra en explosion)* 1 Terekanin [terek] 2 Tereqanin [tereq] 3 Teqanin [teq] ***exploderar*** e~nim, e~nid, e~nê, e~nîmin, e~nin, e~nin ***exploderade*** ~anim, ~anid, ~an, ~anîmin, ~anin, ~anin ***har exploderat*** ~animes, ~anides, ~aniges, ~anîmines, ~anines, ~anines ***hade exploderat*** ~anîm, ~anîd, ~anî, ~anîmin, ~anîn, ~anîn

F

Falla Keftin [keft] ***faller*** ekefim, ekefid, ekefê, ekefîmin, ekefin, ekefin ***föll*** ~im, ~id, ~, ~îmin, ~in, ~in ***har fallit*** ~imes, ~ides, ~iges, ~îmines, ~ines, ~ines ***hade fallit*** ~îm, ~îd, ~î, ~îmin, ~în, ~în

Fasa 1 [Mil kwirr kirdin*] 2 [Mil kwirr girtin*]

Fasta [Rûje girtin*], [Rûjî girtin*], [Rûjig girtin*]

Fastna 1 Çespîn [çesp] 2 Gîryan [gîr] 3 [Gîr bün*] 4 [Gîr kirdin*] ***fastnar*** 1 e~im, e~id, e~ê, e~îmin, e~in, e~in 2 e~yem, e~yeyd, e~yê, e~yeymin, e~yen, e~yen ***fastnade*** 1 ~îm, ~îd, ~î, ~îmin, ~în, ~în 2 ~yam, ~yayd, ~ya, ~yaymin, ~yan, ~yan ***har fastnat*** 1 ~îmes, ~îdes, ~îges, ~îmines, ~înes, ~înes 2 ~yames, ~yaydes, ~yages, ~yaymines, ~yanes, ~yanes ***hade fastnat*** 1 ~îgîm, ~îgîd, ~îgî, ~îgîmin, ~îgîn, ~îgîn 2 ~yagîm, ~yagîd, ~yagî, ~yagîmin, ~yagîn, ~yagîn

- ***på vägen*** [Ragîr bün*]

Fatta 1 Famîn [fam], 2 Famistin [famist] 3 [Bû birdin*] 4 [Halî bün*] ***fattar*** efamim, efamid, efamê, efamîmin, efamin, efamin ***fattade*** [1] ~îm, ~îd, ~î, ~îmin, ~în, ~în [2] ~im, ~id, ~, ~îmin, ~in, ~tin ***har fattat*** [1] ~îmes, ~îdes, ~îges, ~îmines, ~înes, ~înes [2] ~imes, ~ides, ~iges, ~îmines, ~ines, ~ines ***hade fattat*** [1] ~îgîm, ~îgîd, ~îgî, ~îgîmin, ~îgîn, ~îgîn [2] ~îm, ~îd, ~î, ~îmin, ~în, ~în

- ***eld*** 1 [Agir girtin*], [Girr girtin*] 2 [Gurrew bün*]

Fela 1 XeLetyan [xeLetya] 2 [HeLe kirdin*], [Iştiba kirdin*], [XuL kirdin*], [HeLeşe kirdin*] ***Felar*** 1 exeLetyem, exeLetyeyd, exeLetyê, exeLetyeymin, exeLetyen, exeLetyen ***Felade*** 1 ~m, ~yd, ~, ~ymin, ~n, ~n ***Har felat*** 1 ~mes, ~ydes, ~ges, ~ymines, ~nes, ~nes ***Hade felat*** 1 ~gîm, ~gîd, ~gî, ~gîmin, ~gîn, ~gîn

Festa [Deyr girtin*], [Cejn girtin*]

Finfördela [Hürde kirdin*], [Hürdew kirdin*], [Hürd kirdin*], [Wird kirdin*], [Wirdew kirdin*], [Xürd kirdin*]

Finhacka [Hürde kirdin*], [Wird kirdin*], [Xürd kirdin*]

Finna [We dî kirdin*], [Pêa kirdin*], [Peya kirdin*], [Peyda kirdin*]

- ***sig i*** 1 [Exmaz kirdin*], [Ta kirdin*], [HeL kirdin*], [Midara kirdin*] 2 [We ser birdin*] 3 [Pa we gez dan*], [Pa gez dan*]

Finnas Bün [bü] ***finns*** hesem, hesed, hesê, heseman, hesedan, heseyan ***fanns*** ~m, ~d, ~, ~min, ~n, ~n ***har funnits*** ~mes, ~des, ~ges, ~mines, ~nes, ~nes ***hade funnits*** ~gîm, ~gîd, ~gî, ~gîmin, ~gîn, ~gîn

Fisa 1 Çisîn [çis] 2 Fisîn [fis] 3 Tisîn [tis] 4 [Tis dan*] ***fiser*** [1,2,3] e~im, e~id, e~ê, e~îmin, e~in, e~in ***fes*** [1,2,3] ~îm, ~îd, ~î, ~îmin, ~în, ~în ***har fisit*** [1,2,3] ~îmes, ~îdes, ~îges, ~îmines, ~înes, ~înes ***hade fisit*** [1,2,3] ~îgîm, ~îgîd, ~îgî, ~îgîmin, ~îgîn, ~îgîn

Fixa [Dirus kirdin*], [Durus kirdin*], [Xas kirdin*], [Xû kirdin*], [Cûr kirdin*]

Fjärta 1 Tirrîn [tirr] 2 [Gûz dan*], [Gûz wer dan*], [Tirr dan*], [Tirr wer dan*] 3 [Zirte kirdin*] ***fjärtar*** 1 e~im, e~id, e~ê, e~îmin, e~in, e~in ***fjärtade*** 1 ~îm, ~îd, ~î, ~îmin, ~în, ~în ***har fjärtat*** 1 ~îmes, ~îdes, ~îges, ~îmines, ~înes, ~înes ***hade fjärtat*** 1 ~îgîm, ~îgîd, ~îgî, ~îgîmin, ~îgîn, ~îgîn

Fjäska [Delî kirdin*], [May may kirdin*], [Paçîxî kirdin*], [XayemaLî kirdin*], [Xweştewî kirdin*], [Xweşdewî kirdin*], [Düyelûsî kirdin*]

Fladdra [Pirte pirt kirdin*]

Flamma 1 [Girr girtin*] 2 [Gurrew bün*] 3 [BiLûze kirdin*] 4 [BiLûze dan*], [BiLêze dan*]

Flaxa *vingar* 1 [Perr dan*], [Pirr dan*], [BaL dan*], [Perr perr dan*] 2 [Firre firr kirdin*]

Fly 1 Wayn [wa] ***flyr*** 1 e~m, e~yd, e~d, e~ymin, e~n, e~n 2 [Tarr kirdin*], [Filinge kirdin*], [Firar kirdin*], [Wilinge kirdin*], [Firte kirdin*] 3 [Der çün*] ***flydde*** 1 ~ym, ~yd, ~y, ~ymin, ~yn, ~yn ***har flytt*** 1 ~ymes, ~ydes, ~yges, ~ymines, ~ynes, ~ynes ***hade flytt*** 1 ~yîm, ~yîd, ~yî, ~yîmin, ~yîn, ~yîn

- ***som en ynkrygg*** [Gaske kirdin*], [GeLfe kirdin*], [Gûze kirdin*]

Flyga 1 [BaLew girtin*], [BaL girtin*] 2 [Firre kirdin*]

Flytta [Bar kirdin*], [MaL bar kirdin*], [Kûç kirdin*]

- ***på sig*** 1 Dane la [da] 2 La çün [la çü] 3 [La dan*] 4 [La girtin*] ***flyttar på sig*** 1 edeme la, edeyde la, edade la, edeymine le, edene la, edene la 2 la eçim, la eçid, la eçê, la eçîmin, la eçin, la eçin ***flyttade på sig*** 1 ~me la, ~yde la, ~ la, ~ymine la, ~ne la, ~ne la 2 ~m, ~d, ~, ~min, ~n, ~n ***har flyttat på sig*** 1 ~mese la, ~ydese la, ~gese la, ~yminese la, ~nese la, ~nese la 2 ~mes, ~des, ~es, ~mines, ~nes, ~nes ***hade flyttat på sig*** 1 ~gîme la, ~gîde la, ~gîe la, ~gîmine la, ~gîne la, ~gîne la 2 ~gîm, ~gîd, ~gî, ~gîmin, ~gîn, ~gîn

Fläkta *bag* Weşanin [weşan] ***fläktar*** eweşnim, eweşnid, eweşnê, eweşnîmin, eweşnin, eweşnin ***fläktade*** ~im, ~id, ~, ~îmin, ~in, ~in ***har fläktat*** ~imes, ~ides, ~iges, ~îmines, ~ines, ~ines ***hade fläktat*** ~îm, ~îd, ~î, ~îmin, ~în, ~în

Flämta *(om låga)* [Pirte pirt kirdin*]

Fodra *djur* 1 [Dan kirdin*] 2 [Dan dan*]

Fokusera 1 [Îsifa girtin*], [Mizne girtin*], [MiLaze girtin*], [Sirince girtin*] 2 [Sîyerînc dan*]

Fordra 1 [TeLew kirdin*] 2 [Xwazyar bün*]

Forska [Pitekene kirdin*]

Fostra [Perwerde kirdin*], [Sere were kirdin*], [Gewra kirdin*], [Êwet kirdin*], [Gep kirdin*], [Heywet kirdin*], [Êmat kirdin*]

Fotografera [Wêne girtin*], [Esk girtin*], [Eks girtin*]

Framföda 1 Zaîn [zaî] 2 [We dunya hawirdin*] ***framföder*** ezam, ezayd, ezad, ezaîmin, ezan, ezan ***framfödde*** ~m, ~d, ~, ~min, ~n, ~n ***har framfött*** ~mes, ~des, ~ges, ~mines, ~nes, ~nes ***hade framfött*** ~gîm, ~gîd, ~gî, ~gîmin, ~gîn, ~gîn

Framhärda [Car u hicet kirdin*], [Hicet kirdin*], [Lenc kirdin*], [Kutir kirdin*], [Eqrar kirdin*], [Kwit kirdin*], [Kûtir kirdin*], [Pamil kirdin*], [Sikwin kirdin*] 2 [Pa we gez dan*] 3 [Qurs girtin*]

Fresta [Wa dan*], [Va dan*]

Fria *från skuld/lån* [Azad kirdin*]

Frige 1 [Azad kirdin*], [Aza kirdin*], [Wil kirdin*] 2 [Berd dan*]

Frigöra 1 [Azad kirdin*], [Aza kirdin*] 2 [Wer dan*], [Berd dan*]

Frisera [Şane dan*], [Şanig dan*], [Şanê dan*]

Friskna [Waşew bün*], [Xû bün*], [Xas bün*]

Frukta 1 Gazyan [gazya] 2 [Mil kwirr girtin*] 3 [Mil kwirr kirdin*] ***fruktar*** 1 egazyem, egazyeyd, egazyê, egazyeymin, egazyen, egazyen ***fruktade*** 1 ~m, ~yd, ~, ~ymin, ~n, ~n ***har fruktat*** 1 ~mes, ~ydes, ~ges, ~ymines, ~nes, ~nes ***hade fruktat*** 1 ~gîm, ~gîd, ~gî, ~gîmin, ~gîn, ~gîn

Frusta *(häst)* [Birme kirdin*], [Pirme kirdin*]

Frysa [Ser bün*]

- ***ner*** 1 Reqanin [reqan] 2 Riçanin [riçan] 3 Riçganin [riçgan] 4 [Yex kiridn*] ***fryser ner*** ereqnim, ereqnid, ereqnê, ereqnîmin, ereqnin, ereqnin 2 eriçnim, eriçnid, eriçnê, eriçnîmin, eriçnin, eriçnin 3 eriçginim, eriçginid, eriçginê, eriçginîmin, eriçginin, eriçginin ***frös ner*** [1,2,3] ~im, ~id, ~, ~îmin, ~in, ~in ***har frusit ner*** [1,2,3] ~imes, ~ides, ~iges, ~îmines, ~ines, ~ines ***hade frusit ner*** [1,2,3] ~îm, ~îd, ~î, ~îmin, ~în, ~în

- ***till*** 1 [Req bün*], [Riç bün*] 2 [Yex bün*]
- ***till is*** [Riwinc kirdin*], [Reqa kirdin*], [Yex kirdin*]

Fråga Pirsîn [pirs] ***frågar*** e~im, e~id, e~ê, e~îmin, e~in, e~in ***frågade*** ~îm, ~îd, ~î, ~îmin, ~în, ~în ***har frågat*** ~îmes, ~îdes, ~îges, ~îmines, ~înes, ~înes ***hade frågat*** ~îgîm, ~îgîd, ~îgî, ~îgîmin, ~îgîn, ~îgîn

Fundera 1 [Fikr kirdin*], [Fêr kirdin*] 2 [Fam dan*], [Qüte dan*] 3 [Qüte birdin*]

Fungera [Kar kirdin*]

Fuska [ZaghuL kirdin*]

Fylla [Pirr kirdin*], [Pirrew kirdin*]

- ***igen vattenkälla*** [Kûr kirdin*]
- ***till beredden*** [Ser rêj kirdin*], [NîqeLtûz kirdin*], [Pirraw pirr kirdin*]

Få *att flyga* 1 Firranin [firr] 2 HeLfirranin [HeLfirr] 3 [BaLew dan*], [BaL dan*] ***får ~*** 1 e~nim, e~nid, e~nê, e~nîmin, e~nin, e~nin 2 ~nim, ~nid, ~nê, ~nîmin, ~nin, ~nin ***fick ~*** [1,2] ~anim, ~anid, ~an, ~anîmin, ~anin, ~anin ***har fått ~*** [1,2] ~animes, ~anides, ~aniges, ~anîmines, ~anines, ~anines ***hade fått*** [1,2] ~anîm, ~anîd, ~anî, ~anîmin, ~anîn, ~anîn

- ***att halka*** [Sirr dan*]
- ***blåsa*** [Pif lê kirdin*], [Ba HeL kirdin*]
- ***bråck*** [Fet bün*]
- ***diarré*** 1 [Rewan bün*] 2 [Rîqe girtin*], [Belefîre girtin*] 3 [Ishal girtin*]
- ***dålig rykte*** Zirryan [zirrya] ***får dålig rykte*** ezirryem, ezirryeyd, ezirryê, ezirryeymin, ezirryen, ezirryen ***fick dålig rykte*** ~m, ~yd, ~, ~ymin, ~n, ~n ***har fått dålig rykte*** ~mes, ~ydes, ~ges, ~ymines, ~nes, ~nes ***hade fått dålig rykte*** ~gîm, ~gîd, ~gî, ~gîmin, ~gîn, ~gîn
- ***epileptisk anfall*** [Perkam girtin*] 2 [Tas birdin*] 3 [Tas kirdin*]
- ***erektion*** [Belew bün*] 2 [Taw girtin*] 3 [Taw dan*]
- ***feber*** [Taw girtin*], [Tew girtin*]
- ***fjädrar*** *(om fågelungar)* [Tük kirdin*]
- ***fnatt*** [Lêwe bün*], [Lîwe bün*], [Şêt bün*]
- ***fäste*** 1 [Payar bün*] 2 [Cî girtin*]
- ***hernia*** [Fet bün*]
- ***hjärtattack*** [Dix kirdin*], [Sikte kirdin*], [Diq kirdin*], [Araz kirdin*]
- ***i rörelse*** 1 [Cim dan*], [Cimis dan*] 2 Acimanin [aciman] ***får i rörelse*** 2 acimnim, acimnid, acimnê, acimnîmin, acimnin, acimnin ***fick i rörelse*** 2 ~im, ~id, ~, ~îmin, ~in, ~in ***har fått i rörelse*** 2 ~imes, ~ides, ~iges, ~îmines, ~ines, ~ines ***hade fått i rörelse*** 2 ~îm, ~îd, ~î, ~îmin, ~în, ~în
- ***ledtråd*** [Nûn birdin*], [Nûn we çiştê birdin*]
- ***licens*** [BeLge girtin*], [Cewaz girtin*]
- ***liv*** [Zênig bün*], [Zinê bün*], [Zinde bün*]
- ***någon att stiga av*** [Pa pîya kirdin*]
- ***plats*** [Cî girtin*], [Şûn girtin*]
- ***på flykt*** 1 Remanin [reman] 2 Wayanin [wayan] 3 [Firarî dan*] ***får på flykt*** 1 eremnim, eremnid, eremnê, eremnîmin, eremnin, eremnin 2 ewaynim, ewaynid, ewaynê, ewaynîmin, ewaynin, ewaynin ***fick på flykt*** [1,2] ~im, ~id, ~, ~îmin, ~in, ~in ***har fått på flykt*** [1,2] ~imes, ~ides, ~iges, ~îmines, ~ines, ~ines ***hade fått på flykt*** [1,2] ~îm, ~îd, ~î, ~îmin, ~în, ~în

- ***samtycke*** [Nerma kirdin*], [Nerm kirdin*]
- ***skrattanfall*** [Xiz birdin*], [Rîsew birdin*], [Rîs birdin*]
- ***tag i*** 1 [Qep lê ben bün*], [Des lê ben bün*] 2 [We des hawirdin*] 3 [We des girtin*]
- ***tillgivenhet till någon*** [Gurê girtin*], [Gira girtin*], [Xê girtin*], [Hirû girtin*], [Gorê girtin*]
- ***tillstånd*** [BeLge girtin*], [Cewaz girtin*]
- ***tips*** [Nûn birdin*], [Nûn we çiştê birdin*]
- ***torr mun*** [MiLaq wişk bün*], [Dem wişk bün*]
- ***tyst på*** Kipanin [kipan] ***får tyst på*** ekipnim, ekipnid, ekipnê, ekipnîmin, ekipnin, ekipnin ***fick tyst på*** ~im, ~id, ~, ~îmin, ~in, ~in ***har fått tyst på*** ~imes, ~ides, ~iges, ~îmines, ~ines, ~ines ***hade fått tyst på*** ~îm, ~îd, ~î, ~îmin, ~în, ~în
- ***utbrott*** *(ej om känslor)* [Feqare dan*], [Hifare dan*]
- ***utlösning*** *(vid samlag)* 1 Tezyan [tezya] 2 [rehet bün*] ***får utlösning*** 1 etezyem, etezyeyd, etezyê, etezyeymin, etezyen, etezyen ***fick utlösning*** 1 ~m, ~yd, ~, ~ymin, ~n, ~n ***har fått utlösning*** 1 ~mes, ~ydes, ~ges, ~ymines, ~nes, ~nes ***hade fått utlösning*** 1 ~gîm, ~gîd, ~gî, ~gîmin, ~gîn, ~gîn
- ***överhanden*** [ZaL bün*], [Çêr bün*]

Fånga 1 Girtin [girt] 2 [Desgîr kirdin*] ***fångar*** 1 egirim, eigrid, egirê, egirîmin, egirin, egirin ***fångade*** 1 ~tim, ~id, ~, ~îmin, ~in, ~in ***har fångat*** 1 ~imes, ~ides, ~iges, ~îmines, ~ines, ~ines ***hade fångat*** 1 ~îm, ~îd, ~î, ~îmin, ~în, ~în
- ***med nät*** 1 [Tûrr kirdin*], [Tûr kirdin*] 2 [We tûr girtin*]

Fängsla [Ben kirdin*], [Zindan kirdin*]
Färdigställa [Temam kirdin*]
Färga 1 [Siwax dan*], [Sibûq Dan*], [Reng dan*] 2 [Reng kirdin*]
Fästa 1 Likanin [likan] 2 Dawesanin [dawesan] ***fäster*** 1 eliknim, eliknid, eliknê, eliknîmin, eliknin, eliknin 2 dawesnim, dawesnid, dawesnê, dawesnîmin, dawesnin, dawesnin ***fäste*** 1 ~im, ~id, ~, ~îmin, ~in, ~in 2 ~im, ~id, ~, ~îmin, ~in, ~in ***har fäst*** 1 ~imes, ~ides, ~iges, ~îmines, ~ines, ~ines 2 ~imes, ~ides, ~iges, ~îmines, ~ines, ~ines ***hade fäst*** 1 ~îm, ~îd, ~î, ~îmin, ~în, ~în 2 ~îm, ~îd, ~î, ~îmin, ~în, ~în
Föda barn Zaîn [zaî] ***föder*** ezam, ezayd, ezad, ezaîmin, ezan, ezan ***födde*** ~m, ~d, ~, ~min, ~n, ~n ***har fött*** ~mes, ~des, ~ges, ~mines, ~nes, ~nes ***hade fött*** ~gîm, ~gîd, ~gî, ~gîmin, ~gîn, ~gîn
Födas 1 [We dî bün*] 2 [We dunya hatin*]
Föhindra 1 [Herrûke dan*], [Gawew dan*] 2 [Gîr dan*] 3 [Nûwa girtin*], [Rê girtin*]
Följa *efter* 1 [We şûn çün*] 2 [Peyrewî kirdin*]
Föra *in* [Tîya birdin*], [E naw birdin*]
- ***oväsen*** [Qirmi qaL kirdin*], [Qîj qaj kirdin*]

Förarga [Kifar dirawirdin*]
Förbanna *(svära)* [Dijmîn dan*], [Xiraw dan*], [Sexûn dan*]
- ***genom att nedkalla guds straff*** [Nûwir kirdin*], [Norr kirdin*], [Norr u niza kirdin*]

Förbereda *sig* 1 [Dinan tîj kirdin*], [Digan tîj kirdin*], [Dêan tîj kirdin*], [Xwey gurcew kirdin*], [Tîyar kirdin*], [Çax kirdin*] 2 [Girr gurcew bün*], [Tîyar bün*], [Çax bün*], [Tewar bün*] 3 [ŞiLing xwey dan*]
- ***sig för att lyssna*** [QuLaxe kirdin*]

Förbjuda 1 [Herrûke dan*], [Gawew dan*] 2 [Man kirdin*], [Mina kirdin*], [Qeyexe kirdin*], [Qedexe kirdin*], [Meyn kirdin*], [Qeyixe kirdin*]

Förblinda *genom att sticka ut ögat* [QiLa pük kirdin*]

Fördela [Dabeş kirdin*], [Beş kirdin*], [Beşa kirdin*], [Beşew kirdin*]

Fördriva [We deyşt kirdin*], [Der kirdin*]

- ***tid*** 1 [Guzeran kirdin*] 2 [We ser çün*] 3 [We ser birdin*]

Fördröja [MateL kirdin*], [Dîr kirdin*]

Fördölja 1 Pûşanin [pûşan] 2 Şardin [şard] 3 [Heşar dan*] 4 [Hişar kirdin*], [Jêr aw kirdin*], [Wişar kirdin*] ***fördöljer*** 1 epûşnim, epûşnid, epûşnê, epûşnîmin, epûşnin, epûşnin 2 eşarim, eşarid, eşarê, eşarîmin, eşarin, eşarin ***fördolde*** [1,2] ~im, ~id, ~, ~îmin, ~in, ~in ***har fördolt*** [1,2] ~imes, ~ides, ~iges, ~îmines, ~ines, ~ines ***hade fördolt*** [1,2] ~îm, ~îd, ~î, ~îmin, ~în, ~în

Förebrå 1 [Serzenişt kirdin*], [Kizi kûr kirdin*], [Kûre kirdin*], [Liçge kirdin*], [Kûraw kirdin*], [Serzeniş kirdin*] 2 [Gawa dan*], [Gawew dan*]

Förena [Yey çew kirdin*]

Förenkla [Asan kirdin*], [Hasan kirdin*], [Rewan kirdin*]

Förfalla [Wîran bün*]

Förflytta sig 1 Xwilyan [xwilya] 2 [Ca we ca kirdin*] ***förflyttar sig*** 1 exwilyem, exwilyeyd, exwilyê, exwilyeymin, exwilyen, exwilyen ***förflyttade sig*** 1 ~m, ~yd, ~, ~ymin, ~n, ~n ***har förflyttat sig*** 1 ~mes, ~ydes, ~ges, ~ymines, ~nes, ~nes ***hade förflyttat sig*** 1 ~gîm, ~gîd, ~gî, ~gîmin, ~gîn, ~gîn

Förfråga [HewaL girtin*]

Förfölja 1 [Papey bün*] 2 [We şûn çün*]

Förgätas [Le/We wîr çün*], [Le/We hür çün*], [Le/We bîr çün*], [Le ser çün*]

Förgöra 1 [TiLûherr kirdin*], [TiLû kirdin*], [Qeli pel kirdin*], [Semersa kirdin*], [Let u pet kirdin*], [BiLing biLing kirdin*], [Tar u mar kirdin*], [Nabûd kirdin*] 2 [Le beyn birdin*], [Le bên birdin*], [Le naw birdin*] 3 Fewtanin [fewtan] ***förgör*** 3 Efewtnim, Efewtnid, Efewtnê, Efewtnîmin, Efewtnin, Efewtnin ***förgjorde*** 3 ~im, ~id, ~, ~îmin, ~in, ~in ***har förgjort*** ~imes, ~ides, ~iges, ~îmines, ~ines, ~ines ***hade förgjort*** ~îm, ~îd, ~î, ~îmin, ~în, ~în

Förhindra [Naw rê girtin*], [Nûwa rê girtin*], [Rê girtin*], [Nûwa girtin*], [Wer girtin*], [Pêş girtin*], [Des girtin*]

Förinta 1 [TiLûherr kirdin*], [TiLû kirdin*], [Qeli pel kirdin*], [Semersa kirdin*], [Let u pet kirdin*], [BiLing biLing kirdin*], [Tar u mar kirdin*], [Nabûd kirdin*] 2 [Le beyn birdin*], [Le bên birdin*], [Le naw birdin*] 3 Fewtanin [fewtan] ***förintar*** 3 Efewtnim, Efewtnid, Efewtnê, Efewtnîmin, Efewtnin, Efewtnin ***förintade*** 3 ~im, ~id, ~, ~îmin, ~in, ~in ***har förintat*** ~imes, ~ides, ~iges, ~îmines, ~ines, ~ines ***hade förintat*** ~îm, ~îd, ~î, ~îmin, ~în, ~în

Förkasta 1 [Ret kirdin*] 2 [Qebûl nekirdin*]

Förklara [Dipyek kirdin*], [Dipyekew kirdin*], [Halî kirdin*]

Förkorta [KuLew kirdin*], [KuL kirdin*], [KuL u kûta kirdin*]

Förkunna [Deng kirdin*]

Förlama 1 [Şel kirdin*] 2 [KuLûL kirdin*], [KiLûL kirdin*]

Förlora *(besegras)* anyan [anya] ***förlorar*** anyem, anyeyd, anyê, anyeymin, anyen, anyen ***förlorade*** ~m, ~yd, ~, ~ymin, ~n, ~n ***har förlorat*** ~mes, ~ydes, ~ges,

~ymines, ~nes, ~nes ***hade förlorat*** ~gîm, ~gîd, ~gî, ~gîmin, ~gîn, ~gîn

- ***medvetande*** 1 [Tasa birdin*], [Tasew birdin*] 2 [We xwey çün*], [Le hûş çün*]

- ***oskulden*** [Bîgurtîne bün*], [Xiraw bün*]

- ***något*** 1 [Le/We desew kirdin*], [We/Le desa kirdin*], [We/Le des kirdin*] 2 [Le/We des dan*], [Le/We kîs dan*], [We/Le des dan*], [We/Le kîs dan*]

Förlova sig [Dîyarî kirdin*], [Ida kirdin*], [Xwazmenî kirdin*], [Xwasmenî kirdin*], [Mare kirdin*]

Förlåta 1 Wexşanin [wexşan] 2 Wexşîn [wexş] 3 [Guzeyşt kirdin*], [Guzeşt kirdin*] ***förlåter*** 1 ewexşnim, ewexşnid, ewexşnê, ewexşnîmin, ewexşnin, ewexşnin 2 e~im, e~id, e~ê, e~îmin, e~in, e~in ***förlät*** 1 ~im, ~id, ~, ~îmin, ~in, ~in 2 ~îm, ~îd, ~î, ~îmin, ~în, ~în ***har förlåtit*** 1 ~imes, ~ides, ~iges, ~îmines, ~ines, ~ines 2 ~îmes, ~îdes, ~îges, ~îmines, ~înes, ~înes ***hade förlåtit*** 1 ~îm, ~îd, ~î, ~îmin, ~în, ~în 2 ~îgîm, ~îgîd, ~îgî, ~îgîmin, ~îgîn, ~îgîn

Förlänga [Dirîja kirdin*], [Şûrra kirdin*], [Dirîj kirdin*], [Dirrew kirdin*], [Durrew kirdin*]

Förlöjliga 1 [Dempaçganî kirdin*], [Tülekî kirdin*], [GaLte kirdin*] 2 [Tîz girtin*]

Förminska [Büçig kirdin*]

Förmoda [Engar kirdin*], [HemiL kirdin*], [Guman kirdin*]

Förnedra [Rüsîye kirdin*]

Förneka 1 [Haşa kirdin*], [Na kirdin*] 2 [We/Le jêr dan*], [Le jîr dan*]

Förnya 1 Tirkanin [tirkan] 2 [Nû kirdin*] ***förnyar*** 1 etirknim, etirknid, etirknê, etirknîmin, etirknin, etirknin ***förnyade*** 1 ~im, ~id, ~, ~îmin, ~in, ~in ***har förnyat*** 1 ~imes, ~ides, ~iges, ~îmines, ~ines, ~ines ***hade förnyat*** 1 ~îm, ~îd, ~î, ~îmin, ~în, ~în

Förnärma 1 Rencanin [rencan] 2 [Kirûre kirdin*], [Azirde kirdin*] ***förnärmar*** 1 erencnim, erencnid, erencnê, erencnîmin, erencnin, erencnin ***förnärmade*** 1 ~im, ~id, ~, ~îmin, ~in, ~in ***har förnärmat*** 1 ~imes, ~ides, ~iges, ~îmines, ~ines, ~ines ***hade förnärmat*** 1 ~îm, ~îd, ~î, ~îmin, ~în, ~în

Förringa [We kem girtin*], [Des kem girtin*]

Förse *med sigill* [ŞeqL dan*]

Försegla [ŞeqL dan*]

Försena 1 [Gîr dan*] 2 [MateL kirdin*]

Förslå [Bes kirdin*], [Beş kirdin*]

Förslösa [HeLexercî kirdin*]

Försona 1 [Beyn girtin*] 2 [Dûsî dan*]

Försonas [Des le mil kirdin*], [Des we mil yek kirdin*]

Förstå 1 Famîn [fam], 2 Famistin [famist] 3 Zanîn [Zan] 4 Zanistin [zanist] 5 Resînew [res] 6 [Halî bün*] 7 [Bû birdin*] 8 [Ser lê der kirdin*] ***förstår*** [1,2] efamim, efamid, efamê, efamîmin, efamin, efamin [3,4] ezanim, ezanid, ezanê, ezanîmin, ezanin, ezanin 5 ~imew, ~idew, ~êew, ~îminew, ~inew, ~inew ***förstod*** [1,3] ~îm, ~îd, ~î, ~îmin, ~în, ~în [2,4] ~im, ~id, ~, ~îmin, ~in, ~tin 5 ~îmew, ~îdew, ~îew, ~îminew, ~înew, ~înew ***har förstått*** [1,3] ~îmes, ~îdes, ~îges, ~îmines, ~înes, ~înes [2,4] ~imes, ~ides, ~iges, ~îmines, ~ines, ~ines 5 ~îmesew, ~îdesew, ~îgesew, ~îminesew, ~înesew, ~înesew ***hade förstått*** [1,3] ~îgîm, ~îgîd, ~îgî, ~îgîmin, ~îgîn, ~îgîn [2,4] ~îm, ~îd, ~î, ~îmin, ~în, ~în 5 ~îgîmew, ~îgîdew, ~îgîew, ~îgîminew, ~îgînew, ~îgînew

- ***sig på*** 1 [Lê der kirdin*], [Ser lê der kirdin*] 2 [Lê famistin*]
Förstöra [Xiraw kirdin*], [Xapür kirdin*]
- ***samarbete*** 1 [Le yek dan*], [We yek dan*] 2 [Kar şêwanin*]
Försumma [Mise mis kirdin*], [Singe sing kirdin*]
Försvaga [Zeyîf kirdin*], [Bîaz kirdin*], [Bîhaz kirdin*]
- ***levande ting*** [Bîaz kirdin*]
Försvinna spårlöst 1 [Serawe nün kirdin*], [Nuqm kirdin*] 2 [Serawe nün bün*], [Dere nüm bün*]
Försvåra [Sext kirdin*]
Försäga *sig* [Le dem der çün*]
Försälja Firûşan [firûşa] ***försäljer*** efrûşim, efrûşid, efrûşê, efrûşîmin, efrûşin, efrûşin ***försålde*** ~m, ~yd, ~, ~îmin, ~n, ~n ***har försålt*** ~mes, ~ydes, ~ges, ~îmines, ~nes, ~nes ***hade försålt*** ~îm, ~îd, ~î, ~îmin, ~în, ~în
Försätta *i konkurs* [Werşikist kirdin*], [Werşikest kirdin*]
Försöka *(anstränga sig)* 1 [Zenibeleq dan*], [Dü cerr dan*] 2 [Giztaw kirdin*], [Teqela kirdin*], [Kûşis kirdin*], [Zûr kirdin*]
Förtala 1 [Tomet dan*], [Tûmet dan*] 2 [Bixt we pê kirdin*]
Förtrycka [KuLû xwerde kirdin*], [Kûre kirdin*]
Förtunna [Tinik kirdin*]
Förtvivla [Meyl serd bün*], [DiLserd bün*]
Förtydliga [Yê lawa kirdin*], [Dipyekew kirdin*]
Förtälja [Tarîf kirdin*], [Tîyerîf kirdin*]
Förtära 1 Xwardin [xward] 2 [miLak kirdin*] ***förtär*** 1 exwem, exweyd, exwad, exweymin, exwen, exwen ***förtärde*** 1 ~im, ~id, ~, ~îmin, ~in, ~in ***har förtärt*** 1 ~imes, ~ides, ~iges, ~îmines, ~ines, ~ines ***hade förtärt*** 1 ~îm, ~îd, ~î, ~îmin, ~în, ~în
Förvirra [Meng kirdin*], [Gîj kirdin*], [Wirr kirdin*], [Naw deyşt kirdin*]

G

Gagga [Çene dan*], [Çine dan*], [Çeki çinake dan*], [Çinake dan*], [Çeqi peL dan*] 2 [Lûre kirdin*], [Xwariban kirdin*], [Wirracî kirdin*], [Jeke jek kirdin*]
Gala 1 Qülanin [qülan] 2 [Qüle kirdin*] ***gal*** 1 eqülnim, eqülnid, eqülnê, eqülnîmin, eqülnin, eqülnin ***gol*** 1 ~im, ~id, ~, ~îmin, ~in, ~in ***har galit*** 1 ~imes, ~ides, ~iges, ~îmines, ~ines, ~ines ***hade galit*** 1 ~îm, ~îd, ~î, ~îmin, ~în, ~în
Galoppera [Lûke kirdin*], [Lûqe kirdin*]
Gasa *(öka farten)* 1 [Gaz girtin*] 2 [Gaz dan*]
Gasta 1 Zirîkanin [zirîkan] 2 [Hawar kirdin*], [Zirîke kirdin*], [Hewar kirdin*] 3 Cîqanin [cîqan] 4 Cirîkanin [cirîkan] 5 Qîjanin [qîjan] 6 Qîranin [qîran] 7 Zîqanin [zîqan] ***gastar*** ezirîknim, ezirîknid, ezirîknê, ezirîknîmin, ezirîknin, ezirîknin 3 ecîqnim, ecîqnid, ecîqnê, ecîqnîmin, ecîqnin, ecîqnin 4 ecirîknim, ecirîknid, ecirîknê, ecirîknîmin, ecirîknin, ecirîknin 5 eqîjnim, eqîjnid, eqîjnê, eqîjnîmin, eqîjnin, eqîjnin 6 eqîrnim, eqîrnid, eqîrnê, eqîrnîmin, eqîrnin, eqîrnin 7 ezîqnim, ezîqnid, ezîqnê, ezîqnîmin, ezîqnin, ezîqnin ***gastade*** [1,3,4,5,6,7] ~im, ~id, ~, ~îmin, ~in, ~in ***har gastat*** [1,3,4,5,6,7] ~imes, ~ides, ~iges, ~îmines, ~ines, ~ines ***hade gastat*** [1,3,4,5,6,7] ~îm, ~îd, ~î, ~îmin, ~în, ~în
Ge Dan [da] ***ger*** edem, edeyd, edad, edeymin, eden, eden ***gav*** ~m, ~yd, ~,

~ymin, ~n, ~n ***har gett*** ~mes, ~ydes, ~ges, ~ymines, ~nes, ~nes ***hade gett*** 1 ~yîm, ~yî~, ~yî, ~yîmin, ~yîn, ~yîn 2 ~gîm, ~gî~, ~gî, ~gîmin, ~gîn, ~gîn

- ***adress*** [HewaL dan*]
- ***andrum*** [MawiL dan*], [Mawe dan*]
- ***anstånd*** [MawiL dan*], [Mawe dan*], [Mawe we pê dan*]
- ***bort*** 1 Wexşîn [wexş] 2 Wexşanin [wexşan] ***ger bort*** 1 e~im, e~id, e~ê, e~îmin, e~in, e~in 2 ewexşnim, ewexşnid, ewexşnê, ewexşnîmin, ewexşnin, ewexşnin ***gav bort*** 1 ~îm, ~îd, ~î, ~îmin, ~în, ~în 2 ~im, ~id, ~, ~îmin, ~in, ~in ***har gett bort*** 1 ~îmes, ~îdes, ~îges, ~îmines, ~înes, ~înes 2 ~imes, ~ides, ~iges, ~îmines, ~ines, ~ines ***hade gett bort*** 1 ~îgîm, ~îgîd, ~îgî, ~îgîmin, ~îgîn, ~îgîn 2 ~îm, ~îd, ~î, ~îmin, ~în, ~în
- ***direktion*** [HewaL dan*], [Rê nîşan dan*]
- ***komplimang*** [Tarîf kirdin*], [Tîyerîf kirdin*]
- ***ledighet*** [Mereqez kirdin*]
- ***ledtråd*** [Nûn dan*], [Nîşane dan*], [Nün dan*]
- ***liv*** [Zinê kirdin*], [Zênig kirdin*]
- ***onda ögat*** [Nezer dan*], [Çew bed dan*]
- ***reprimand*** [Serzenişt kirdin*], [Kizi kûr kirdin*], [Kûre kirdin*], [Liçge kirdin*], [Kûraw kirdin*], [Serzeniş kirdin*]
- ***respit*** [MawiL dan*], [Mawe dan*]
- ***semester*** [Mereqez kirdin*]
- ***sig*** 1 [Mil nan*] 2 [Des kîşan*]
- ***sitt hedersord*** [Waye dan*], [Wade dan*], [QewL dan*]
- ***skriftlig tillstånd*** [Qaqez dan*], [BeLge dan*]
- ***sparken*** [Nakar kirdin*], [Bîkar kirdin*]
- ***spruta*** [Derzî dan*]
- ***stryk*** 1 Kuştin [kuş], 2 Kujtin [kuj] 3 [Kutek dan*] [Edew dan*] 4 [Edew kirdin*] ***ger stryk*** e~im, e~id, e~ê, e~îmin, e~in, e~in ***gav stryk*** ~tim, ~tid, ~t, ~tîmin, ~tin, ~tin ***har gett stryk*** ~times, ~tides, ~tiges, ~tîmines, ~tines, ~tines ***hade gett stryk*** ~tîm, ~tîd, ~tî, ~tîmin, ~tîn, ~tîn
- ***tidsfrist*** [MawiL dan*], [Mawe dan*]
- ***tillbaka*** 1 [Kilew kirdin*] 2 [Düya dan*]
- ***tillstånd*** [Ra dan*], [Rê dan*]
- ***tips*** [Nûn dan*], [Nün dan*], [Nîşane dan*]
- ***upp*** 1 [Des hîz dan*], [Mil dan*] 2 [Mil nan*] 3 [Des kîşan]
- ***uppskov*** [Mawe dan*], [MawiL dan*]
- ***utrymme*** [Cawaz kirdin*]

Gena [KuLbirr kirdin*], [KuL u kuLbirr kirdin*], [Qeybirr kirdin*]

Genera [Şermende kirdin*]

Genomborra 1 Ajanin [ajan] 2 Sipanin [sipan] 3 [Kuna kirdin*] 4 [Sêx dan*] ***genomborrar*** 1 ajinim, ajinid, ajinê, ajinîmin, ajinin, ajinin 2 esipnim, esipnid, esipnê, esipnîmin, esipnin, esipnin ***genomborrade*** 1 ~im, ~id, ~, ~îmin, ~in, ~in 2 ~im, ~id, ~, ~îmin, ~in, ~in ***har genomborrat*** 1 ~imes, ~ides, ~iges, ~îmines, ~ines, ~ines 2 ~imes, ~ides, ~iges, ~îmines, ~ines, ~ines ***hade genomborrat*** 1 ~îm, ~îd, ~î, ~îmin, ~în, ~în 2 ~îm, ~îd, ~î, ~îmin, ~în, ~în

Genomsöka 1 Wişkanin [wişkan] 2 Dawişkanin [dawişkan] 3 [Dewere kirdin*], [Jêri ban kirdin*], [Jêri rü kirdin*] ***genomsöker*** 1 ewişknim, ewişknid, ewişknê, ewişknîmin, ewişknin, ewişknin 2 dawişknim, dawişknid, dawişknê, dawişknîmin, dawişknin, dawişknin ***genomsökte*** [1,2] ~im, ~id, ~, ~îmin, ~in,

~in ***har genomsökt*** [1,2] ~imes, ~ides, ~iges, ~îmines, ~ines, ~ines ***hade genomsökt*** [1,2] ~îm, ~îd, ~î, ~îmin, ~în, ~în

Gifta *sig* Xwastin [xwast] ***gifter*** exwazim, exwazid, exwazê, exwazîmin, exwazin, exwazin ***gifte sig*** ~im, ~id, ~, ~îmin, ~in, ~in ***har gift sig*** ~imes, ~ides, ~iges, ~îmnes, ~ines, ~ines ***hade gift sig*** ~îm, ~îd, ~î, ~îmin, ~în, ~în

- ***sig*** *(gäller för man)* [Jin xwastin*]
- ***sig*** *(gäller för båda könen)* [Sür kirdin*]
- ***sig*** *(gäller för kvinnor)* [Şü kirdin*]

Gilla 1 [DiL girtin*], [We diL girtin*] 2 [DiLe qirçî kirdin*], [Pesen kirdin*] 3 [We diL bün*], [DiLxwaz bün*], [DiLgîr bün*] 4 [DiL qirçyan*]

Glida *ur händerna* [FiLte kirdin*], [Filit kirdin*]

Glimma [Wirşe dan*], [Girşe dan*], [Şewq dan*]

Glimra [Birîce kirdin*], [Birîqe kirdin*]

Glittra 1 [Birîce kirdin*], [Birîqe kirdin*] 2 [Wirşe dan*], [Girşe dan*], [Şewq dan*]

Glufsa 1 [Sila dan*], [Silew dan*], [Qüt dan*], [Qütew dan*] 2 [Sil we ca kirdin*] 3 Qupanin [qupan] 4 Qütanin [qütan] 5 Silanin [silan] 6 HiLûfanin [hiLûfan] ***glufsar*** 3 equpnim, equpnid, equpnê, equpnîmin, equpnin, equpnin 4 eqütnim, eqütnid, eqütnê, eqütnîmin, eqütnin, eqütnin 5 esilnim, esilnid, esilnê, esilnîmin, esilnin, esilnin 6 HiLûfnim, HiLûfnid, HiLûfnê, HiLûfnîmin, HiLûfnin, HiLûfnin ***glufsade*** [3,4,5,6] ~im, ~id, ~, ~îmin, ~in, ~in ***har glufsat*** [3,4,5,6] ~imes, ~ides, ~iges, ~îmines, ~ines, ~ines ***hade glufsat*** [3,4,5,6] ~îm, ~îd, ~î, ~îmin, ~în, ~în

Glädjas [Zewq kirdin*], [Şewq kirdin*], [Şadî kirdin*], [Şayî kirdin*], [Xweşî kirdin*], [Şatî kirdin*]

Glänsa 1 [Birîce kirdin*], [Birîqe kirdin*] 2 [Wirşe dan*], [Girşe dan*], [Şewq dan*]

Glömma [Le/We wîr birdin*], [Le/We hür birdin*], [Le/We bîr birdin*]

Glömmas [Le/We wîr çün*], [Le/We hür çün*], [Le/We bîr çün*], [Le ser çün*]

Gnida *in* MaLîn [maL] ***ginder in*** e~im, e~id, e~ê, e~îmin, e~in, e~in ***gned in*** ~îm, ~îd, ~î, ~îmin, ~în, ~în ***har gnidit in*** ~îmes, ~îdes, ~îges, ~îmines, ~înes, ~înes ***hade gnidit in*** ~îgîm, ~îgîd, ~îgî, ~îgîmin, ~îgîn, ~îgîn

Gny 1 NaLîn [naL] 2 [naLe kirdin*] ***gnyr*** 1 e~im, e~id, e~ê, e~îmin, e~in, e~in ***gnydde*** 1 ~îm, ~îd, ~î, ~îmin, ~în, ~în ***har gnytt*** 1 ~îmes, ~îdes, ~îges, ~îmines, ~înes, ~înes ***hade gnytt*** 1 ~îgîm, ~îgîd, ~îgî, ~îgîmin, ~îgîn, ~îgîn

Gnälla [Wirrig kirdin*]

Godkänna [Pesen kirdin*], [Qebûl kirdin*]

Gorma 1 Qîjanin [qîj] 2 Qîranin [qîr] 3 Zîkanin [zîkan] 4 Zîqanin [zîqan] 5 Zirîkanin [zirîkan] 6 [Hawar kirdin*], [Zirîke kirdin*], [Hewar kirdin*] 7 Cîqanin [cîqan] 8 Cirîkanin [cirîkan] ***gormar*** [1,2] e~nim, e~nid, e~nê, e~nîmin, e~nin, e~nin 3 ezîknim, ezîknid, ezîknê, ezîknîmin, ezîknin, ezîknin 4 ezîqnim, ezîqnid, ezîqnê, ezîqnîmin, ezîqnin, ezîqnin 5 ezirîknim, ezirîknid, ezirîknê, ezirîknîmin, ezirîknin, ezirîknin 7 ecîqnim, ecîqnid, ecîqnê, ecîqnîmin, ecîqnin, ecîqnin 8 ecirîknim, ecirîknid, ecirîknê, ecirîknîmin, ecirîknin, ecirîknin ***gormade*** [1,2] ~anim, ~anid, ~an, ~anîmin, ~anin, ~anin [3,4,5,7,8] ~im, ~id, ~, ~îmin, ~in, ~in ***har gormat*** [1,2] ~animes, ~anides, ~aniges,

~anîmines, ~anines, ~anines [3,4,5,7,8] ~imes, ~ides, ~iges, ~îmines, ~ines, ~ines ***hade gormat***[1,2] ~anîm, ~anîd, ~anî, ~anîmin, ~anîn, ~anîn [3,4,5,7,8] ~îm, ~îd, ~î, ~îmin, ~în, ~în

Granska 1 [Sirinc dan*], [Sirênc dan*] 2 [Pitekene kirdin*], [peypakî kirdin*]

Grilla 1 Wirjanin [wirjan] 2 [Kewaw kirdin*] 3 Birjanin [birjan] 4 Birşanin [birşan] 5 HeLbirjanin [heLbirjan] 6 HeLbirşanin [heLbirşan] 7 Wirşanin [wirşan] ***grillar*** 1 ewirjnim, ewirjnid, ewirjnê, ewirjnîmin, ewirjnin, ewirjnin 3 ebirjnim, ebirjnid, ebirjnê, ebirjnîmin, ebirjnin, ebirjnin 4 ebirşnim, ebirşnid, ebirşnê, ebirşnîmin, ebirşnin, ebirşnin 5 HeLbirjnim, HeLbirjnid, HeLbirjnê, HeLbirjnîmin, HeLbirjnin, HeLbirjnin 6 HeLbirşnim, HeLbirşnid, HeLbirşnê, HeLbirşnîmin, HeLbirşnin, HeLbirşnin 7 ewirşnim, ewirşnid, ewirşnê, ewirşnîmin, ewirşnin, ewirşnin ***grillade*** [1,3,4,5,6,7] ~im, ~id, ~, ~îmin, ~in, ~in ***har grillat*** [1,3,4,5,6,7] ~imes, ~ides, ~iges, ~îmines, ~ines, ~ines ***hade grillat*** [1,3,4,5,6,7] ~îm, ~îd, ~î, ~îmin, ~în, ~în

Grimasera [Dempaçganî kirdin*], [We tewr kirdin*]

Gripa [Dagîr kirdin*], [Desgîr kirdin*], [Ben kirdin*]

- ***tag i*** Girtin [girt] ***griper tag i*** egirim, egirid, egirê, egirîmin, egirin, egirin ***grep tag i*** ~im, ~id, ~, ~îmin, ~in, ~in ***har gripit tag i*** ~imes, ~ides, ~iges, ~îmines, ~ines, ~ines ***hade gripit tag i*** ~îm, ~îd, ~î, ~îmin, ~în, ~în

Gro [Weç der kirdin*], [Weç kirdin*], [Pel kirdin*], [Beç kirdin*] 2 [Çêrew dan*], [Çüze dan*]

Grunda [Saz kirdin*], [Ber pa kirdin*]

Gry [Rûşin bün*], [Rûjna bün*]

Grymta *(grisens läte)* [Nîxe nîx kirdin*]

Gråta 1 Gîristin [gîrist] 2 [Girî kirdin*], [Gîre kirdin*] ***gråter*** egîrim, egîrid, egîrê, egîrîmin, egîrin, egîrin ***grät*** ~im, ~id, ~, ~îmin, ~in, ~in ***har gråtit*** ~imes, ~ides, ~iges, ~îmines, ~ines, ~ines ***hade gråtit*** ~îm, ~îd, ~î, ~îmin, ~în, ~în

- ***och skrika*** [Hawar kirdin*]
- ***och skrika vid dålig nyhet*** [Wang le wer dan*], [Warrê le wer dan*]

Gräla *på* [Qise pê kirdin*], [Qisye pê kirdin*], [Çeqi peL kirdin*]

Gräva 1 Kenîn [ken] 2 Kenistin [kenist] ***gräver*** ekenim, ekenid, ekenê, ekenîmin, ekenin, ekenin ***grävde*** [1] ~îm, ~îd, ~î, ~îmin, ~în, ~în [2] ~im, ~id, ~, ~îmin, ~in, ~in ***har grävt*** [1]~îmes, ~îdes, ~îges, ~îmines, ~înes, ~înes [2] ~imes, ~ides, ~iges, ~îmines, ~ines, ~ines ***hade grävt*** [1]~îgîm, ~îgîd, ~îgî, ~îgîmin, ~îgîn, ~îgîn [2] ~îm, ~îd, ~î, ~îmin, ~în, ~în

Grönska 1 [Sewz kirdin*] 2 [Sewz bün*]

Gulna [Zerd bün*]

Gunga [Taw dan*], [Tawe tawe dan*]

Gyckla [Geme kirdin*], [Yarî kirdin*], [Şûxî kirdin*], [Şûqî kirdin*], [Şeqe kirdin*], [Henekî kirdin*], [TîtaLî kirdin*], [GaLe kirdin*]

Gå 1 Cimîn [cim], 2 Cimistin [cimist] 3 çün [çü] ***går*** [1,2] ecimim, ecimid, ecimê, ecimîmin, ecimin, ecimin [3] eçim, eçid, eçê, eçîmin, eçin, eçin ***gick*** [1] ~îm, ~îd, ~î, ~îmin, ~în, ~în [2] ~im, ~id, ~, ~îmin, ~in, ~in [3] ~m, ~d, ~, ~min, ~n, ~n ***har gått*** [1]~îmes, ~îdes, ~îges, ~îmines , ~înes, ~înes [2] ~imes, ~ides, ~iges, ~îmines , ~ines, ~ines [3] ~mes, ~des, ~ges, ~mines, ~nes, ~nes ***hade gått*** [1] ~îgîm, ~îgîd, ~îgî, ~îgîmin, ~îgîn, ~îgîn [2]

~îm, ~îd, ~î, ~îmin, ~în, ~în [3] ~gîm, ~gîd, ~gî, ~gîmin, ~gîn, ~gîn

- ***av*** *(tråd,rep eller liknande)* 1 Birryan [birr] 2 Wirryan [wirr] 3 [Qit bün*] ***går ~*** [1,2] e~yem, e~yeyd, e~yê, e~yeymin, e~yen, e~yen ***gick ~*** [1,2] ~yam, ~yayd, ~ya, ~yaymin, ~yan, ~yan ***har gått ~*** [1,2] ~yames, ~yaydes, ~yages, ~yaymines, ~yanes, ~yanes ***hade gått ~*** [1,2] ~yagîm, ~yagîd, ~yagî, ~yagîmin, ~yagîn, ~yagîn

- ***bärsärkagång*** *(slåss mot flera samtidigt)* [Xirr bün*]

- ***ed*** [Qur-an dan*], [Qesem dan*]

- ***emellan*** [Nawcî kirdin*]

- ***en runda*** Çerxîn [çerx] ***går en runda*** e~im, e~id, e~ê, e~îmin, e~in, e~in ***gick en runda*** ~îm, ~îd, ~î, ~îmin, ~în, ~în ***har gått en runda*** ~îmes, ~îdes, ~îges, ~îmines, ~înes, ~înes ***hade gått en runda*** ~îgîm, ~îgîd, ~îgî, ~îgîmin, ~îgîn, ~îgîn

- ***hädan*** [Rehet bün*], [Betref bün*], [MirdaL bün*], [Mirdar bün*]

- ***i baklås*** [Çift bün*], [QiLf bün*]

- ***i konkurs*** [Werşikist bün*], [Werşikest bün*], [Jêr aw bün*]

- ***i sömnen*** [Şeware kirdin*]

- ***ljudlöst*** [Bîdeng rê kirdin*]

- ***med förlust*** [Zîyan kirdin*], [Zeret kirdin*], [Zerer kirdin*]

- ***ner i vikt*** [Aw bün*], [Lerr bün*], [Barîk bün*]

- ***på bete*** [We lewerr çün*]

- ***på utflykt*** Gerdîn [gerd] ***går på utflykt*** e~im, e~id, e~ê, e~îmin, e~in, e~in ***gick på utflykt*** ~îm, ~îd, ~î, ~îmin, ~în, ~în ***har gått på utflykt*** ~îmes, ~îdes, ~îges, ~îmines, ~înes, ~înes ***hade* gått på utflykt** ~îgîm, ~îgîd, ~îgî, ~îgîmin, ~îgîn, ~îgîn

- ***raskt*** [Tîr kirdin*]

- ***raskt och söka*** [Zite dan*], [Zitre dan*]

- ***runt*** 1 [Xirr dan*], [Dewr dan*], [Gil dan*], [Çerx dan*] [Xirr xwardin*]

- ***snabbt*** [Tîr kirdin*]

- ***stolt och ragryggad*** [Mil girtin*]

- ***sönder*** Şikyan [şikya] ***går sönder*** eşikyem, eşikyeyd, eşikyê, eşikyeymin, eşikyen, eşikyen ***gick sönder*** ~m, ~yd, ~, ~ymin, ~n, ~n ***har gått sönder*** ~mes, ~ydes, ~ges, ~ymines, ~nes, ~nes ***hade gått sönder*** ~gîm, ~gîd, ~gî, ~gîmin, ~gîn, ~gîn

- ***till överdrift*** 1 [Qurratî kirdin*], [We gerê kirdin*], [Qise qeü kirdin*] 2 [Qurrat dan*] 3 [Sagira wetin*]

- ***tillbaka*** Çünew [çü] ***går tillbaka*** eçimew, eçidew, eçiew, eçîminew, eçinew, eçinew ***gick tillbaka*** ~mew, ~dew, ~ew, ~minew, ~new, ~new ***har gått tillbaka*** ~mesew, ~desew, ~esew, ~minesew, ~nesew, ~nesew ***hade gått tillbaka*** ~gîmew, ~gîdew, ~gîew, ~gîminew, ~gînew, ~gînew

- ***ur led*** [Der çün*]

- ***utmanande*** [Qing xirr dan*]

- ***vilse*** 1 [Rê gum kirdin*], [Şûn gum kirdin*], [Red gum kirdin*] 2 [Gum bün*]

Gästa 1 [We ser çün*], [Erê ser dan çün*] 2 [Serkeşî kirdin*] 3 [Ser dan*]

- ***någon för att framföra något*** [We ser çün*]

- ***varandra*** [Hati çû kirdin*], [Hat u çün kirdin*], [Hati şû kirdin*]

Göda [Çax kirdin*]

Gödsla [Kût dan*]

Göka Kirdin [kird] ***gökar*** ekem, ekeyd, ekad, ekeymin, eken, eken ***gökade*** ~im, ~id, ~, ~îmin, ~in, ~in ***har gökat*** ~imes, ~ides, ~iges, ~îmines, ~ines, ~ines ***hade gökat*** ~îm, ~îd, ~î, ~îmin, ~în, ~în

Gömma 1 Pûşanin [pûşan] 2 Şardin [şard] 3 [Heşar dan*] 4 [Hişar kirdin*], [Jêr aw kirdin*], [Wişar kirdin*] ***gömmer*** 1 epûşnim, epûşnid, epûşnê, epûşnîmin, epûşnin, epûşnin 2 eşarim, eşarid, eşarê, eşarîmin, eşarin, eşarin ***gömde*** [1,2] ~im, ~id, ~, ~îmin, ~in, ~in ***har gömt*** [1,2] ~imes, ~ides, ~iges, ~îmines, ~ines, ~ines ***hade gömt*** [1,2] ~îm, ~îd, ~î, ~îmin, ~în, ~în

Göra Kirdin [kird] ***gör*** ekem, ekeyd, ekad, ekeymin, eken, eken ***gjorde*** ~im, ~id, ~, ~îmin, ~in, ~in ***har gjort*** ~imes, ~ides, ~iges, ~îmines, ~ines, ~ines ***hade gjort*** ~îm, ~îd, ~î, ~îmin, ~în, ~în

- ***allt för att klara av livsuppehället*** [Tik pa dan*]
- ***anspråk*** på [TeLew kirdin*]
- ***av med*** [Le milew kirdin*], [Xwey çakir kirdin*]
- ***bankrutt*** [Werşikest kirdin*]
- ***bebodd*** [Abad kirdin*], [Awedanî kirdin*], [Awedan kirdin*]
- ***bekantskap med*** [Nasyar bün*]
- ***beroende av*** [Hûkare kirdin*], [Hukare kirdin*], [Fêr kirdin*], [Çeçe kirdin*], [Çeşe kirdin*]
- ***blind*** [Kûr kirdin*]
- ***djup*** [QüL kirdin*]
- ***döv*** [Kerr kirdin*]
- ***eländig*** [Bedbext kirdin*], [Bîbext kirdin*]
- ***galen*** 1 Dêwanin [dêwan] 2 [Şêt kirdin*], [Lîwe kirdin*], [Lêwe kirdin*] ***gör galen*** 1 edêwnim, edêwnid, edêwnê, edêwnîmin, edêwnin, edêwnin ***gjorde galen*** 1 ~im, ~id, ~, ~îmin, ~in, ~in ***har gjort galen*** 1 ~imes, ~ides, ~iges, ~îmines, ~ines, ~ines ***hade gjort galen*** 1 ~îm, ~îd, ~î, ~îmin, ~în, ~în
- ***glad*** 1 [DiLxweş kirdin*], [Sewz kirdin*] 2 [DiLxweşî dan*]
- ***gravid*** [Zig pirr kirdin*], [Awis kirdin*], [MinaLdar kirdin*]
- ***grötig*** [Xes kirdin*], [Xesew kirdin*], [Xelîs kirdin*]
- ***halt skada en person så denne haltar*** [Şel kirdin*], [Leng kirdin*]
- ***hemlös*** [Awe lêz kirdin*], [Der we der kirdin*], [HeLweda kirdin*], [Aware kirdin*]
- ***hål*** [Kuna kirdin*]
- ***hård*** 1 Reqanin [reqan] 2 [Req kirdin*], [Sext kirdin*], [Reqa kirdin*] **gör *hård*** 1 ereqnim, ereqnid, ereqnê, ereqnîmin, ereqnin, ereqnin ***gjorde hård*** 1 ~im, ~id, ~, ~îmin, ~in, ~in ***har gjort hård*** 1 ~imes, ~ides, ~iges, ~îmines, ~ines, ~ines ***hade gjort hård*** 1 ~îm, ~îd, ~î, ~îmin, ~în, ~în
- ***ihålig*** [Pük kirdin*]
- ***illa*** [Aciz kirdin*], [Kelemedar kirdin*], [Ezyet kirdin*] 2 [Azar dan*]
- ***klar*** [Ta ser birdin*]
- ***kort*** [Kûta kirdin*], [KuL kirdin*]
- ***ledsen*** [Narahet kirdin*], [Xusedar kirdin*]
- ***lätt vikt*** [Sewik kirdin*], [Sûk kirdin*]
- ***med flit*** [Qesî kirdin*], [Enqesî kirdin*]
- ***militärtjänst*** [Xizmet kirdin*], [Serbazî kirdin*]
- ***naken*** [Rütew kirdin*], [Rüta kirdin*], [Rüt kirdin*], [Lüyet kirdin*]
- ***narr av*** [Tîz girtin*]
- ***nöjd*** [Nerm kirdin*], [Razî kirdin*]
- ***olycklig*** [Bedbext kirdin*], [Bîbext kirdin*], [Xusedar kirdin*]
- ***om*** [Diwaje kirdin*], [Le nû kirdin*]
- ***plats åt*** 1 Guncanin [guncan] 2 [Cî dan*] 3 [Cîyew kirdin*], [Cî kirdin*] ***gör plats åt*** 1 eguncnim, eguncnid, eguncnê, eguncnîmin, eguncnin, eguncnin ***gjorde***

plats åt 1 ~im, ~id, ~, ~îmin, ~in, ~in ***har gjort plats åt*** 1~imes, ~ides, ~iges, ~îmines, ~ines, ~ines ***hade gjort plats åt*** 1 ~îm, ~îd, ~î, ~îmin, ~în, ~în

- ***platt*** 1 Timanin [timan] 2 Simanin [siman] ***gör platt*** 1 etimnim, etimnid, etimnê, etimnîmin, etimnin, etimnin 2 esimnim, esimnid, esimnê, esimnîmin, esimnin, esimnin ***gjorde platt*** 1 ~im, ~id, ~, ~îmin, ~in, ~in 2 ~im, ~id, ~, ~îmin, ~in, ~in ***har gjort platt*** 1 ~imes, ~ides, ~iges, ~îmines, ~ines, ~ines 2 ~imes, ~ides, ~iges, ~îmines, ~ines, ~ines ***hade gjort platt*** 1 ~îm, ~îd, ~î, ~îmin, ~în, ~în 2 ~îm, ~îd, ~î, ~îmin, ~în, ~în
- ***prydlig*** [Rîk kirdin*], [Rîk u pîk kirdin*], [Pak u pirç kirdin*]
- ***på smällen*** [Zig pirr kirdin*], [Awis kirdin*], [MinaLdar kirdin*]
- ***redo*** [Girr gurcew kirdin*], [Amade kirdin*], [Gurcew kirdin*]
- ***rum*** [Cawaz kirdin*]
- ***sig redo*** 1 [Dinan tîj kirdin*], [Digan tîj kirdin*], [Dêan tîj kirdin*], [Xwey gurcew kirdin*] 2 [Tewar bün*]
- ***sjuk*** [Nasaz kirdin*], [Nexweş kirdin*], [Bîmar kirdin*], [Xeste kirdin*]
- ***skamsen*** [Şermende kirdin*]
- ***skev*** [HeL kirdin*], [Çeft kirdin*], [Lar kirdin*], [Tîl kirdin*]
- ***smal*** [Barîk kirdin*], [Lawaz kirdin*], [Çîqin kirdin*], [Lerr kirdin*], [Zeyîf kirdin*], [RîqeL kirdin*]
- ***sned*** [HeL kirdin*], [Çeft kirdin*], [Lar kirdin*], [Tîl kirdin*]
- ***stel*** [Req kirdin*]
- ***stolt*** [Ser berz kirdin*]
- ***tjockt flytande*** [Xes kirdin*], [Xesew kirdin*], [Xelîs kirdin*]
- ***trådig*** [Ben benew kirdin*], [TaL taL kirdin*]
- ***trång*** [Teng kirdin*]
- ***trött*** [Menê kirdin*], [Şeket kirdin*], [WiLeket kirdin*]
- ***tunn*** [Tinik kirdin*]
- ***uppror*** 1 [Ser berz kirdin*], [Serkeşî kirdin*] 2 [Ser hiL dan*], [Ser heL dan*], [Ser hêz dan*] 3 [Yaxî bün*]
- ***viskös*** [Xess kirdin*], [Xesew kirdin*], [Xelîs kirdin*]
- ***yr*** [Meng kirdin*], [Gîj kirdin*], [Wirr kirdin*]
- ***öde*** [ÇûL kirdin*]

H

Ha Daştin [daşt] ***har*** dîrim, dîrid, dîrê, dîrîmin, dîrin, dîrin ***hade*** ~im, ~id, ~, ~îmin, ~in, ~in ***har haft*** ~imes, ~ides, ~iges, ~îmines, ~ines, ~ines ***hade haft*** ~îm, ~îd, ~î, ~îmin, ~în, ~în

- ***bråttom*** [HûL kirdin*], [HewL kirdin*]
- ***i åtanke*** [Wer çaw bün*], [Le/We hür bün*]
- ***kramp*** [Demar girtin*]
- ***någons bästa i sitt intresse*** [Le weri çew bün*]
- ***någons minne levande*** [Yad bün*]
- ***på minnet*** [Yad bün*], [Hür bün*], [Bîr bün*]
- ***samlag*** [Sêx dan*], [Ling we şan dan*]
- ***samlag med samma kön*** *(gäller män)* [Qing dan*], [Qin dan*]
- ***tänder*** [Zewçene kirdin*], [Cewşene kirdin*]
- ***under uppsikt*** 1 [We bêzi çew dan*], [Bêzi çew dan*], [Kişig dan*] 2 [Çew pê bün*]

Hacka 1 Hincanin [Hincan], [Hürde kirdin*], [Hürdew kirdin*], [Hürd kirdin*], [Wird kirdin*], [Wirdew kirdin*], [Xürd kirdin*] ***hackar*** 1 ehincinim, ehincinid, ehincinê, ehincinîmin, ehincinin, ehincinin ***hackade*** 1 ~im, ~id, ~, ~îmin, ~in, ~in ***har hackat*** 1 ~imes, ~ides, ~iges, ~îmines, ~ines, ~ines ***hade hackat*** 1 ~îm, ~îd, ~î, ~îmin, ~în, ~în

Haffa [Dagîr kirdin*], [Ben kirdin*], [Desgîr kirdin*]

Haja 1 [Bû birdin*] 2 [Halî bün*]

Halka 1 [Sirr birdin*] 2 [Sirr xwardin*]

Halsa eLquranin [eLquran] ***halsar*** eLqurnim, eLqurnid, eLqurnê, eLqurnîmin, eLqurnin, eLqurnin ***halsade*** ~im, ~id, ~, ~îmin, ~in, ~in ***har halsat*** ~imes, ~ides, ~iges, ~îmines, ~ines, ~ines ***hade halsat*** ~îm, ~îd, ~î, ~îmin, ~în, ~în

Halta Şelîn [şel] ***haltar*** e~im, e~id, e~ê, e~îmin, e~in, e~in ***haltade*** ~îm, ~îd, ~î, ~îmin, ~în, ~în ***har haltat*** ~îmes, ~îdes, ~îges, ~îmines, ~înes, ~înes ***hade haltat*** ~îgîm, ~îgîd, ~îgî, ~îgîmin, ~îgîn, ~îgîn

Hamra 1 Kutan [kuta] 2 Kuwanin [kuwan] ***hamrar*** 1 ekutim, ekutid, ekutê, ekutîmin, ekutin, ekutin 2 ekuwnim, ekuwnid, ekuwnê, ekuwnîmin, ekuwnin, ekuwnin ***hamrade*** 1 ~m, ~yd, ~, ~îmin, ~n, ~n 2 ~im, ~id, ~, ~îmin, ~in, ~in ***har hamrat*** 1 ~mes, ~ydes, ~ges, ~îmines, ~nes, ~nes 2 ~imes, ~ides, ~iges, ~îmines, ~ines, ~ines ***hade hamrat*** 1 ~îm, ~îd, ~î, ~îmin, ~în, ~în 2 ~îm, ~îd, ~î, ~îmin, ~în, ~în

Handla 1 Senistin [senist] 2 Kirrîn [kirr] 2 Xirrîn [xirr] ***Handlar*** 1 Esenim, esenid, esenê, esenîmin, esenin, esenin [2,3] e~im, e~id, e~ê, e~îmin, e~in, e~in ***handlade*** 1 ~im, ~id, ~, ~îmin, ~in, ~in [2,3] ~îm, ~îd, ~î, ~îmin, ~în, ~în ***har handlat*** 1 ~imes, ~ides, ~iges, ~îmines, ~ines, ~ines [2,3] ~îmes, ~îdes, ~îges, ~îmines, ~înes, ~înes ***hade handlat*** 1 ~îm, ~îd, ~î, ~îmin, ~în, ~în [2,3] ~îgîm, ~îgîd, ~îgî, ~îgîmin, ~îgîn, ~îgîn

Handleda 1 [Amûjarî kirdin*], [Ser peresî kirdin*], 2 [Nîşan dan*] 3 [Rê nan*]

Handplocka [Desçîn kirdin*]

Hasa [WiLeket rê kirdin*], [Şeket rê kirdin*]

Heja *på* 1 [ErgaLe dan*], [DiL dan*] 2 [Şürak kirdin*], [Şêreke kirdin*], [Şêr kirdin*]

Hejda 1 [Nûwa girtin*], [Wer girtin*], [Pêş girtin*], [Des girtin*], [Ver girtin*], [Naw rê girtin*], [Nûwa rê girtin*], [Rê girtin*] 2 [Gîr dan*], [Herrûke dan*] 3 [Defa kirdin*] 4 Besanin [besan] 5 Wesanin [wesan] ***hejdar*** 4 ebesnim, ebesnid, ebesnê, ebesnîmin, ebesnin, ebesnin 5 ewesnim, ewesnid, ewesnê, ewesnîmin, ewesnin, ewesnin ***hejdade*** [4,5] ~im, ~id, ~, ~îmin, ~in, ~in ***har hejdat*** [4,5] ~imes, ~ides, ~iges, ~îmines, ~ines, ~ines ***hade hejdat*** [4,5] ~îm, ~îd, ~î, ~îmin, ~în, ~în

Hela 1 [ILac kirdin*], [Dewere kirdin*], [Derman kirdin*], [Çare kirdin*], [Aza kirdin*] 2 [Dewere birdin*] 3 [Şifa dan*], [Şefa dan*]

Hemlighålla *genom list* [TanqiLa kirdin*]

Hetsa *(egga)* 1 [DiLgawî dan*], [Han dan*], [BiLûm dan*], [GaL dan*], [Sîx dan*], [Sêx dan*] 2 [Tîj kirdin*], [Têj kirdin*], [Ser têj kirdin*], [Tîr kirdin*]

- ***genom att reta upp*** Fiçanin [fiçan] ***hetsar*** efiçnim, efiçnid, efiçnê, efiçnîmin, efiçnin, efiçnin ***hetsade*** ~im, ~id, ~, ~îmin, ~in, ~in ***har hetsat*** ~imes, ~ides, ~iges, ~îmines, ~ines, ~ines ***hade hetsat*** ~îm, ~îd, ~î, ~îmin, ~în, ~în

- ***genom att stressa*** [HoL kirdin*], [HûL kirdin*], [HewL kirdin*], [HeLe piLe kirdin*]
- ***hund*** *(djur)* [Dirrne kirdin*]
- ***upp sig*** [Agire pirr bün*], [HewL bün*], [Despaçe bün*]

Hetta [Süyer kirdin*], [Dax kirdin*]

Hindra 1 [Gîr dan*], [Gil dan*], [Herrûke dan*] 2 [Nûwa girtin*], [Wer girtin*], [Pêş girtin*], [Des girtin*], [Naw rê girtin*], [Nûwa rê girtin*], [Rê girtin*]

Hinka *upp vatten* 1 Guncanin [guncan] 2 [Aw der dan*] ***hinkar*** 1 eguncnim, eguncnid, eguncnê, eguncnîmin, eguncnin, eguncnin ***hinkade*** 1 ~im, ~id, ~, ~îmin, ~in, ~in ***har hinkat*** 1 ~imes, ~ides, ~iges, ~îmines, ~ines, ~ines ***hade hinkat*** 1 ~îm, ~îd, ~î, ~îmin, ~în, ~în

Hinna Resîn [res] ***hinner*** e~im, e~id, e~ê, e~îmin, e~in, e~in ***hann*** ~îm, ~îd, ~î, ~îmin, ~în, ~în ***har hunnit*** ~îmes, ~îdes, ~îges, ~îmines, ~înes, ~înes ***hade hunnit*** ~îgîm, ~îgîd, ~îgî, ~îgîmin, ~îgîn, ~îgîn
- ***upp*** Resîn [res] **hinner** ***upp*** e~im, e~id, e~ê, e~îmin, e~in, e~in **hann** ***upp*** ~îm, ~îd, ~î, ~îmin, ~în, ~în ***har hunnit upp*** ~îmes, ~îdes, ~îges, ~îmines, ~înes, ~înes ***hade hunnit upp*** ~îgîm, ~îgîd, ~îgî, ~îgîmin, ~îgîn, ~îgîn

Hitta 1 Dîn [dî] 2 [We dî kirdin*], [Pêa kirdin*], [Peya kirdin*], [Peyda kirdin*] ***hittar*** 1 eünim, eünid, eünê, eünîmin, eünin, eünin ***hittade*** 1 ~m, ~d, ~, ~min, ~n, ~n ***har hittat*** 1 ~mes, ~des, ~ges, ~mines, ~nes, ~nes ***hade hittat*** 1 ~gîm, ~gîd, ~gî, ~gîmin, ~gîn, ~gîn
- ***lösning på problem*** 1 [Çare kirdin*] 2 [Rê dînew*], [Çare dînew]
- ***på fel*** [Ertew girtin*], [PeLm girtin*], [Xusp u ûn girtin*]
- ***på ursäkt*** [PeLm girtin*], [PeLp girtin*]

Hjälpa 1 [Desmêt dan*], [Mêet dan*], [Yarî dan*], [Hamyarî dan*], [DaLte dan*], [DaLde dan*] 2 [Desgîrî kirdin*], [Bar ras kirdin*], [Hamyarî kirdin*], [Yarî kirdin*], [Piştî kirdin*], [Ladarî kirdin*] 3 [Jêri baL girtin*], [BinbaL girtin*], [Bar heL girtin*]

Hopa [Cem kirdin*], [Kû kirdin*], [Xirr kirdin*], [Gird kirdin*], [Lim kirdin*]

Hoppa 1 Perrîn [perr] 2 [Ginc kirdin*], [Qinc kirdin*] 3 [Qinc girtin*], [Ginc girtin*], [Qumç girtin*], [GeLwaz girtin*], [GeLtaf girtin*], [PeLtaf girtin*] 4 [Waz birdin*] ***hoppar*** 1 e~im, e~id, e~ê, e~îmin, e~in, e~in ***hoppade*** 1 ~îm, ~îd, ~î, ~îmin, ~în, ~în ***har hoppat*** 1 ~îmes, ~îdes, ~îges, ~îmines, ~înes, ~înes ***hade hoppat*** 1 ~îgîm, ~îgîd, ~îgî, ~îgîmin, ~îgîn, ~îgîn
- ***av glädje*** [HeLbez kirdin*], [HeLbez dabez kirdin*]

Hosta 1 Qutîn [qut] 2 [Qute kirdin*], [Qife kirdin*] ***hostar*** 1 e~im, e~id, e~ê, e~îmin, e~in, e~in ***hostade*** 1 ~îm, ~îd, ~î, ~îmin, ~în, ~în ***har hostat*** 1 ~îmes, ~îdes, ~îges, ~îmines, ~înes, ~înes ***hade hostat*** 1 ~îgîm, ~îgîd, ~îgî, ~îgîmin, ~îgîn, ~îgîn

Hota 1 [Herreşe dan*], [Herreşe u gurreşe dan*] 2 [Herreşe u gurreşe kirdin*], [Herreşe kirdin*]

Hugga *med något vass* [Niçig dan*]

Huka [Kurke kirdin*], [Qujge kirdin*]

Humma [Wîte kirdin*], [Wîte wît kirdin*]

Hungra 1 [Wirsî bün*], [Birsî bün*] 2 [Zig cerr dan*]

Huttra [Zewçene kirdin*], [Cewşene kirdin*], [Zewçine kirdin*], [Cewşine kirdin*], [Beyse kirdin*]

Hyra [Kira kirdin*], [Kiraye kirdin*]
- ***hus*** 1 [MaL girtin*] 2 [MaL kira kirdin*]

Hålla Girtin [girt] ***håller*** egirim, eigrid, egirê, egirîmin, egirin, egirin ***höll*** ~im, ~id,

~, ~îmin, ~in, ~in ***har hållit*** ~imes, ~ides, ~iges, ~îmines, ~ines, ~ines ***hade hållit*** ~îm, ~tîd, ~î, ~îmin, ~în, ~în

- ***ett öga på*** [Çew e pê bün*]
- ***händer*** [Des girtin*]
- ***ihop*** [Yeka girtin*], [Yek girtin*], [Yekew girtin*]
- ***inne med det man vill ha sagt*** [Qisye qüt dan*]
- ***löst*** [Sis girtin*], [Şil girtin*], [Şul girtin*]
- ***på håll*** [Dür girtin*]
- ***sig borta*** 1 [Dür kirdin*], [Dürew kirdin*], [Dürî kirdin*] 2 [Dürew bün*], [Dür bün*]
- ***sig ifrån*** [We la dan*]
- ***sig om huvudet*** [Ser girtin*]
- ***sitt ord*** [Sewz kirdin*]

Håna [GaLte kirdin*], [Tîz girtin*], [Han dan*]

Hårdna [Siftew bün*], [Sift bün*], [Qayim bün*], [Req bün*]

- ***pga kyla*** [Req bün*], [Riç bün*]

Häda [Kifr kirdin*], [Kufr kirdin*]

Häkta [Ragîr kirdin*], [Ben kirdin*], [Desgîr kirdin*]

Hälla 1 Rijanin [rijan] 2 Herişanin [herişan] 3 Darişanin [darişan] ***häller*** 1 erijnim, erijnid, erijnê, erijnîmin, erijnin, erijnin 2 herişnim, herişnid, herişnê, herişnîmin, herişnin, herişnin 3 darişnim, darişnid, darişnê, darişnîmin, darişnin, darişnin ***hällde*** [1,2,3] ~im, ~id, ~, ~îmin, ~in, ~in ***har hällt*** [1,2,3] ~imes, ~ides, ~iges, ~îmines, ~ines, ~ines ***hade hällt*** [1,2,3] ~îm, ~îd, ~î, ~îmin, ~în, ~în

- ***i*** 1 [Tê kirdin*] 2 [Tê xistin*]

Hälsa *(handslag)* [Des dan*], [Des we yek dan*]

- ***genom att pussa varandras kinder*** [Des le mil kirdin*], [Des e mil kirdin*], [Maç mûçî kirdin*]

Hämta Hawirdin [hawird] ***hämtar*** eyerim, eyerid, eyerê, eyerîmin, eyerin, eyerin / tîyerim, tîyerid, tîyerê, tîyerîmin, tîyerin, tîyerin ***hämtade*** ~im, ~id, ~, ~îmin, ~in, ~in ***har hämtat*** ~imes, ~ides, ~iges, ~îmines, ~ines, ~ines ***hade hämtat*** ~îm, ~îd, ~î, ~îmin, ~în, ~în

Hänga 1 [We dara kirdin*], [We dar kirdin*], [Daralüs kirdin*], [Dar kirdin*], [Awêzan kirdin*] 2 [Ben dan*], [Dar dan*]

- ***efter*** [We şûn çün*]
- ***läpp*** [Qeyz kirdin*]
- ***med*** *(fatta)* 1 [Halî bün*], 2 [Bû birdin*]
- ***på tork*** ELxistin [eLxist] ***hänger*** eLxem, eLxeyd, eLxad, eLxeymin, eLxen, eLxen ***hängde*** ~im, ~id, ~, ~îmin, ~in, ~in ***har hängt*** ~imes, ~ides, ~iges, ~îmines, ~ines, ~ines ***hade hängt*** ~îm, ~îd, ~î, ~îmin, ~în, ~în

Häpna [Şax kirdin*]

Härma 1 [Dempaçganî kirdin*], [We tara kirdin*], [We tawr kirdin*], [We tar kirdin*] 2 [Ring girtin*], [Kûk girtin*]

Högakta [Tewre rü birdin*], [Tewere rü birdin*]

Höja [BiLên kirdin*]

- ***handen*** [Des hîz dan*], [Des biLên kirdin*]
- ***på Huvudet*** 1 [Ser berz kirdin*], 2 [Ser hêz dan*]

Höra 1 Jinewistin [jinewist] 2 Jineftin [jineft] 3 [Gûş girtin*] ***hör*** ejinewim, ejinewid, ejinewê, ejinewîmin, ejinewin, ejinewin ***hörde*** ~im, ~id, ~, ~îmin, ~in, ~in ***har hört*** ~imes, ~ides, ~iges, ~istîmines, ~istines, ~istines ***hade hört*** ~îm, ~îd, ~î, ~îmin, ~în, ~în

- ***sig för*** [HewaL girtin*]

I

Idissla [Ja kirdin*], [Qawêş kirdin*], [Kaüş kirdin*], [Qaüş kirdin*], [Kawîç kirdin*], [Kawêj kirdin*], [Qawîş kirdin*], [Kinişt kirdin*]
Idrotta [Wercis kirdin*], [Wercist kirdin*], [Werziş kirdin*]
Ihågkomma *minnen* [Hürew dan*], [Hür dan*], [Bîr dan*], [Wîr dan*]
Ilskna [Le yek çün*]
Informera 1 [HewaL dan*], [Xewer dan*] 2 [Sersaw kirdin*], [Aga kirdin*]
Infånga 1 Girtin [girt] 2 [Dagîr kirdin*], [Ben kirdin*] ***infångar*** 1 egirim, eigrid, egirê, egirîmin, egirin, egirin ***infångade*** 1 ~im, ~id, ~, ~îmin, ~in, ~in ***har infångat*** 1 ~imes, ~ides, ~iges, ~îmines, ~ines, ~ines ***hade infångat*** 1 ~îm, ~îd, ~î, ~îmin, ~în, ~în
Ingjuta *mod i* [Şürak kirdin*], [Şêreke kirdin*], [Şêr kirdin*]
Ingå pakt [Merc kirdin*], [Girew kirdin*]
Inhandla 1 Senîn [sen] 2 Senistin [senist] 3 Kirrîn [kirr] 4 Xirrîn [xirr] ***inhandlar*** [1,2,3,4] e~im, e~id, e~ê, e~îmin, e~in, e~in ***inhandlade*** [1,3,4] ~îm, ~îd, ~î, ~îmin, ~în, ~în [2] ~im, ~id, ~, ~îmin, ~in, ~in ***har inhandlat*** [1,3,4] ~îmes, ~îdes, ~îges, ~îmines, ~înes, ~înes [2] ~imes, ~ides, ~iges, ~îmines, ~ines, ~ines ***hade inhandlat*** [1,3,4] ~îgîm, ~îgîd, ~îgî, ~îgîmin, ~îgîn, ~îgîn [2] ~îm, ~îd, ~î, ~îmin, ~în, ~în
Injaga *fruktan* [ZîyeLig birdin*], [Rix birdin*], [Riq birdin*], [Le pirig birdin*], [Nawzig birdin*], [ZaLe birdin*], [ZüyeLe birdin*]
Inkludera 1 Guncanin [guncan] 2 Wincanin [wincan] 3 [Cî dan*] ***inkluderar*** 1 eguncnim, eguncnid, eguncnê, eguncnîmin, eguncnin, eguncnin 2 ewincnim, ewincnid, ewincnê, ewincnîmin, ewincnin, ewincnin ***inkluderade*** [1,2] ~im, ~id, ~, ~îmin, ~in, ~in ***har inkluderat*** [1,2] ~imes, ~ides, ~iges, ~îmines, ~ines, ~ines ***hade inkluderat*** [1,2] ~îm, ~îd, ~î, ~îmin, ~în, ~în
Inköpa 1 Senîn [sen] 2 Senistin [senist] 3 Kirrîn [kirr] 4 Xirrîn [xirr] ***inköper*** [1,2,3,4] e~im, e~id, e~ê, e~îmin, e~in, e~in ***inköpte*** [1,3,4] ~îm, ~îd, ~î, ~îmin, ~în, ~în [2] ~im, ~id, ~, ~îmin, ~in, ~in ***har inköpt*** [1,3,4] ~îmes, ~îdes, ~îges, ~îmines, ~înes, ~înes [2] ~imes, ~ides, ~iges, ~îmines, ~ines, ~ines ***hade inköpt*** [1,3,4] ~îgîm, ~îgîd, ~îgî, ~îgîmin, ~îgîn, ~îgîn [2] ~îm, ~îd, ~î, ~îmin, ~în, ~în
Inmundiga 1 Xwardin [xward] 2 ELquranin [eLquran] 3 [Nûş kirdin*] ***inmundigar*** [1] exwem, exweyd, exwad, exweymin, exwen, exwen [2] eLqurnim, eLqurnid, eLqurnê, eLqurnîmin, eLqurnin, eLqurnin ***inmundigade*** ~im, ~id, ~, ~îmin, ~in, ~in ***har inmundigat*** ~imes, ~ides, ~iges, ~îmines, ~ines, ~ines ***hade inmundigat*** ~îm, ~îd, ~î, ~îmin, ~în, ~în
Innesluta *(fientlig)* 1 [Hetîte dan*], [Hate dan*], [AxLe dan*], [Basqwil dan*], [AxiLe dan*], [Dewre dan*], [Qetare dan*], [Heyte dan*] 2 [Dewr girtin*], [La lê girtin*]
Inolja [Çerm kirdin*], [Çewr kirdin*]
Inrama [Qap kirdin*]
Inringa *(fientlig)* 1 [Hetîte dan*], [Hate dan*], [AxLe dan*], [Basqwil dan*], [AxiLe dan*], [Dewre dan*], [Qetare dan*], [Heyte dan*] 2 [Dewre kirdin*], [Hate kirdin*],

[Hetîte kirdin*] 3 [Dewr girtin*], [La lê girtin*]

Inrätta [Saz kirdin*], [Ber pa kirdin*]

Inse 1 Famîn [fam], 2 Famistin [famist] 3 [Bû birdin*] ***Inser*** *efamim, efamid, efamê, efamîmin, efamin, efamin* ***Insåg*** [1] ~îm, ~îd, ~î, ~îmin, ~în, ~în [2] ~im, ~id, ~, ~îmin, ~in, ~tin ***Har insett*** [1] ~îmes, ~îdes, ~îges, ~îmines, ~înes, ~înes [2] ~imes, ~ides, ~iges, ~îmines, ~ines, ~ines ***Hade insett*** [1] ~îgîm, ~îgîd, ~îgî, ~îgîmin, ~îgîn, ~îgîn [2] ~îm, ~îd, ~î, ~îmin, ~în, ~în

Insistera 1 [Car u hicet kirdin*], [Hicet kirdin*], [Lenc kirdin*], [Kutir kirdin*], [Eqrar kirdin*], [Kwit kirdin*], [Kûtir kirdin*], [Pamil kirdin*], [Sikwin kirdin*] 2 [Pa we gez dan*] 3 [Qurs girtin*]

Insjukna [Nexweş bün*], [Merîz bün*], [Bîmar bün*], [Xeste bün*]

Inspektera 1 Wişkanin [wişkan] 2 Dawişkanin [dawişkan] 3 [Jêri ban kirdin*], [Jêri rü kirdin*], ***inspekterar*** 1 ewişknim, ewişknid, ewişknê, ewişknîmin, ewişknin, ewişknin 2 dawişknim, dawişknid, dawişknê, dawişknîmin, dawişknin, dawişknin ***inspekterade*** [1,2] ~im, ~id, ~, ~îmin, ~in, ~in ***har inspekterat*** [1,2] ~imes, ~ides, ~iges, ~îmines, ~ines, ~ines ***hade inspekterat*** [1,2] ~îm, ~îd, ~î, ~îmin, ~în, ~în

Inspärra [Ben kirdin*], [Desgîr kirdin*], [Zindan kirdin*]

Installera *sig* 1 [Ca girtin*], [Cî girtin*], [Xişt cî girtin*] 2 [Cîgîr bün*]

Inta Dawirranin [dawirran] ***intar*** dawirrnim, dawirrnid, dawirrnê, dawirrnîmin, dawirrnin, dawirrnin ***intog*** ~im, ~id, ~, ~îmin, ~in, ~in ***har intagit*** ~imes, ~ides, ~iges, ~îmines, ~ines, ~ines ***hade intagit*** ~îm, ~îd, ~î, ~îmin, ~în, ~în

Introducera *presentera* [Aşna kirdin*], [Nasyar kirdin*]

Intrycka Qupanin [qupan] ***intrycker*** equpnim, equpnid, equpnê, equpnîmin, equpnin, equpnin ***intryckte*** ~im, ~id, ~, ~îmin, ~in, ~in ***har intryckt*** ~imes, ~ides, ~iges, ~îmines, ~ines, ~ines ***hade intryckt*** ~îm, ~îd, ~î, ~îmin, ~în, ~în

Irra [Mat bün*], [Sergerdan bün*], [Peşêw bün*]

Iscensätta [Têat girtin*], [Deyr girtin*]

Isolera *(inte besöka)* [Dür girtin*]

J

Jaga *(jakt)* [Raw kirdin*], [Neçîr kirdin*]

- ***efter*** [Pey kirdin*]
- ***iväg*** *(för djur)* Remanin [reman] ***jagar iväg*** eremnim, eremnid, eremnê, eremnîmin, eremnin, eremnin ***jagade iväg*** ~im, ~id, ~, ~îmin, ~in, ~in ***har jagat iväg*** ~imes, ~ides, ~iges, ~îmines, ~ines, ~ines ***hade jagat iväg*** ~îm, ~îd, ~î, ~îmin, ~în, ~în

Jobba [Kar kirdin*]

Justera [Kem u fire kirdin*], [Kem u firye kirdin*], [Kem u zîyag kirdin*]

Jäkta [HûL kirdin*], [HewL kirdin*], [HeLe piLe kirdin*], [HoL kirdin*]

Jämföra [Sengîn u sûk kirdin*], [Azma kirdin*], [Dipyek kirdin*], [Sing kirdin*], [Berawird kirdin*]

Jämna [Hamar kirdin*], [Texti tiraz kirdin*], [Ara kirdin*], [Saf kirdin*], [Text kirdin*], [Hemar kirdin*]

- ***med marken*** [Wîran kirdin*], [Wêran kirdin*], [Saman sa kirdin*], [Saf kirdin*], [Kawil kirdin*]
- ***murbruk*** [Pamaw kirdin*]

Jämra *sig* [Kurke kirdin*]

Jäsa *(deg)* [Rey kirdin*]
Jävlas [Aciz kirdin*]

K

Kackla [Çene dan*], [Çine dan*], [Çeki çinake dan*], [Çinake dan*], [Çeqi peL dan*] 2 [Lûre kirdin*], [Xwariban kirdin*], [Wirracî kirdin*], [Jeke jek kirdin*]
Kalibrera [Kem u fire kirdin*], [Kem u firye kirdin*], [Kem u zîyag kirdin*]
Kalkylera [Xirrişt kirdin*], [Muhasibe kirdin*], [Hisaw kirdin*]
Kallna [Serd bün*]
Kamma 1 [Şane dan*], [Şanig dan*] 2 [Şane kirdin*], [Şanig kirdin*]
Kantra 1 [Ser e lêj bün*], [Ser ew lêj bün*], [Dem ew xwar bün*], [Ser ew xwar bün*] 2 [Jêri rü kirdin*], [Ser ew xwar kirdin*], [Jîri rü kirdin*]
Kapitulera [Mil dan*]
Kapsejsa [Sere lêj bün*], [Ser ew lêj bün*], [Dem ew xwar bün*], [Ser ew xwar bün*]
Karva 1 Kirranin [kirran] 2 Rinîn [rin] ***karvar*** 1 ekirrnim, ekirrnid, ekirrnê, ekirrnîmin, ekirrnin, ekirrnin 2 e~im, e~id, e~ê, e~îmin, e~in, e~in ***karvade*** 1 ~im, ~id, ~, ~îmin, ~in, ~in 2 ~îm, ~îd, ~î, ~îmin, ~în, ~în ***har karvat*** 1 ~imes, ~ides, ~iges, ~îmines, ~ines, ~ines 2 ~îmes, ~îdes, ~îges, ~îmines, ~înes, ~înes ***hade karvat*** 1 ~îm, ~îd, ~î, ~îmin, ~în, ~în 2 ~îgîm, ~îgîd, ~îgî, ~îgîmin, ~îgîn, ~îgîn
Kasta 1 Xistin [xist] 2 [Pertaw kirdin*], [PeLtaf kirdin*] 3 [Birk dan*], [Biring dan*] ***kastar*** 1 exem, exeyd, exad, exeymin, exen, exen ***kastade*** 1 ~im, ~id, ~, ~îmin, ~in, ~in ***har kastat*** 1 ~imes, ~ides, ~iges, ~îmines, ~ines, ~ines ***hade kastat*** 1 ~îm, ~îd, ~î, ~îmin, ~în, ~în
- ***saker man inte behöver*** 1 Xistin [xist] 2 [Fire dan*], [Firey dan*], [Birk dan*], [Biring dan*], [Hewa dan*], [Hûwa dan*] ***kastar*** 1 exem, exeyd, exad, exeymin, exen, exen ***kastade*** 1~im, ~id, ~, ~îmin, ~in, ~in ***har kastat*** 1 ~imes, ~ides, ~iges, ~îmines, ~ines, ~ines ***hade kastat*** 1 ~îm, ~îd, ~î, ~îmin, ~în, ~în
- ***upp*** *(spy)* 1 ELawirdin [eLawird] 2 [DiL qeLew bün*], [QeLew bün*] 3 Pilqanin [pilq] 4 QuLpanin [quLp] 5 [Qey kirdin*] ***kastar upp*** 1 eLyerim, eLyerid, eLyerê, eLyerîmin, eLyerin, eLyerin [3,4] e~nim, e~nid, e~nê, e~nîmin, e~nin, e~nin ***kastade upp*** 1 ~im, ~id, ~, ~îmin, ~in, ~in [3,4] ~anim, ~anid, ~an, ~anîmin, ~anin, ~anin ***har kastat upp*** 1 ~imes, ~ides, ~iges, ~îmines, ~ines, ~ines [3,4] ~animes, ~anides, ~aniges, ~anîmines, ~anines, ~anines ***hade kastat*** upp 1 ~îm, ~îd, ~î, ~îmin, ~în, ~în [3,4] ~anîm, ~anîd, ~anî, ~anîmin, ~anîn, ~anîn
Kastrera 1 [Yexte kirdin*], [Xese kirdin*] 2 Xesanin [xesan] ***kastrerar*** 2 exesnim, exesnid, exesnê, exesnîmin, exesnin, exesnin ***kastrerade*** 2 ~im, ~id, ~, ~îmin, ~in, ~in ***har kastrerat*** 2 ~imes, ~ides, ~iges, ~îmines, ~ines, ~ines ***hade kastrerat*** 2 ~îm, ~îd, ~î, ~îmin, ~în, ~în
Kissa [Mîz kirdin*], [Mêz kirdin*], [Gimîz kirdin*], [Gimêz kirdin*], [Şaş kirdin*]
Klaga 1 NaLîn [naL] 2 [Lare kirdin*], [Gile kirdin*], [Gilye kirdin*], [NaLe kirdin*] 3 [Niq dan*] ***klagar*** 1 e~im, e~id, e~ê, e~îmin, e~in, e~in ***klagade*** 1 ~îm, ~îd, ~î, ~îmin, ~în, ~în ***har klagat*** 1 ~îmes, ~îdes, ~îges, ~îmines, ~înes, ~înes ***hade klagat*** 1 ~îgîm, ~îgîd, ~îgî, ~îgîmin, ~îgîn, ~îgîn

- ***och klandra*** [Gilye azar kirdin*]
Klandra [Gawa dan*], [Gawew dan*]
Klargöra [Halî kirdin*]
Klarna *(väder)* [Waz bün*], [Sa kirdin*]
Klema [Naz kirdin*], [Nazarî kirdin*]
Klia 1 Xurranin [xuran] 2 Xwirranin [xwirran] 3 Kirranin [kirran] 4 Rinîn [rin] ***Kliar*** 1 exurrnim, exurrnid, exurrnê, exurrnîmin, exurrnin, exurrnin 2 exwirrnim, exwirrnid, exwirrnê, exwirrnîmin, exwirrnin, exwirrnin 3 ekirrnim, ekirrnid, ekirrnê, ekirrnîmin, ekirrnin, ekirrnin 4 e~im, e~id, e~ê, e~îmin, e~in, e~in ***kliade*** [1,2,3] ~im, ~id, ~, ~îmin, ~in, ~in 4 ~îm, ~îd, ~î, ~îmin, ~în, ~în ***har kliat*** [1,2,3] ~imes, ~ides, ~iges, ~îmines, ~ines, ~ines 4 ~îmes, ~îdes, ~îges, ~îmines, ~înes, ~înes ***hade kliat*** [1,2,3] ~îm, ~îd, ~î, ~îmin, ~în, ~în 4 ~îgîm, ~îgîd, ~îgî, ~îgîmin, ~îgîn, ~îgîn
Klibba Çespîn [çesp] ***klibbar*** e~im, e~id, e~ê, e~îmin, e~in, e~in ***klibbade*** ~îm, ~îd, ~î, ~îmin, ~în, ~în ***har klibbat*** ~îmes, ~îdes, ~îges, ~îmines, ~înes, ~înes ***hade klibbat*** ~îgîm, ~îgîd, ~îgî, ~îgîmin, ~îgîn, ~îgîn
Klippa 1 Wirrîn [wirr], 2 Birrîn [birr] 3 [Paç kirdin*] ***klipper*** [1,2] e~im, e~id, e~ê, e~îmin, e~in, e~in ***klippte*** [1,2] ~îm, ~îd, ~î, ~îmin, ~în, ~în ***har klippt*** [1,2] ~îmes, ~îdes, ~îges, ~îmines, ~înes, ~înes ***hade klippt*** [1,2] ~îgîm, ~îgîd, ~îgî, ~îgîmin, ~îgîn, ~îgîn
- ***gräs*** [Wijîn kirdin*]
- ***med sax*** [Qeyçî kirdin*]
- ***ull*** [Birrîne kirdin*], [Çere kirdin*], [Çîyerê kirdin*]
Klistra 1 Çespanin [çespan] 2 Likanin [likan] 3 [Peywes kirdin*] ***klistrar*** 1 eçespnim, eçespnid, eçespnê, eçespnîmin, eçespnin, eçespnin 2 eliknim, eliknid, eliknê, eliknîmin, eliknin, eliknin ***klistrade*** [1,2] ~im, ~id, ~, ~îmin, ~in, ~in ***har klistrat*** [1,2] ~imes, ~ides, ~iges, ~îmines, ~ines, ~ines ***hade klistrat*** [1,2] ~îm, ~îd, ~î, ~îmin, ~în, ~în
Klä *av* 1 [Rütew kirdin*], [Rüta kirdin*], [Rüt kirdin*] 2 [Rüt bün*], [Lüyet bün*]
- ***på*** 1 Pûşan [pûşa] 2 [Wer kirdin*], [Le/We wer kirdin*] ***klär*** 1 epûşim, epûşid, epûşê, epûşîmin, epûşin, epûşin ***klädde*** 1 ~m, ~yd, ~, ~îmin, ~n, ~n ***har klätt*** 1 ~mes, ~ydes, ~ges, ~îmines, ~nes, ~nes ***hade klätt*** 1 ~îm, ~îd, ~î, ~îmin, ~în, ~în
Klämma 1 Guşanin [guşan] 2 Gûşanin [gûşan] 3 Tilanin [tilan] ***klämmer*** 1 eguşnim, eguşnid, eguşnê, eguşnîmin, eguşnin, eguşnin 2 egûşnim, egûşnid, egûşnê, egûşnîmin, egûşnin, egûşnin 3 etilnim, etilnid, etilnê, etilnîmin, etilnin, etilnin ***klämde*** [1,2,3] ~im, ~id, ~, ~îmin, ~in, ~in ***har klämt*** [1,2,3] ~imes, ~ides, ~iges, ~îmines, ~ines, ~ines ***hade klämt*** [1,2,3] ~îm, ~îd, ~î, ~îmin, ~în, ~în
- ***ur*** Cerrîn [cerr] ***klämmer*** e~nim, e~nid, e~nê, e~nîmin, e~nin, e~nin ***klämde*** ~îm, ~îd, ~î, ~îmin, ~în, ~în ***har klämt*** ~îmes, ~îdes, ~îges, ~îmines, ~înes, ~înes ***hade klämt*** ~îgîm, ~îgîd, ~îgî, ~îgîmin, ~îgîn, ~îgîn
Klösa 1 Rükanin [rükan] 2 [Çing dan*] ***klöser*** 1 erüknim, erüknid, erüknê, erüknîmin, erüknin, erüknin ***klöste*** 1 ~im, ~id, ~, ~îmin, ~in, ~in ***har klöst*** 1 ~imes, ~ides, ~iges, ~îmines, ~ines, ~ines ***hade klöst*** 1 ~îm, ~îd, ~î, ~îmin, ~în, ~în
Knacka [Teq dan*]
- ***dörr*** [Der dan*]
Knocka *(slå till marken)* [Le/We zêw dan*]

Knuffa [Wer deLek dan*], [Bûq dan*], [DeLek dan*]
Knulla 1 Kutan [kuta] 2 Kirdin [kird] 3 [Sêx dan*], [Ling we şan dan*] ***knullar*** 1 ekutnim, ekutnid, ekutnê, ekutnîmin, ekutnin, ekutnin 2 ekem, ekeyd, ekad, ekeymin, eken, eken ***knullade*** 1 ~m, ~yd, ~, ~îmin, ~n, ~n 2 ~im, ~id, ~, ~îmin, ~in, ~in ***har knullat*** 1 ~mes, ~ydes, ~ges, ~îmines, ~nes, ~nes 2 ~imes, ~ides, ~iges, ~îmines, ~ines, ~ines ***hade knullat*** 1 ~îm, ~îd, ~î, ~îmin, ~în, ~în 2 ~îm, ~îd, ~î, ~îmin, ~în, ~în
Knyta 1 Wesîn [wes] 2 [Girye dan*] 3 [Niq u cir kirdin*] ***knyter*** 1 ewisnim, ewisnid, ewisnê, ewisnîmin, ewisnin, ewisnin ***knöt*** 1 ~îm, ~îd, ~î, ~îmin, ~în, ~în ***har knutit*** 1 ~îmes, ~îdes, ~îges, ~îmines, ~înes, ~înes ***hade knutit*** 1 ~îgîm, ~îgîd, ~îgî, ~îgîmin, ~îgîn, ~îgîn
- ***hård*** 1 [Cîke birr kirdin*], [Sift kirdin*], 2 [Teng dan*] 3 Cerranin [cerran] ***knyter*** 3 ecerrnim, ecerrnid, ecerrnê, ecerrnîmin, ecerrnin, ecerrnin ***knöt*** 3 ~im, ~id, ~, ~îmin, ~in, ~in ***har knutit*** 3 ~imes, ~ides, ~iges, ~îmines, ~ines, ~ines ***hade knutit*** 3 ~îm, ~îd, ~î, ~îmin, ~în, ~în
Knåda MaLîn [maL] ***knådar*** e~im, e~id, e~ê, e~îmin, e~in, e~in ***knådade*** ~îm, ~îd, ~î, ~îmin, ~în, ~în ***har knådat*** ~îmes, ~îdes, ~îges, ~îmines, ~înes, ~înes ***hade knådat*** ~îgîm, ~îgîd, ~îgî, ~îgîmin, ~îgîn, ~îgîn
Knäcka *ta sönder* Şikanin [şikan] ***knäcker*** eşiknim, eşiknid, eşiknê, eşiknîmin, eşiknin, eşiknin ***knäckte*** ~im, ~id, ~, ~îmin, ~in, ~in ***har knäckt*** ~imes, ~ides, ~iges, ~îmines, ~ines, ~ines ***hade knäckt*** ~îm, ~îd, ~î, ~îmin, ~în, ~în

Koagulera 1 [Riçew bün*] 2 [Tayirme dan*] 3 [Yeka girtin*], [Yek girtin*], [Xwey girtin*]
Koka 1 KuLanin [kuLan] 2 [XwiL dan*], [KuL dan*] ***kokar*** 1 ekuLnim, ekuLnid, ekuLnê, ekuLnîmin, ekuLnin, ekuLnin ***kokade*** 1 ~im, ~id, ~, ~îmin, ~in, ~in ***har kokat*** 1 ~imes, ~ides, ~iges, ~îmines, ~ines, ~ines ***hade kokat*** 1 ~îm, ~îd, ~î, ~îmin, ~în, ~în
Kolla 1 Dîn [dî] 2 [Temaşa kirdin*], [Niga kirdin*], [Seyl kirdin*], [Seyr kirdin*] 3 [çew dan*] 4 Nürîn [nür] 5 Nüristin [nürist] ***kollar*** 1 eünim, eünid, eünê, eünîmin, eünin, eünin 4 e~im, e~id, e~ê, e~îmin, e~in, e~in 5 enürim, enürid, enürê, enürîmin, enürin, enürin ***kollade*** 1 ~m, ~d, ~, ~min, ~n, ~n 4 ~îm, ~îd, ~î, ~îmin, ~în, ~în 5 ~im, ~id, ~, ~îmin, ~in, ~in ***har kollat*** 1 ~mes, ~des, ~ges, ~mines, ~nes, ~nes 4 ~îmes, ~îdes, ~îges, ~îmines, ~înes, ~înes 5 ~imes, ~ides, ~iges, ~îmines, ~ines, ~ines ***hade kollat*** 1 ~gîm, ~gîd, ~gî, ~gîmin, ~gîn, ~gîn 4 ~îgîm, ~îgîd, ~îgî, ~îgîmin, ~îgîn, ~îgîn 5 ~îm, ~îd, ~î, ~îmin, ~în, ~în
Kollapsa *(byggnad)* [Xiz kirdin*]
Komma Hatin [hat] ***kommer*** 1 eyem, eyeyd, eyêd, eyeymin, eyen, eyen 2 tîyem, tîyeyd, tîyê, tîyeymin, tîyen, tîyen ***kom*** ~im, ~id, ~, ~îmin, ~in, ~in ***har kommit*** ~imes, ~ides, ~iges, ~îmines, ~ines, ~ines ***hade kommit*** ~îm, ~îd, ~î, ~îmin, ~în, ~în
- ***ifatt*** Resîn [res] ***kommer ifatt*** e~im, e~id, e~ê, e~îmin, e~in, e~in ***kom ifatt*** ~îm, ~îd, ~î, ~îmin, ~în, ~în ***har kommit ifatt*** ~îmes, ~îdes, ~îges, ~îmines, ~înes, ~înes ***hade kommit ifatt*** ~îgîm, ~îgîd, ~îgî, ~îgîmin, ~îgîn, ~îgîn

- ***ihåg*** 1 [Hürew dan*], [Hirr Dan*] 2 [We hür keftin*], [We bîr keftin*]

- ***iväg*** [Rewan bün*], [Ew rê keftin*]

- ***till sitt slut*** 1 [Qotar bün*] 2 [We ser resîn*], [We axer resîn*]

- ***tillbaka*** 1 Hatinew [hat] 2 Hatinewa [hat] ***kommer tillbaka*** 1 eyemew, eyeydew, eyêdew, eyeyminew, eyenew, eyenew 2 eyemew, eyeydewa, eyêdewa, eyeyminewa, eyenewa, eyenewa ***kom tillbaka*** 1 ~imew, ~idew, ~ew, ~îminew, ~inew, ~inew 2 ~imewa, ~idewa, ~ewa, ~îminewa, ~inewa, ~inewa ***har kommit tillbaka*** 1 ~imesew, ~idesew, ~igesew, ~îminesew, ~inesew, ~inesew 2 ~imesewa, ~idesewa, ~igesewa, ~îminesewa, ~inesewa, ~inesewa ***hade kommit tillbaka*** 1 ~îmew, ~îdew, ~îew, ~îminew, ~înew, ~înew 2 ~îmewa, ~îdewa, ~îewa, ~îminewa, ~înewa, ~înewa

- ***undan*** [Der çün*]

- ***ut*** Eratin [erat] ***kommer ut*** eryem, eryeyd, eryad, eryeymin, eryen, eryen ***kom ut*** ~im, ~id, ~, ~îmin, ~in, ~in ***har kommit ut*** ~imes, ~ides, ~iges, ~îmines, ~ines, ~ines ***hade kommit ut*** ~îm, ~îd, ~î, ~îmin, ~în, ~în

- ***överens*** 1 [Qerar dan*] 2 [Qerar nan*]

Kompromissa *förhållande* 1 Saxtin [saxt] 2 [Kinar hatin*] ***kompromissar*** 1 esazim, esazid, esazê, esazîmin, esazin, esazin ***kompromissade*** 1 ~im, ~id, ~, ~îmin, ~in, ~in ***har kompromissat*** 1 ~imes, ~ides, ~iges, ~îmines, ~ines, ~ines ***hade kompromissat*** 1 ~îm, ~îd, ~î, ~îmin, ~în, ~în

Konfiskera 1 Dawirranin [dawirran] 2 [Dagîr kirdin*], [Iragîr kirdin*] 3 [Ira girtin*] ***konfiskerar*** 1 dawirrnim, dawirrnid, dawirrnê, dawirrnîmin, dawirrnin, dawirrnin ***konfiskerade*** 1 ~im, ~id, ~, ~îmin, ~in, ~in ***har konfiskerat*** 1 ~imes, ~ides, ~iges, ~îmines, ~ines, ~ines ***hade konfiskerat*** 1 ~îm, ~îd, ~î, ~îmin, ~în, ~în

Konsultera [Rawêj kirdin*], [Beyşerat kirdin*]

Kontrollera *tygla* 1 [Dewere kirdin*], [Becer kirdin*] 2 [Dewere birdin*]

Korrodera Pûsyan [pûsya] ***korroderar*** epûsyem, epûsyeyd, epûsyê, epûsyeymin, epûsyen, epûsyen ***korroderade*** ~m, ~yd, ~, ~ymin, ~n, ~n ***har korroderat*** ~mes, ~ydes, ~ges, ~ymines, ~nes, ~nes ***hade korroderat*** ~gîm, ~gîd, ~gî, ~gîmin, ~gîn, ~gîn

Krampa *(få kramp)* [Demar girtin*]

Kretsa Çerxîn [çerx] ***kretsar*** e~im, e~id, e~ê, e~îmin, e~in, e~in ***kretsade*** ~îm, ~îd, ~î, ~îmin, ~în, ~în ***har kretsat*** ~îmes, ~îdes, ~îges, ~îmines, ~înes, ~înes ***hade kretsat*** ~îgîm, ~îgîd, ~îgî, ~îgîmin, ~îgîn, ~îgîn

Kringränna 1 [Hetîte dan*], [Hate dan*], [AxLe dan*], [Basqwil dan*], [AxiLe dan*], [Dewre dan*], [Qetare dan*], [Heyte dan*] 2 [Dewre kirdin*], [Hate kirdin*], [Hetîte kirdin*] 3 [Dewr girtin*], [La lê girtin*]

Kritisera [Ertew girtin*], [Etew girtin*], [ûn girtin*], [Serdes girtin*]

Krossa 1 Tilanin [tilan] 2 Tilîqanin [tilîqan] 3 Timanin [timan] 4 Simanin [siman] ***krossar*** 1 etilnim, etilnid, etilnê, etilnîmin, etilnin, etilnin 2 etilîqnim, etilîqnid, etilîqnê, etilîqnîmin, etilîqnin, etilîqnin 3 etimnim, etimnid, etimnê, etimnîmin, etimnin, etimnin 4 esimnim, esimnid, esimnê, esimnîmin, esimnin, esimnin ***krossade*** [1,2,3,4] ~im, ~id, ~, ~îmin, ~in, ~in ***har krossat*** [1,2,3,4] ~imes, ~ides, ~iges,

~îmines, ~ines, ~ines ***hade krossat*** [1,2,3,4] ~îm, ~îd, ~î, ~îmin, ~în, ~în
- ***fiende*** [Şax şikanin*]
Krydda [Meze pê dan*], [Meze dan*], [Tam dan*]
- ***talet*** [Tam dan*]
Krysta [Qewet kirdin*], [Qewe kirdin*], [Mirricît kirdin*]
Kräla [Xiş kirdin*], [Paxiş kirdin*], [Zige xişî kirdin*]
Kränga Firûşan [firûşa] ***kränger*** efrûşim, efrûşid, efrûşê, efrûşîmin, efrûşin, efrûşin ***krängde*** ~m, ~yd, ~, ~îmin, ~n, ~n ***har krängt*** ~mes, ~ydes, ~ges, ~îmines, ~nes, ~nes ***hade krängt*** ~îm, ~îd, ~î, ~îmin, ~în, ~în
Kränka Rencanin [rencan] ***kränker*** erencnim, erencnid, erencnê, erencnîmin, erencnin, erencnin ***kränkte*** ~im, ~id, ~, ~îmin, ~in, ~in ***har kränkt*** ~imes, ~ides, ~iges, ~îmines, ~ines, ~ines ***hade kränkt*** ~îm, ~îd, ~î, ~îmin, ~în, ~în
Kräva 1 Twastin [twast] 2 Xwastin [xwast] 3 [TeLew kirdin*] ***kräver*** 1 etwam, etwayd, etwad, etwaymin, etwan, etwan 2 exwazim, exwazid, exwazê, exwazîmin, exwazin, exwazin ***krävde*** [1,2] ~im, ~id, ~, ~îmin, ~in, ~in ***har krävt*** [1,2] ~imes, ~ides, ~iges, ~îmines, ~ines, ~ines ***hade krävt*** [1,2] ~îm, ~îd, ~î, ~îmin, ~în, ~în
Kultivera *(få det att grönska)* [Abad kirdin*], [Awedanî kirdin*], [Awedan kirdin*]
Kungöra 1 [Sersaw kirdin*], [Aga kirdin*], [Deng kirdin*] 2 [Carr dan*]
Kunna 1 Tûwanistin [tûwanist] 2 Twanistin [twanist] 3 Zanistin [zanizst] ***kan*** 1 etûwanim, etûwanid, etûwanê, etûwanîmin, etûwanin, etûwanin 2 etwanim, etwanid, etwanê, etwanîmin, etwanin, etwanin 3 ezanim, ezanid, ezanê, ezanîmin, ezanin, ezanin ***kunde*** [1,2,3] ~im, ~id, ~, ~îmin, ~in, ~in ***har kunnat*** [1,2,3] ~imes, ~ides, ~iges, ~îmines, ~ines, ~ines ***hade kunnat*** [1,2,3] ~îm, ~îd, ~î, ~îmin, ~în, ~în
Kursa *(gå i konkurs)* [Jêr aw bün*], [Werşikest bün*]
Kvarstå 1 Menistin [menist] 2 Menîn [men] ***kvarstår*** [1,2] emenim, emenid, emenê, emenîmin, emenin, emenin ***kvarstod*** [1] ~im, ~id, ~, ~îmin, ~in, ~in [2] ~îm, ~îd, ~î, ~îmin, ~în, ~în ***har kvarstått*** [1] ~imes, ~ides, ~iges, ~îmines, ~ines, ~ines [2] ~îmes, ~îdes, ~îges, ~îmines, ~înes, ~înes ***hade kvarstått*** [1] ~îm, ~îd, ~î, ~îmin, ~în, ~în [2] ~îgîm, ~îgîd, ~îgî, ~îgîmin, ~îgîn, ~îgîn
Kvida 1 NaLîn [naL] 2 [NaLe kirdin*], [Korke kirdin*] ***kvider*** 1 e~im, e~id, e~ê, e~îmin, e~in, e~in ***kved*** 1 ~îm, ~îd, ~î, ~îmin, ~în, ~în ***har kvidit*** 1 ~îmes, ~îdes, ~îges, ~îmines, ~înes, ~înes ***hade kvidit*** 1 ~îgîm, ~îgîd, ~îgî, ~îgîmin, ~îgîn, ~îgîn
Kvista *(om växt)* [Seripel kirdin*], [Pelipû kirdin*], [Pesa kirdin*], [Heres kirdin*]
Kvittra *(fåglar)* 1 Cîkanin [cîkan] 2 [Cîk cîk kirdin*] ***kvittrar*** ecîknim, ecîknid, ecîknê, ecîknîmin, ecîknin, ecîknin ***kvittrade*** ~im, ~id, ~, ~îmin, ~in, ~in ***har kvittrat*** ~imes, ~ides, ~iges, ~îmines, ~ines, ~ines ***hade kvittrat*** ~îm, ~îd, ~î, ~îmin, ~în, ~în
Kväva 1 Tasanin [tasan] 2 [Xefe kirdin*] ***kväver*** 1 etasnim, etasnid, etasnê, etasnîmin, etasnin, etasnin ***kvävde*** 1 ~im, ~id, ~, ~îmin, ~in, ~in ***har kvävt*** 1 ~imes, ~ides, ~iges, ~îmines, ~ines, ~ines ***hade kvävt*** 1 ~îm, ~îd, ~î, ~îmin, ~în, ~în
Kyla [Serda kirdin*], [Serd kirdin*], [Hinik kirdin*]

Kyssa 1 [Maç dan*], [Maç we pê dan*], 2 [Maç kirdin*]
Käbbla 1 [Çeqi peL kirdin*] 2 [Serkele dan*]
Kämpa [Zûran girtin*]
Känna Nasîn [nas] ***känner*** e~im, e~id, e~ê, e~îmin, e~in, e~in ***kände*** ~îm, ~îd, ~î, ~îmin, ~în, ~în ***har känt*** ~îmes, ~îdes, ~îges, ~îmines, ~înes, ~înes ***hade känt*** ~îgîm, ~îgîd, ~îgî, ~îgîmin, ~îgîn, ~îgîn
- ***sig träffad av exempelvis en kommentar*** [We/Le xwey girtin*]
- ***sig utpekad*** [We/Le xwey girtin*]
Kännas *igen* [Nasyar bün*]
Kärna *frukt* 1 [Dan kirdin*] 2 [Nawg dirawirdin*]
Köpa 1 Senîn [sen], 2 Senistin [senist] 3 Kirrîn [kirr] 4 Xirrîn [xirr] ***köper*** [1,2,3,4] e~im, e~id, e~ê, e~îmin, e~in, e~in ***köpte*** [1,3,4] ~îm, ~îd, ~î, ~îmin, ~în, ~în [2] ~im, ~id, ~, ~îmin, ~in, ~in ***har köpt*** [1,3,4] ~îmes, ~îdes, ~îges, ~îmines, ~înes, ~înes [2] ~imes, ~ides, ~iges, ~îmines, ~ines, ~ines ***hade köpt*** [1,3,4] ~îgîm, ~îgîd, ~îgî, ~îgîmin, ~îgîn, ~îgîn [2] ~îm, ~îd, ~î, ~îmin, ~în, ~în
Köra *(bil, o liknande)* Ranîn [ran] ***kör*** e~im, e~id, e~ê, e~îmin, e~in, e~in ***körde*** ~îm, ~îd, ~î, ~îmin, ~în, ~în ***har kört*** ~îmes, ~îdes, ~îges, ~îmines, ~înes, ~înes ***hade kört*** ~îgîm, ~îgîd, ~îgî, ~îgîmin, ~îgîn, ~îgîn
- ***fast*** *(om problem)* [Dermene bün*], [Xerîk bün*]
- ***om*** [Le qey dan*]
- ***ut*** [We deyşt kirdin*], [Der kirdin*]

L

Laga [Diris kirdin*], [Durus kirdin*], [Xas kirdin*], [Xû kirdin*]
Lagra 1 [Cem kirdin*], [Xirr kirdin*], [Kû kirdin*], [Gird kirdin*], [Lim kirdin*]
Lasta 1 [Bar birdin*] 2 [Bar kirdin*]
Lata *sig* [Latbazî kirdin*], [Dîlimî kirdin*]
- ***sig på jobbet*** [LasmaLî kirdin*]
Ledsaga Resanin [resan] ***ledsagar*** eresnim, eresnid, eresnê, eresnîmin, eresnin, eresnin ***ledsagade*** ~im, ~id, ~, ~îmin, ~in, ~in ***har ledsagat*** ~imes, ~ides, ~iges, ~îmines, ~ines, ~ines ***hade ledsagat*** ~îm, ~îd, ~î, ~îmin, ~în, ~în
Leka [Bazî kirdin*], [Geme kirdin*]
- ***kurragömma*** [Tey tey kirdin*]
Lessna [As bün*], [Kas bün*]
Leta 1 [Fîr kirdin*], [Fêr kirdin*], [Mîne kirdin*], [Minê kiridn*] 2 [Teqi çû dan*]
- **igenom** 1 Wişkanin [wişkan] 2 Dawişkanin [dawişkan] 3 Gerdîn [gerd] 4 [Fîr kirdin*] ***letar igenom*** 1 ewişknim, ewişknid, ewişknê, ewişknîmin, ewişknin, ewişknin 2 dawişknim, dawişknid, dawişknê, dawişknîmin, dawişknin, dawişknin 3 e~im, e~id, e~ê, e~îmin, e~in, e~in ***letade igenom*** [1,2] ~im, ~id, ~, ~îmin, ~in, ~in 3 ~îm, ~îd, ~î, ~îmin, ~în, ~în ***har letat igenom*** [1,2] ~imes, ~ides, ~iges, ~îmines, ~ines, ~ines 3 ~îmes, ~îdes, ~îges, ~îmines, ~înes, ~înes ***hade letat igenom*** [1,2] ~îm, ~îd, ~î, ~îmin, ~în, ~în 3 ~îgîm, ~îgîd, ~îgî, ~îgîmin, ~îgîn, ~îgîn
Leva 1 Jîyan [jîya] 2 [Ziney kirdin*], [Zindegî kirdin*] ***lever*** 1 ejyem, ejyeyd, ejyê, ejyeymin, ejyen, ejyen ***levde*** 1 ~m, ~yd, ~, ~ymin, ~n, ~n ***har levt*** 1 ~mes, ~ydes, ~ges, ~ymines, ~nes, ~nes ***hade levt*** 1 ~gîm, ~gîd, ~gî, ~gîmin, ~gîn, ~gîn

Levra *sig* 1 [Yeka girtin*], [Yek girtin*], [Xwey girtin*] 2 [Riçew bün*] 3 [Tayirme dan*]
Lida [Kewaw bün*]
Ligga ELajyan [eLajya] ***ligger*** eLajyem, eLajyeyd, eLajyê, eLajyeymin, eLajyen, eLajyen ***låg*** ~m, ~yd, ~, ~ymin, ~n, ~n ***har legat*** ~mes, ~ydes, ~ges, ~ymines, ~nes, ~nes ***hade legat*** ~gîm, ~gîd, ~gî, ~gîmin, ~gîn, ~gîn
- ***i bakhåll*** 1 [Pîx kirdin*], [KuL kirdin*], [KuLe kirdin*] 2 [Şewa xün dan*], [Şewe xün dan*] 3 [MokuL girtin*], [KûL girtin*], [KûLe girtin*]
- ***i försåt*** 1 [Pîx kirdin*], [KuL kirdin*], [KuLe kirdin*] 2 [Şewa xwin dan*], [Şewe xün dan*] 3 [MokuL girtin*], [KûL girtin*], [KûLe girtin*]

Limma 1 Çespanin [çespan] 2 Çespîn [çesp] ***limmar*** 1 eçespnim, eçespnid, eçespnê, eçespnîmin, eçespnin, eçespnin 2 e~im, e~id, e~ê, e~îmin, e~in, e~in ***limmade*** 1 ~im, ~id, ~, ~îmin, ~in, ~in 2 ~îm, ~îd, ~î, ~îmin, ~în, ~în ***har limmat*** 1 ~imes, ~ides, ~iges, ~îmines, ~ines, ~ines 2 ~îmes, ~îdes, ~îges, ~îmines, ~înes, ~înes ***hade limmat*** 1 ~îm, ~îd, ~î, ~îmin, ~în, ~în 2 ~îgîm, ~îgîd, ~îgî, ~îgîmin, ~îgîn, ~îgîn
Linda in 1 Pîçanin [pîçan] 2 [Pêç dan*] ***lindar*** **in** 1 epîçnim, epîçnid, epîçnê, epîçnîmin, epîçnin, epîçnin ***lindade in*** 1 ~im, ~id, ~, ~îmin, ~in, ~in ***har lindat in*** 1 ~imes, ~ides, ~iges, ~îmines, ~ines, ~ines ***hade lindat in*** 1 ~îm, ~îd, ~î, ~îmin, ~în, ~în
Linka *(halta)* Şelîn [şel] ***linkar*** e~im, e~id, e~ê, e~îmin, e~in, e~in ***linkade*** ~îm, ~îd, ~î, ~îmin, ~în, ~în ***har linkat*** ~îmes, ~îdes, ~îges, ~îmines, ~înes, ~înes ***hade linkat*** ~îgîm, ~îgîd, ~îgî, ~îgîmin, ~îgîn, ~îgîn
Lipa Gîristin [gîrist] ***lipar*** egîrim, egîrid, egîrê, egîrîmin, egîrin, egîrin ***lipade*** ~im, ~id, ~, ~îmin, ~in, ~in ***har lipat*** ~imes, ~ides, ~iges, ~îmines, ~ines, ~ines ***hade lipat*** ~îm, ~îd, ~î, ~îmin, ~în, ~în
Lira [Bazî kirdin*], [Geme kirdin*]
Lisma [Paçîxî kirdin*], [XayemaLî kirdin*]
Ljuga [Raw kirdin*], [Dirû dan*], [Durû dan*]
Ljusna [Rûşin bün*], [Rûjna bün*]
Locka fresta [Wa dan*], [Va dan*]
Lossa [Sis kirdin*], [Şilew kirdin*], [Şul kirdin*]
Lova 1 [Qit kirdin*], [Şert kirdin*], [Qiti qerar kirdin*], [Wade kirdin*], [Waye kirdin*] 2 [Waye dan*], [QewL dan*] 3 [Qerar nan*], [Wade nan*]
Lugna *ner* 1 [DiLdarî dan*] 2 [Rehet kirdin*], [Asûde kirdin*], [Serda kirdin*], [Xefe kirdin*], [Aram kirdin*], [Serd kirdin*], [Hêmin kirdin*], [Ta kirdin*] 3 Fîsanin [fîsan] 4 Sirewanin [sirewan] ***Lugnar ner*** 3 Efîsnim, Efîsnid, Efîsnê, Efîsnîmin, Efîsnin, Efîsnin 4 esirewnim, esirewnid, esirewnê, esirewnîmin, esirewnin, esirewnin ***Lugnade ner*** [3,4] ~im, ~id, ~, ~îmin, ~in, ~in ***Har*** **lugnat ner** [3,4] ~imes, ~ides, ~iges, ~îmines, ~ines, ~ines ***Hade lugnat ner*** [3,4] ~îm, ~îd, ~î, ~îmin, ~în, ~în
- ***ner genom prat*** [We dem girtin*], [We zûwan girtin*]
- ***ner sig*** [Hêmin bün*], [Serd bün*], [Aram bün*]

Lukta [Bû kirdin*]
Lunka [WiLeket rê kirdin*], [Şeket rê kirdin*]

Lura 1 Firîwanin [firîwan] 2 XafiLanin [xafiLan] 3 Xawanin [xawan] 4 XeLetanin [xeLetan] 5 [Fen dan*], [Xapûre dan*], [KeLek lê dan*], [GûL dan*], [Firîw dan*], [Rîp dan*] 6 [DaLqiLa kirdin*], [Teqelfî kirdin*], [Qeşmer kirdin*] ***lurar*** 1 efirîwnim, efirîwnid, efirîwnê, efirîwnîmin, efirîwnin, efirîwnin 2 exafilnim, exafilnid, exafilnê, exafilnîmin, exafilnin, exafilnin 3 exawnim, exawnid, exawnê, exawnîmin, exawnin, exawnin 4 exeLetnim, exeLetnid, exeLetnê, exeLetnîmin, exeLetnin, exeLetnin ***lurade*** [1,2,3,4] ~im, ~id, ~, ~îmin, ~in, ~in ***har lurat*** [1,2,3,4] ~imes, ~ides, ~iges, ~îmines, ~ines, ~ines ***hade lurat*** [1,2,3,4] ~îm, ~îd, ~î, ~îmin, ~în, ~în

Lurpassa 1 [MokuL girtin*], [KûL girtin*], [KûLe girtin*] 2 [Pîx kirdin*], [KuL kirdin*], [KuLe kirdin*]

Luta [Çeftew kirdin*], [Helew kirdin*]

- ***huvudet*** [Mil keç kirdin*], [Mil çeft kirdin*]
- ***sig mot*** [Lem dan*], [Pişt dan*], [PaL dan*], [PaL we pê dan*], [Tek dan*], [Tekye dan*], [Mirka dan*], [Mirkew dan*]

Lyfta 1 ELgirtin [eLgirt] 2 [HeL dan*], [EL dan*], [Hîz dan*] ***lyfter*** 1 eLgirim, eLgirid, eLgirê, eLgirîmin, eLgirin, eLgirin ***lyfte*** 1 ~im, ~id, ~, ~îmin, ~in, ~in ***har lyft*** 1 ~imes, ~ides, ~iges, ~îmines, ~ines, ~ines ***hade lyft*** 1 ~îm, ~îd, ~î, ~îmin, ~în, ~în

Lysa 1 [Wirşe dan*], [Girşe dan*], [Şewq dan*] 2 [Birîce kirdin*], [Birîqe kirdin*]

Lyssna 1 Jinewistin [jinewist] 2 Jineftin [Jineft] 3 Gûş eLtekanin [eLtekan] 4 [Gûş dan*] 5 [Gûş girtin*] 6 [Gûş kirdin*] ***lyssnar*** [1,2] ejinewim, ejinewid, ejinewê, ejinewîmin, ejinewin, ejinewin 3 gûş eLteknim, eLteknid, eLteknê, eLteknîmin, eLteknin, eLteknin ***lyssnade*** [1,2,3] ~im, ~id, ~, ~îmin, ~in, ~in ***har lyssnat*** [1,2,3] ~imes, ~ides, ~iges, ~îmines, ~ines, ~ines ***hade lyssnat*** [1,2,3] ~îm, ~îd, ~î, ~îmin, ~în, ~în

Låna 1 [Qert girtin*] 2 [Qert kirdin*]

- ***ut*** [Qert dan*]

Låsa 1 [Kilîl kirdin*], [Qufl kirdin*], [QuLf kirdin*], [Çift kirdin*], [QiLf kirdin*] 2 [Sing dan*] 3 Besanin [besan] 4 Wesanin [wesan] ***låser*** 3 ebesnim, ebesnid, ebesnê, ebesnîmin, ebesnin, ebesnin 4 ewesnim, ewesnid, ewesnê, ewesnîmin, ewesnin, ewesnin ***låste*** [3,4] ~im, ~id, ~, ~îmin, ~in, ~in ***har låst*** [3,4] ~imes, ~ides, ~iges, ~îmines, ~ines, ~ines ***hade låst*** [3,4] ~îm, ~îd, ~î, ~îmin, ~în, ~în

Låta 1 Hiştin [hişt] 2 [Ra dan*], [Rê dan*] ***låter*** eylim, eylid, eylê, eylîmin, eylin, eylin ***lät*** ~im, ~id, ~, ~îmin, ~in, ~in ***har låtit*** ~imes, ~ides, ~iges, ~îmines, ~ines, ~ines ***hade låtit*** ~îm, ~îd, ~î, ~îmin, ~în, ~în

- ***det passera*** [Guzeyşt kirdin*], [Guzeşt kirdin*]
- ***vara*** hiştin [hişt] ***låter vara*** eylim, eylid, eylê, eylîmin, eylin, eylin ***lät vara*** ~im, ~id, ~, ~îmin, ~in, ~in ***har låtit vara*** ~imes, ~ides, ~iges, ~îmines, ~ines, ~ines ***hade låtit vara*** ~îm, ~îd, ~î, ~îmin, ~în, ~în

Låtsas *inte om* Çew pûşanin [çew pûşan] ***låtsas inte om*** çew epûşnim, çew epûşnid, çew epûşnê, çew epûşnîmin, çew epûşnin, çew epûşnin ***låtsades inte om*** ~im, ~id, ~, ~îmin, ~in, ~in ***har låtsats inte om*** ~imes, ~ides, ~iges, ~îmines, ~ines, ~ines ***hade låtsats inte om*** ~îm, ~îd, ~î, ~îmin, ~în, ~în

Lägga 1 ELajanin [eLajan] 2 Nan [na] ***lägger*** [1] eLajnim, eLajnid, eLajnê, eLajnîmin, eLajnin, eLajnin [2] enem, eneyd, enê, eneymin, enen, enen ***lade*** [1]

~im, ~id, ~, ~îmin, ~in, ~in [2] ~m, ~yd, ~, ~ymin, ~n, ~n ***har lagt*** [1] ~imes, ~ides, ~iges, ~îmines, ~ines, ~ines [2] ~mes, ~ydes, ~ges, ~ymines, ~nes, ~nes ***hade lagt*** [1] ~îm, ~îd, ~î, ~îmin, ~în, ~în [2] ~yîm, ~yîd, ~yî, ~yîmin, ~yîn, ~yîn / ~gîm, ~gîd, ~gî, ~gîmin, ~gîn, ~gîn

- ***av*** 1 [Bes kirdin*] 2 [Des kîşan*]
- ***i ordning*** [Dese kirdin*], [Sifte kirdin*], [Sefte kirdin*]
- ***i rad*** 1 [Qetar kirdin*] 2 [Qetar nan*]
- ***ner*** 1 ELajanin [eLajan] 2 Nan [na] 3 Xefanin [xefan] ***lägger*** [1] eLajnim, eLajnid, eLajnê, eLajnîmin, eLajnin, eLajnin [2] enem, eneyd, enê, eneymin, enen, enen 3 exefnim, exefnid, exefnê, exefnîmin, exefnin, exefnin ***lade*** [1,3] ~im, ~id, ~, ~îmin, ~in, ~in [2] ~m, ~yd, ~, ~ymin, ~n, ~n ***har lagt*** [1,3] ~imes, ~ides, ~iges, ~îmines, ~ines, ~ines [2] ~mes, ~ydes, ~ges, ~ymines, ~nes, ~nes ***hade lagt*** [1,3] ~îm, ~îd, ~î, ~îmin, ~în, ~în [2] ~yîm, ~yîd, ~yî, ~yîmin, ~yîn, ~yîn / ~gîm, ~gîd, ~gî, ~gîmin, ~gîn, ~gîn
- ***parvis*** 1 [Cift kirdin*] 2 [Cift nan*]
- ***på sig*** [Gûşt girtin*], [Qeün bün*], [Çax bün*]
- ***sig i ringlar*** *(rulla ihop sig som en orm)* [Pepre dan*], [PepLe dan*], [XiLêf dan*], [Xilîf dan*], [XepLe dan*]
- ***till*** [Fire kirdin*], [Zîyag kirdin*], [Ezafe kirdin*], [Zîyatî kirdin*], [Ezaf kirdin*]
- ***tillbaka extremiteter som gått ur led*** 1 [Pelipû girtin*], [Ca girtin*] 2 [We ca birdin*], [We cî birdin*]
- ***undan*** 1 ELgirtin [eLgirt], 2 Şardin [şard] ***lägger undan*** 1 eLgirim, eLgirid, eLgirê, eLgirîmin, eLgirin, eLgirin 2 eşarim, eşarid, eşarê, eşarîmin, eşarin, eşarin ***lade undan*** [1,2] ~im, ~id, ~, ~îmin, ~in, ~in ***har lagt undan*** [1,2] ~imes, ~ides, ~iges, ~îmines, ~ines, ~ines ***hade lagt undan*** [1,2] ~îm, ~îd, ~î, ~îmin, ~în, ~în

Läggas *till* [Ezafe bün*], [Ezaf bün*], [Zîyag bün*]

Lämna *hos* Nan [na] ***lämnar*** enem, eneyd, enê, eneymin, enen, enen ***lämnade*** ~m, ~yd, ~, ~ymin, ~n, ~n ***har lämnat*** ~mes, ~ydes, ~ges, ~ymines, ~nes, ~nes ***hade lämnat*** ~yîm, ~yîd, ~yî, ~yîmin, ~yîn, ~yîn / ~gîm, ~gîd, ~gî, ~gîmin, ~gîn, ~gîn

- ***plats åt*** [Cîyew kirdin*], [Cawaz kirdin*]

Längta *efter* 1 [Hewa kirdin*], [Hewes kirdin*], [Tasû kirdin*], [Perewa kirdin*] 2 [Qenc dan*]

Lära 1 [Hûkare kirdin*], [Hukare kirdin*], [Fêr kirdin*], [Amûjarî kirdin*], [Amixte kirdin*] 2 [Yay dan*], [Yad dan*], [Nîşan dan*]

- ***sig*** 1 [Hukare bün*], [Fêr bün*] 2 [Yad girtin*], [Yay girtin*]
- ***upp*** [Hûkare kirdin*], [Hukare kirdin*], [Fêr kirdin*]

Läsa 1 Xwenîn [xwen] 2 Xwenistin [xwenist] ***läser*** 1 e~im, e~id, e~ê, e~îmin, e~in, e~in 2 exwenim, exwenid, exwenê, exwenîmin, exwenin, exwenin ***läste*** 1 ~îm, ~îd, ~î, ~îmin, ~în, ~în 2 ~im, ~id, ~, ~îmin, ~in, ~in ***har läst*** 1 ~îmes, ~îdes, ~îges, ~îmines, ~înes, ~înes 2 ~imes, ~ides, ~iges, ~îmines, ~ines, ~ines ***hade läst*** 1 ~îgîm, ~îgîd, ~îgî, ~îgîmin, ~îgîn, ~îgîn 2 ~îm, ~îd, ~î, ~îmin, ~în, ~în

Lätta *(om vikt)* [Sûkew bün*], [Sûk bün*], [Sewik bün*]

Läxa *upp* [PexLe müş kirdin*], [Xer xapît kirdin*], [Zelîl kirdin*], [Hey le wer kirdin*], [Edew kirdin*]

Löda 1 [Lehîm kirdin*] 2 [Cûş dan*]

Lösa *problem* 1 [Çare ser kirdin*], [Waz kirdin*] 2 [Dewere birdin*]
Lösgöra [WiL kirdin*], [Azad kirdin*], [Wil kirdin*]

M

Maka *på sig* [La dan*]
Mala *till mjöl* 1 Herrîn [herr] 2 Herranin [herran] 3 Herrekanin [herrekan] ***mal*** 1 e~im, e~id, e~ê, e~îmin, e~in, e~in 2 eherrnim, eherrnid, eherrnê, eherrnîmin, eherrnin, eherrnin 3 eherreknim, eherreknid, eherreknê, eherreknîmin, eherreknin, eherreknin ***malde*** 1 ~îm, ~îd, ~î, ~îmin, ~în, ~în [2,3] ~im, ~id, ~, ~îmin, ~in, ~in ***har malt*** 1 ~îmes, ~îdes, ~îges, ~îmines, ~înes, ~înes [2,3] ~imes, ~ides, ~iges, ~îmines, ~ines, ~ines ***hade malt*** 1 ~îgîm, ~îgîd, ~îgî, ~îgîmin, ~îgîn, ~îgîn [2,3] ~îm, ~îd, ~î, ~îmin, ~în, ~în
Manipulera *(saker)* [Des lê dan*], [Des dan*]
Marinera 1 Fîsanin [fîsan] 2 Tilîsanin [tilîsan] 3 Xüsanin [xüsan] ***marinerar*** 1 efîsnim, efîsnid, efîsnê, efîsnîmin, efîsnin, efîsnin 2 etilîsnim, etilîsnid, etilîsnê, etilîsnîmin, etilîsnin, etilîsnin 3 exüsnim, exüsnid, exüsnê, exüsnîmin, exüsnin, exüsnin ***marinerade*** [1,2,3] ~im, ~id, ~, ~îmin, ~in, ~in ***har marinerat*** [1,2,3] ~imes, ~ides, ~iges, ~îmines, ~ines, ~ines ***hade marinerat*** [1,2,3] ~îm, ~îd, ~î, ~îmin, ~în, ~în
Markera [Nîşan kirdin*], [Des nîşan kirdin*]
Massera 1 MaLîn [maL] 2 WiLan [wiLa] ***masserar*** 1 e~im, e~id, e~ê, e~îmin, e~in, e~in 2 ewLam, ewLayd, ewLa, ewLaymin, ewLan, ewLan ***masserade*** 1 ~îm, ~îd, ~î, ~îmin, ~în, ~în 2 ~m, ~yd, ~, ~ymin, ~n, ~n ***har masserat*** 1 ~îmes, ~îdes, ~îges, ~îmines, ~înes, ~înes 2 ~mes, ~ydes, ~ges, ~ymines, ~nes, ~nes ***hade masserat*** [1,2] ~îgîm, ~îgîd, ~îgî, ~îgîmin, ~îgîn, ~îgîn
Medge [Iqrar kirdin*], [Eqrar kirdin*]
Medicinera [ILac kirdin*], [Dewere kirdin*], [Derman kirdin*], [Çare kirdin*]
Medla [Dûsî dan*], [Aştî dan*]
Migrera [Bar kirdin*], [MaL bar kirdin*], [Kûç kirdin*]
Mingla [Gil dan*]
Minnas [Hürew kirdin*], [Yad kirdin*], [Yay kirdin*], [Hür kirdin*], [Wîr kirdin*], [Bîr kirdin*]
Minska *(antal)* 1 [Kema bün*], [Kem bün*] 2 [Kema kirdin*], [Kem kirdin*]
 . ***vikt*** 1 [Sûkew bün*], [Sûk bün*] 2 [Sûk kirdin*], [Sûkew kirdin*]
Missa 1 [Lasir kirdin*], [Firt kirdin*], [Fit kirdin*], [La kirdin*] 2 [Fit bün*]
 - ***målet och rikoschettera*** [Kemane kirdin*], [Kewene kirdin*], [Kewane kirdin*]
Misshushålla [HeLexercî kirdin*]
Missleda [We xaw kirdin*]
Misstänka 1 [Şek kirdin*], [Guman kirdin*] 2 [Guman birdin*]
Mista 1 [Le des dan*], [Le kîs dan*], [We des dan*], [We kîs dan*] 2 [Le desew kirdin*] 3 [We/Le desa kirdin*], [We/Le des kirdin*]
Mixa 1 Jenîn [jen] 2 Şêwanin [şêwan] 2 [Amête kirdin*], [Hamête kirdin*], [Çingeşêw kirdin*] 3 [Şêw dan*] ***mixar*** 1 e~im, e~id, e~ê, e~îmin, e~in, e~in 2 eşêwnim, eşêwnid, eşêwnê, eşêwnîmin, eşêwnin, eşêwnin ***mixade*** 1 ~îm, ~îd, ~î, ~îmin, ~în, ~în 2 ~im, ~id, ~, ~îmin, ~in, ~in ***har mixat*** 1 ~îmes, ~îdes, ~îges,

~îmines, ~înes, ~înes 2 ~imes, ~ides, ~iges, ~îmines, ~ines, ~ines ***hade mixat*** 1 ~îgîm, ~îgîd, ~îgî, ~îgîmin, ~îgîn, ~îgîn 2 ~îm, ~îd, ~î, ~îmin, ~în, ~în

Mjukgöra [Nerma kirdin*], [Nerm kirdin*]

Mjukna *(ge med sig)* [Nermaw bün*], [Nerm bün*]

- ***(om saker)*** [Nerma bün*], [Nerm bün*]

Mjölka 1 Dûşîn [dûş] 2 [Berî kirdin*], [Berê kirdin*] ***mjölkar*** 1 ~im, ~id, ~ê, ~îmin, ~in, ~in ***mjölkade*** 1 ~îm, ~îd, ~î, ~îmin, ~în, ~în ***har mjölkat*** 1 ~îmes, ~îdes, ~îges, ~îmines, ~înes, ~înes ***hade mjölkat*** 1 ~îgîm, ~îgîd, ~îgî, ~îgîmin, ~îgîn, ~îgîn

Mogna *(om frukt)* [Aw girtin*]

- ***(om vete, korn och liknande)*** [Zerda bün*], [Zerd bün*]

Mosa 1 Tilanin [tilan] 2 Timanin [timan] 3 Tilîqanin [tilîqan] 4 Simanin [siman] 5 Gûşanin [gûşan] 6 Guşanin [guşan] 7 Datilîqanin [datilîqan] 8 HeLtilîqanin [heLtilîqan] ***Mosar*** 1 etilnim, etilnid, etilnê, etilnîmin, etilnin, etilnin 2 etimnim, etimnid, etimnê, etimnîmin, etimnin, etimnin 3 etilîqnim, etilîqnid, etilîqnê, etilîqnîmin, etilîqnin, etilîqnin 4 esimnim, esimnid, esimnê, esimnîmin, esimnin, esimnin 5 egûşnim, egûşnid, egûşnê, egûşnîmin, egûşnin, egûşnin 6 eguşnim, eguşnid, eguşnê, eguşnîmin, eguşnin, eguşnin 7 datilîqnim, datilîqnid, datilîqnê, datilîqnîmin, datilîqnin, datilîqnin 8 heLtilîqnim, heLtilîqnid, heLtilîqnê, heLtilîqnîmin, heLtilîqnin, heLtilîqnin ***Mosade*** [1,2,3,4,5,6,7,8] ~im, ~id, ~, ~îmin, ~in, ~in ***Har mosat*** [1,2,3,4,5,6,7,8] ~imes, ~ides, ~iges, ~îmines, ~ines, ~ines ***Hade mosat*** [1,2,3,4,5,6,7,8] ~îm, ~îd, ~î, ~îmin, ~în, ~în

- ***med foten*** [Jêr pa kirdin*], [PamaL kirdin*]

Mucka *gräl* [Serkele dan*], [Çeqi peL dan*], [Çeq peL dan*]

Muddra [CûmaLî kirdin*], [CûmaL kirdin*], [Larrû kirdin*]

Mumla [Niq dan*]

Murkna 1 PijiLmyan [pijiLmya] 2 Dapirükyan [dapirükya] 3 ÇilLüsyan [çiLüs], 4 PiLmijgyan [piLmijg] 5 [Sîsew bün*], [Sîs bün*], [Pütar bün*], [Kirj bün*], [Kiz bün*] 6 [Qüja birdin*], [Qüj birdin*] 7 [PijiLme kirdin*] ***murknar*** 1 pijilmyem, pijilmyeyd, pijilmyê, pijilmyeymin, pijilmyen, pijilmyen 2 dapirükyem, dapirükyeyd, dapirükyê, dapirükyeymin, dapirükyen, dapirükyen [3,4] e~yem, e~yeyd, e~yê, e~yeymin, e~yen, e~yen ***murknade*** [1,2] ~m, ~yd, ~, ~ymin, ~n, ~n [3,4] ~yam, ~yayd, ~ya, ~yaymin, ~yan, ~yan ***har murknat*** [1,2] ~mes, ~ydes, ~ges, ~ymines, ~nes, ~nes [3,4] ~yames, ~yaydes, ~yages, ~yaymines, ~yanes, ~yanes ***hade murknat*** [1,2] ~gîm, ~gîd, ~gî, ~gîmin, ~gîn, ~gîn [3,4] ~yagîm, ~yagîd, ~yagî, ~yagîmin, ~yagîn, ~yagîn

Muta 1 [Çewr kirdin*] 2 [Rişbet dan*], [Rişpet dan*]

Måla 1 [Ren kirdin*], [Reng kirdin*] 2 [Siwax dan*], [Sibûq dan*]

Märka *(markera)* [Nîşan kirdin*], [Des nîşan kirdin*]

Mäta 1 [Enaze girtin*], [Endaze girtin*], [Hinaz girtin*], [Henaz girtin*] 2 [Nikar kirdin*], [Pêwane kirdin*], [Peymane kirdin*]

Mörda 1 [Şehît kirdin*], [Xün kirdin*], [Mirdar kirdin*], [MirdaL kirdin*] 2 [Gîyan girtin*]

Mörklägga [Kûr kirdin*], [Xamûş kirdin*], [Tarîk kirdin*], [Tîyerîk kirdin*], [Tar kirdin*]
Mörkna [Tîyerîk bün*], [Tarîk bün*], [Şewa bün*], [Şewe bün*]

N

Natta 1 Xefanin [xefan] 2 Xawanin [xawan] 3 [We xaw kirdin*], [We xew kirdin*] ***nattar*** 1 exefnim, exefnid, exefnê, exefnîmin, exefnin, exefnin 2 exawnim, exawnid, exawnê, exawnîmin, exawnin, exawnin ***nattade*** [1,2] ~im, ~id, ~, ~îmin, ~in, ~in ***har nattat*** [1,2] ~imes, ~ides, ~iges, ~îmines, ~ines, ~ines ***hade nattat*** [1,2] ~îm, ~îd, ~î, ~îmin, ~în, ~în
Nedgöra [Serkut kirdin*], [Samansa kirdin*]
- ***sin fiende till grunden*** [Siqan şikanin*]
Nedkämpa 1 [Serkut kirdin*], [Samansa kirdin*] 2 [We dema dan*]
Nedsvärta *(om rykte)* [Xwisp kirdin*], [Husp kirdin*], [Bênaw kirdin*], [Xiraw kirdin*]
Nedsänka Qupanin [qupan] ***nedsänker*** equpnim, equpnid, equpnê, equpnîmin, equpnin, equpnin ***nedsänkte*** ~im, ~id, ~, ~îmin, ~in, ~in ***har nedsänkt*** ~imes, ~ides, ~iges, ~îmines, ~ines, ~ines ***hade nedsänkt*** ~îm, ~îd, ~î, ~îmin, ~în, ~în
Njuta 1 [Feza kirdin*], [HaL kirdin*] 2 [Lezet birdin*], [Keyf birdin*], [Feza birdin*]
Nynna [Wîte kirdin*], [Wîte wît kirdin*]
Nysa Pijmîn [pijm] ***nyser*** e~im, e~id, e~ê, e~îmin, e~in, e~in ***nös*** ~îm, ~îd, ~î, ~îmin, ~în, ~în ***har nyst*** ~îmes, ~îdes, ~îges, ~îmines, ~înes, ~înes ***hade nyst*** ~îgîm, ~îgîd, ~îgî, ~îgîmin, ~îgîn, ~îgîn
Nämna 1 [Naw birdin*] 2 [Naw hawirdin*]
Närma *sig* [Nizîkew bün*], [Nizîk bün*]
Nödga [Naçar kirdin*], [Zûrgîr kirdin*]
Nöjas 1 [Nermaw bün*], [Nerm bün*], [Razî bün*] 2 [DiLa dan*]

O

Ockupera Dawirranin [dawirran] ***ockuperar*** dawirrnim, dawirrnid, dawirrnê, dawirrnîmin, dawirrnin, dawirrnin ***ockuperade*** ~im, ~id, ~, ~îmin, ~in, ~in ***har ockuperat*** ~imes, ~ides, ~iges, ~îmines, ~ines, ~ines ***hade ockuperat*** ~îm, ~îd, ~î, ~îmin, ~în, ~în
Offentliggöra 1 [Carr dan*] 2 [Sersaw kirdin*], [Aga kirdin*]
Offra *sig* 1 [Guzeyşt kirdin*], [Guzeşt kirdin*], [Xirr kirdin*], [Fida kirdin*], [Feda kirdin*] 2 [Feda bün*], [Fida bün*], [Xirr bün*] 3 [Ser dan*]
Omflytta [Cî we cî kirdin*], [Cîwaz kirdin*], [Ca we ca kirdin*], [Cî we cî kirdin*], [Gili pil kirdin*], [Cawaz kirdin*]
Omplacera [Cî we cî kirdin*], [Cîwaz kirdin*], [Ca we ca kirdin*], [Cî we cî kirdin*], [Gili pil kirdin*], [Cawaz kirdin*]
Omringa 1 [Hetîte dan*], [Hate dan*], [AxLe dan*], [Basqwil dan*], [AxiLe dan*], [Dewre dan*], [Qetare dan*], [Heyte dan*] 2 [Dewre kirdin*], [Hate kirdin*], [Hetîte kirdin*] 3 [Dewr girtin*], [La lê girtin*]
Omröra 1 Şêwanin [şêwan] 2 [Şêw dan*] ***omrör*** 1 eşêwnim, eşêwnid, eşêwnê, eşêwnîmin, eşêwnin, eşêwnin ***omrörde*** 1 ~im, ~id, ~, ~îmin, ~in, ~in ***har omrört*** 1 ~imes, ~ides, ~iges, ~îmines, ~ines, ~ines ***hade omrört*** 1 ~îm, ~îd, ~î, ~îmin, ~în, ~în
Ordervägra [Serkeşî kirdin*]
Orka [Haz daştin*], [Az daştin*]

P

Packa in Tepanin [tepan] ***packar in*** etepnim, etepnid, etepnê, etepnîmin, etepnin, etepnin ***packade in*** ~im, ~id, ~, ~îmin, ~in, ~in ***har packat in*** ~imes, ~ides, ~iges, ~îmines, ~ines, ~ines ***hade packat in*** ~îm, ~îd, ~î, ~îmin, ~în, ~în

Para *(djur)*1 Perranin [perran] 2 [FaL dan*] 3 [Cift girtin*] 4 Şikanin [şikan] 5 Tisanin [tisan] ***parar*** 1 eperrnim, eperrnid, eperrnê, eperrnîmin, eperrnin, eperrnin 4 eşiknim, eşiknid, eşiknê, eşiknîmin, eşiknin, eşiknin 5 etisnim, etisnid, etisnê, etisnîmin, etisnin, etisnin ***parade*** [1,4,5] ~im, ~id, ~, ~îmin, ~in, ~in ***har parat*** [1,4,5] ~imes, ~ides, ~iges, ~îmines, ~ines, ~ines ***hade parat*** [1,4,5] ~îm, ~îd, ~î, ~îmin, ~în, ~în

- ***fåglar*** *(specifikt för fåglar)* [Lif girtin*]

Passa *(vaka över)* 1 [Çew e pê bün*] 2 [Çawedêrî kirdin*]

Passera *om* 1 [Ret bün*], [Rey bün*], [Red bün*] 2 [Le qey dan*], [Gil dan*]

Patrullera [Kişik dan*], [Kişig dan*]

Peka [Rü kirdin*]

Peppa 1 [ErgaLe dan*], [DiL dan*] 2 [Şürak kirdin*], [Şêreke kirdin*], [Şêr kirdin*]

Perforera [Kuna kuna kirdin*]

Pinka [Mîz kirdin*], [Mêz kirdin*], [Gimîz kirdin*], [Gimêz kirdin*], [Şaş kirdin*]

Piska 1 [Mar mar kirdin*] 2 [Qemçî dan*], [Şelaq dan*], [Erbe dan*], [Şelax dan*]

Pissa [Mîz kirdin*], [Mêz kirdin*], [Gimîz kirdin*], [Gimêz kirdin*], [Şaş kirdin*]

Pjoska [Naz kirdin*], [Nazarî kirdin*]

Pladdra 1 [Çene dan*], [Çine dan*], [Çeki çinake dan*], [Çinake dan*], [Çeqi peL dan*] 2 [Lûre kirdin*], [Xwariban kirdin*], [Wirracî kirdin*], [Jeke jek kirdin*]

Plantera 1 KaLîn [kaL] 2 Karîn [kar] 3 Kaştîn [kaşt] 4 Çiqanin [çiqan] ***planterar*** 1 e~im, e~id, e~ê, e~îmin, e~in, e~in 2 e~im, e~id, e~ê, e~îmin, e~in, e~in 3 ~im, ~id, ~ê, ~îmin, ~in, ~in 4 eçiqnim, eçiqnid, eçiqnê, eçiqnîmin, eçiqnin, eçiqnin ***planterade*** [1,2,3] ~îm, ~îd, ~î, ~îmin, ~în, ~în 4 ~im, ~id, ~, ~îmin, ~in, ~in ***har planterat*** [1,2,3] ~îmes, ~îdes, ~îges, ~îmines, ~înes, ~înes 4 ~imes, ~ides, ~iges, ~îmines, ~ines, ~ines ***hade planterat*** [1,2,3] ~îgîm, ~îgîd, ~îgî, ~îgîmin, ~îgîn, ~îgîn 4 ~îm, ~îd, ~î, ~îmin, ~în, ~în

Platta *till* 1 Simanin [siman] 2 Timanin [timan] 3 [Saf kirdin*], [Text kirdin*], [Hemar kirdin*], [Hamar kirdin*], [Texti tiraz kirdin*], [Ara kirdin* *specifikt för jordbruk*], [WiLa kirdin*], [Pîyen kirdin*], [Pan kirdin*] ***plattar*** 1 esimnim, esimnid, esimnê, esimnîmin, esimnin, esimnin 2 etimnim, etimnid, etimnê, etimnîmin, etimnin, etimnin ***plattade*** [1,2] ~im, ~id, ~, ~îmin, ~in, ~in ***har plattat*** [1,2] ~imes, ~ides, ~iges, ~îmines, ~ines, ~ines ***hade plattat*** [1,2] ~îm, ~îd, ~î, ~îmin, ~în, ~în

Plocka *frukt* 1 Kenistin [kenist] 2 Kenîn [ken] 3 Çinîn [çin] 4 [La birdin*] ***plockar*** [1,2,3] e~im, e~id, e~ê, e~îmin, e~in, e~in ***plockade*** [1] ~im, ~id, ~, ~îmin, ~in, ~in [2,3] ~îm, ~îd, ~î, ~îmin, ~în, ~în ***har plockat*** [1] ~imes, ~ides, ~iges, ~îmines, ~ines, ~ines [2,3] ~îmes, ~îdes, ~îges, ~îmines, ~înes, ~înes ***hade plockat*** [1] ~îm, ~îd, ~î, ~îmin, ~în, ~în [2,3] ~îgîm, ~îgîd, ~îgî, ~îgîmin, ~îgîn, ~îgîn

Ploga *(jordbruk)* [Awa kirdin*], [Şüyem kirdin*], [Şom kirdin*], [Cift kirdin*]

Plombera 1 [Mûr kirdin*], [ŞeqL kirdin*] 2 [ŞeqL dan*]

Plugga *ders* 1 Xwenistin [xwenist] 2 Xwenîn [xwen] ***Pluggar*** e~im, e~id, e~ê, e~îmin, e~in, e~in ***pluggade*** [1] ~im, ~id, ~, ~îmin, ~in, ~in [2] ~îm, ~îd, ~î, ~îmin, ~în, ~în ***har pluggat*** [1] ~imes, ~ides, ~iges, ~îmines, ~ines, ~ines [2] ~imes, ~ides, ~iges, ~îmines, ~ines, ~ines ***hade pluggat*** [1] ~îm, ~îd, ~î, ~îmin, ~în, ~în [2] ~îgîm, ~îgîd, ~îgî, ~îgîmin, ~îgîn, ~îgîn

Plundra 1 [Çepaw kirdin*], [Xaret kirdin*], [TaLan kirdin*], [Birr kirdin*], [Lüyet kirdin*] 2 [Çepaw dan*]

Plåga *(besvära)* 1 [Azar dan*], [Zeftî dan*], [Cizr dan*] 2 [Ezyet kirdin*]

Plöja *(jordbruk)* [Awa kirdin*], [Şüyem kirdin*], [Şom kirdin*], [Cift kirdin*]

Ponera [Engar kirdin*], [HemiL kirdin*], [Guman kirdin*]

Prassla [Xişe xiş kirdin*], [Xişpe xişp kirdin*]

Prata 1 [Qise kirdin*], [Qisye kirdin*], [Wagû kirdin*], [Wazgift kirdin*], [Wazgû kirdin*] 2 [Dem dan*]

- ***illa om människor*** [Şifge merraze kirdin*], [Gûtere qisye kirdin*]
- ***kortfattad*** [KuLbirr kirdin*]
- ***med sig själv*** [Gazi gewr kirdin*], [PeLxaşe kirdin*], [Wirrawe kirdin*]
- ***om någon i goda ordalag*** [Tarîf dan*], [Tîyerîf dan*]
- ***strunt*** [Çene dan*], [Çine dan*], [Çeki çinake dan*], [Çinake dan*], [Çeqi peL dan*] 2 [Lûre kirdin*], [Xwariban kirdin*], [Wirracî kirdin*], [Jeke jek kirdin*]

Presentera [Aşna kirdin*], [Nasyar kirdin*]

Pressa 1 Guşanin [guşan] 2 Gûşanin [gûşan] 3 [PamaL kirdin*], [Pakut kirdin*] ***pressar*** 1 eguşnim, eguşnid, eguşnê, eguşnîmin, eguşnin, eguşnin 2 egûşnim, egûşnid, egûşnê, egûşnîmin, egûşnin, egûşnin ***pressade*** [1,2] ~im, ~id, ~, ~îmin, ~in, ~in ***har pressat*** [1,2] ~imes, ~ides, ~iges, ~îmines, ~ines, ~ines ***hade pressat*** [1,2] ~îm, ~îd, ~î, ~îmin, ~în, ~în

- ***ihop*** **ögonlock** 1 Nüçanin [nüçan] 2 Nüqanin [nüqan] ***pressar ihop*** 1 enüçnim, enüçnid, enüçnê, enüçnîmin, enüçnin, enüçnin 2 enüqnim, enüqnid, enüqnê, enüqnîmin, enüqnin, enüqnin ***pressade ihop*** [1,2] ~im, ~id, ~, ~îmin, ~in, ~in ***har pressat ihop*** [1,2] ~imes, ~ides, ~iges, ~îmines, ~ines, ~ines ***hade pressat ihop*** [1,2] ~îm, ~îd, ~î, ~îmin, ~în, ~în
- *(tvinga)* [Naçar kirdin*], [Zûrgîr kirdin*]

Presumera [Engar kirdin*], [HemiL kirdin*], [Guman kirdin*]

Printa *bok och liknande* [Çap kirdin*]

Prissätta 1 [Mezad kirdin*] 2 [Qêmet nan*], [Qeymet nan*], [Nirx nan*]

Proklamera 1 [Sersaw kirdin*], [Aga kirdin*], [Deng kirdin*] 2 [Carr dan*]

Proppa Tepanin [tepan] ***proppar*** etepnim, etepnid, etepnê, etepnîmin, etepnin, etepnin ***proppade*** ~im, ~id, ~, ~îmin, ~in, ~in ***har proppat*** ~imes, ~ides, ~iges, ~îmines, ~ines, ~ines ***hade proppat*** ~îm, ~îd, ~î, ~îmin, ~în, ~în

Prova *(kläder)* [ALişt kirdin*]

Provocera 1 Fiçanin [fiçan] 2 [Tîj kirdin*], [Têj kirdin*], [Ser têj kirdin*], [Tîr kirdin*] 3 [Han dan*], [BiLûm dan*], [GaL dan*], [Sîx dan*], [Sêx dan*] ***provocerar*** 1 efiçnim, efiçnid, efiçnê, efiçnîmin, efiçnin, efiçnin ***provocerade*** 1 ~im, ~id, ~, ~îmin, ~in, ~in ***har provocerat*** 1 ~imes, ~ides, ~iges, ~îmines, ~ines, ~ines ***hade provocerat*** 1 ~îm, ~îd, ~î, ~îmin, ~în, ~în

Provsmaka [Çeşe kirdin*], [Tam kirdin*], [Meze kirdin*]

Prutta 1 Tirrîn [Tirr] 2 [Gûz dan*], [Gûz wer dan*], [Tirr dan*], [Tirr wer dan*] 3 [Zirte kirdin*] ***pruttar*** 1 e~im, e~id, e~ê, e~îmin, e~in, e~in ***pruttade*** 1 ~îm, ~îd, ~î, ~îmin, ~în, ~în ***har pruttat*** 1 ~îmes, ~îdes, ~îges, ~îmines, ~înes, ~înes ***hade pruttat*** 1 ~îgîm, ~îgîd, ~îgî, ~îgîmin, ~îgîn, ~îgîn
Publicera 1 [Çap kirdin*] 2 [Le/We çap dan*]
Puckla *på varann* [Le yeka dan*], [Le yek dan*]
Puffa [Wer deLek dan*], [Bûq dan*], [DeLek dan*]
Pulverisera 1 [Çeki werd kirdin*], [Xamêş kirdin*], [Hürde kirdin*] 2 [Çeki berd dan*]
Pussa 1 [Maç dan*], [Maç we pê dan*] 2 [Maç kirdin*]
Puta *ut* [Zitew dan*], [Zigew dan*]
Putta [Wer deLek dan*], [Bûq dan*], [DeLek dan*]
Påbörja 1 [Binya nan*] 2 [Des pê kirdin*]

R

Rada *upp* [Riz kirdin*], [Rizar kirdin*], [Qetar kirdin*] 2 [Pişt yek nan*]
Radas [Riz bün*], [Rizar bün*], [Qetar bün*]
Raka 1 Taşîn [taş] 2 Tiraşîn [tiraş] 3 [Têx dan*] ***rakar*** e~im, e~id, e~ê, e~îmin, e~in, e~in ***rakade*** ~îm, ~îd, ~î, ~îmin, ~în, ~în ***har rakat*** ~îmes, ~îdes, ~îges, ~îmines, ~înes, ~înes ***hade rakat*** ~îgîm, ~Îgîd, ~îgî, ~îgîmin, ~îgîn, ~îgîn
Raljera [Geme kirdin*], [Yarî kirdin*], [Şeqe kirdin*], [TîtaLî kirdin*], [Henekî kirdin*], [Henek kirdin*], [GaLe kirdin*]
Rama *in* [Qap kirdin*], [Qap girtin*]
Ramla *(få benen i väders)* [ÇeqLew ban bün*], [ÇeqLe ban bün*]
Ramla Keftin [keft] ***ramlar*** ekefim, ekefid, ekefê, ekefîmin, ekefin, ekefin ***ramlade*** ~im, ~id, ~, ~îmin, ~in, ~in ***har ramlat*** ~imes, ~ides, ~iges, ~îmines, ~ines, ~ines ***hade ramlat*** ~îm, ~îd, ~î, ~îmin, ~în, ~în
Rasera Rimanin [riman] ***raserar*** erimnim, erimnid, erimnê, erimnîmin, erimnin, erimnin ***raserade*** ~im, ~id, ~, ~îmin, ~in, ~in ***har raserat*** ~imes, ~ides, ~iges, ~îmines, ~ines, ~ines ***hade raserat*** ~îm, ~îd, ~î, ~îmin, ~în, ~în
Rassla [Xişe xiş kirdin*], [Xişpe xişp kirdin*]
Rea Verb [Aw kirdin*], [Herrac kirdin*]
Realisera [Aw kirdin*], [Herrac kirdin*]
Redovisa Ekonomi [Xirrişt kirdin*], [Muhasibe kirdin*], [Hisawdarî kirdin*]
Reflektera *(om tankar)* 1 [Fikrew kirdin*], [Fikr kirdin*], [Fêr kirdin*] 2 [Qüte birdin*]
Regla 1 [Kilîl kirdin*], [Qufl kirdin*], [QuLf kirdin*], [Çift kirdin*], [QiLf kirdin*] 2 [Sing dan*]
Rekrytera soldat [Serbaz girtin*]
Rengöra [Temîs kirdin*], [Pak kirdin*], [Pak u pirç kirdin*], [Rik u pêk kirdin*]
Reparera [Diris kirdin*], [Durus kirdin*], [Xas kirdin*], [Xû kirdin*]
Replikera [Cûwaw dan*]
Resa 1 [Sefer kirdin*] 2 [We sefer çün*]
- ***flagga*** [Rasa kirdin*], [Ras kirdin*]
- ***på sig*** 1 ELisan [eLis] 2 [Rasew bün*] 3 [Hêz girtin*] ***reser på sig*** 1 ~im, ~id, ~ê, ~îmin, ~in, ~in ***reste på sig*** 1 ~am, ~ayd, ~a, ~aîmin, ~an, ~an ***har rest på sig*** 1 ~ames, ~aydes, ~ages, ~aîmines, ~anes, ~anes ***hade rest på sig*** 1 ~aîm, ~aîd, ~aî, ~aîmin, ~aîn, ~aîn

Reservera ELgirtin [eLgirt] ***reserverar*** eLgirim, eLgirid, eLgirê, eLgirîmin, eLgirin, eLgirin ***reserverade*** ~im, ~id, ~, ~îmin,

~in, ~in ***har reserverat*** ~imes, ~ides, ~iges, ~îmines, ~ines, ~ines ***hade reserverat*** ~îm, ~îd, ~î, ~îmin, ~în, ~în

Residera Jîyan [jîya] ***residerar*** ejyem, ejyeyd, ejyê, ejyeymin, ejyen, ejyen ***residerade*** ~m, ~yd, ~, ~ymin, ~n, ~n ***har residerat*** ~mes, ~ydes, ~ges, ~ymines, ~nes, ~nes ***hade residerat*** ~gîm, ~gîd, ~gî, ~gîmin, ~gîn, ~gîn

Respektera 1 [Rü kesê girtin*], [Qedr girtin*], [Xatir girtin*], [Erhem u terhem girtin*], [Tewre rü girtin*], [Tewere rü girtin*] 2 [Tewre rü birdin*], [Tewere rü birdin*] 3 [Hirmet girtin*], [Izmet girtin*]

Reta 1 Fiçanin [fiçan] 2 [Han dan*], [BiLûm dan*], [GaL dan*], [Sîx dan*], [Sêx dan*] ***retar*** 1 efiçnim, efiçnid, efiçnê, efiçnîmin, efiçnin, efiçnin ***retade*** 1 ~im, ~id, ~, ~îmin, ~in, ~in ***har retat*** 1 ~imes, ~ides, ~iges, ~îmines, ~ines, ~ines ***hade retat*** 1 ~îm, ~îd, ~î, ~îmin, ~în, ~în

Returnera [Düya dan*]

Revoltera 1 [Ser hil dan*], [Ser heL dan*], [Ser hêz dan*] 2 [Serkeşî kirdin*]

Rista 1 Rinîn [rin] 2 kirranin [kirran] ***ristar*** 1 e~im, e~id, e~ê, e~îmin, e~in, e~in 2 ekirrnim, ekirrnid, ekirrnê, ekirrnîmin, ekirrnin, ekirrnin ***ristade*** 1 ~îm, ~îd, ~î, ~îmin, ~în, ~în 2 ~im, ~id, ~, ~îmin, ~in, ~in ***har ristat*** 1 ~îmes, ~îdes, ~îges, ~îmines, ~înes, ~înes 2 ~imes, ~ides, ~iges, ~îmines, ~ines, ~ines ***hade ristat*** 1 ~îgîm, ~îgîd, ~îgî, ~îgîmin, ~îgîn, ~îgîn 2 ~îm, ~îd, ~î, ~îmin, ~în, ~în

Rita Kîşan [kîş] ***ritar*** e~im, e~id, e~ê, e~îmin, e~in, e~in ***ritade*** ~am, ~ayd, ~a, ~aîmin, ~an, ~an ***har ritat*** ~ames, ~aydes, ~ages, ~aîmines, ~anes, ~anes ***hade ritat*** ~aîm, ~aîd, ~aî, ~aîmin, ~aîn, ~aîn

Riva *(klösa)* 1 Rükanin [rükan] 2 [Çing dan*] ***river*** 1 erüknim, erüknid, erüknê, erüknîmin, erüknin, erüknin ***rev*** [1,2] ~im, ~id, ~, ~îmin, ~in, ~in ***har rivit*** 1 ~imes, ~ides, ~iges, ~îmines, ~ines, ~ines ***hade rivit*** 1 ~îm, ~îd, ~î, ~îmin, ~în, ~în

- ***med rivjärn*** Rinîn [rin] ***river*** e~im, e~id, e~ê, e~îmin, e~in, e~in ***rev*** ~îm, ~îd, ~î, ~îmin, ~în, ~în ***har rivit*** ~îmes, ~îdes, ~îges, ~îmines, ~înes, ~înes ***hade rivit*** ~îgîm, ~îgîd, ~îgî, ~îgîmin, ~îgîn, ~îgîn

- ***ner*** Rimanin [riman] ***river ner*** erimnim, erimnid, erimnê, erimnîmin, erimnin, erimnin ***rev ner*** ~im, ~id, ~, ~îmin, ~in, ~in ***har rivit ner*** ~imes, ~ides, ~iges, ~îmines, ~ines, ~ines ***hade rivit ner*** ~îm, ~îd, ~î, ~îmin, ~în, ~în

- ***papper, tyg*** Dirranin [dirran] ***river*** edirrnim, edirrnid, edirrnê, edirrnîmin, edirrnin, edirrnin ***rev*** ~im, ~id, ~, ~îmin, ~in, ~in ***har rivit*** ~imes, ~ides, ~iges, ~îmines, ~ines, ~ines ***hade rivit*** ~îm, ~îd, ~î, ~îmin, ~în, ~în

- ***sönder*** 1 Tilîşanin [tilîşan] 2 [Şet u pel kirdin*], [Şeti pel kirdin*], [Pey kirdin*], [Kirr kilaş kirdin*] 3 eLtilîşanin [eLtilîşan] 4 HeLtilîşanin [heLtilîşan] 5 Herüşanin [herüşan] **river *sönder*** 1 etilîşnim, etilîşnid, etilîşnê, etilîşnîmin, etilîşnin, etilîşnin 3 eLtilîşnim, eLtilîşnid, eLtilîşnê, eLtilîşnîmin, eLtilîşnin, eLtilîşnin 4 HeLtilîşnim, HeLtilîşnid, HeLtilîşnê, HeLtilîşnîmin, HeLtilîşnin, HeLtilîşnin 5 Herüşnim, Herüşnid, Herüşnê, Herüşnîmin, Herüşnin, Herüşnin **rev *sönder*** [1,3,4,5] ~im, ~id, ~, ~îmin, ~in, ~in ***har rivit sönder*** [1,3,4,5] ~imes, ~ides, ~iges, ~îmines, ~ines, ~ines ***hade rivit sönder*** [1,3,4,5] ~îm, ~îd, ~î, ~îmin, ~în, ~în

Roffa 1 Rifanin [rifan] 2 [Çepaw kirdin*], [Xaret kirdin*], [TaLan kirdin*], [Birr kirdin*], [Lüyet kirdin*] ***roffar*** 1 erifnim, erifnid, erifnê, erifnîmin, erifnin, erifnin ***roffade*** 1 ~im, ~id, ~, ~îmin, ~in, ~in ***har roffat*** 1 ~imes, ~ides, ~iges, ~îmines, ~ines, ~ines ***hade roffat*** 1 ~îm, ~îd, ~î, ~îmin, ~în, ~în

Ropa 1 Çirrîn [çirr] ***ropar*** 1 e~im, e~id, e~ê, e~îmin, e~in, e~in 2 [Hawar kirdin*], [Deng kirdin*], [Den kirdin*] 3 [Hawar birdin*], [Hana birdin*] ***ropade*** ~îm, ~îd, ~î, ~îmin, ~în, ~în ***har ropat*** 1 ~îmes, ~îdes, ~îges, ~îmines, ~înes, ~înes ***hade ropat*** 1 ~îgîm, ~îgîd, ~îgî, ~îgîmin, ~îgîn, ~îgîn

- ***böneutrop*** [Bang dan*]

Rosta Pûsyan [pûsya] ***rostar*** epûsyem, epûsyeyd, epûsyê, epûsyeymin, epûsyen, epûsyen ***rostade*** ~m, ~yd, ~, ~ymin, ~n, ~n ***har rostat*** ~mes, ~ydes, ~ges, ~ymines, ~nes, ~nes ***hade rostat*** ~gîm, ~gîd, ~gî, ~gîmin, ~gîn, ~gîn

Rota *(leta igenom)* 1 [Fîr kirdin*], [Fêr kirdin*], [Mîne kirdin*], [Minê kirdin*] 2 [Teqi çû dan*]

Rotera 1 Çerxîn [çerx] 2 [Gîj dan*], [Pêç dan*], [Çerx dan*] 3 Çerxanin [çerxan] ***roterar*** 1 e~im, e~id, e~ê, e~îmin, e~in, e~in 3 eçerxnim, eçerxnid, eçerxnê, eçerxnîmin, eçerxnin, eçerxnin ***roterade*** 1 ~îm, ~îd, ~î, ~îmin, ~în, ~în 3 ~im, ~id, ~, ~îmin, ~in, ~in ***har roterat*** 1 ~îmes, ~îdes, ~îges, ~îmines, ~înes, ~înes 3 ~imes, ~ides, ~iges, ~îmines, ~ines, ~ines ***hade roterat*** 1 ~îgîm, ~îgîd, ~îgî, ~îgîmin, ~îgîn, ~îgîn 3 ~îm, ~îd, ~î, ~îmin, ~în, ~în

Rufsa *till* 1 Çüçanin [çüçan] 2 Tüçanin [tüçan] ***Rufsar*** 1 Eçüçnim, Eçüçnid, Eçüçnê, Eçüçnîmin, Eçüçnin, Eçüçnin 2 Etüçnim, Etüçnid, Etüçnê, Etüçnîmin, Etüçnin, Etüçnin ***Rufsade*** [1,2] ~im, ~id, ~, ~îmin, ~in, ~in ***Har rufsat*** [1,2] ~imes, ~ides, ~iges, ~îmines, ~ines, ~ines ***Hade rufsat*** [1,2] ~îm, ~îd, ~î, ~îmin, ~în, ~în

Rulla 1 Pilanin [pilan] 2 [Gilgilan kirdin*] ***rullar*** 1 epilnim, epilnid, epilnê, epilnîmin, epilnin, epilnin ***rullade*** 1 ~im, ~id, ~, ~îmin, ~in, ~in ***har rullat*** 1 ~imes, ~ides, ~iges, ~îmines, ~ines, ~ines ***hade rullat*** 1 ~îm, ~îd, ~î, ~îmin, ~în, ~în

- ***ihop*** [Lül kirdin*]
- ***ihop sig som en orm*** [Qing xirr dan*]

Runka Des gaîn [des ga] ***runkar*** des egam, des egayd, des egad, des egaîmin, des egan, des egan ***runkade*** ~îm, ~îd, ~î, ~îmin, ~în, ~în ***har runkat*** ~îmes, ~îdes, ~îges, ~îmines, ~înes, ~înes ***hade runkat*** ~îgîm, ~îgîd, ~îgî, ~îgîmin, ~îgîn, ~îgîn

Ruska [Gil dan*], [Tekan dan*]

Ruttna 1 PijiLmyan [pijiLmya] 2 Genyan [genya] 3 Dapirükyan [dapirükya] 4 ÇilLüsyan [çiLüs], 5 PiLmijgyan [piLmijg] 6 [Qüja birdin*], [qüj birdin*] 7 [pijilme kirdin*] ***ruttnar*** 1 pijilmyem, pijilmyeyd, pijilmyê, pijilmyeymin, pijilmyen, pijilmyen 2 egenyem, egenyeyd, egenyê, egenyeymin, egenyen, egenyen 3 dapirükyem, dapirükyeyd, dapirükyê, dapirükyeymin, dapirükyen, dapirükyen [4,5] e~yem, e~yeyd, e~yê, e~yeymin, e~yen, e~yen ***ruttnade*** [1,2,3] ~m, ~yd, ~, ~ymin, ~n, ~n [4,5] ~yam, ~yayd, ~ya, ~yaymin, ~yan, ~yan ***har ruttnat*** [1,2,3] ~mes, ~ydes, ~ges, ~ymines, ~nes, ~nes [4,5] ~yames, ~yaydes, ~yages, ~yaymines, ~yanes, ~yanes ***hade ruttnat*** [1,2,3] ~gîm, ~gîd, ~gî, ~gîmin, ~gîn, ~gîn [4,5] ~yagîm, ~yagîd, ~yagî, ~yagîmin, ~yagîn, ~yagîn

Rykta [Qeşaw dan*]
Rymmas [Cî girtin*]
Rynka 1 Lûçanin [lûçan] 2 Lüçanin [lüçan] 3 [Lûç kirdin*], [Lüç kirdin*] ***rynkar*** 1 elûçnim, elûçnid, elûçnê, elûçnîmin, elûçnin, elûçnin 2 elüçnim, elüçnid, elüçnê, elüçnîmin, elüçnin, elüçnin ***rynkade*** [1,2] ~im, ~id, ~, ~îmin, ~in, ~in ***har rynkat*** [1,2] ~imes, ~ides, ~iges, ~îmines, ~ines, ~ines ***hade rynkat*** [1,2] ~îm, ~îd, ~î, ~îmin, ~în, ~în
Ryta Girrmanin [girrman] ***ryter*** egirrminim, egirrminid, egirrminê, egirrminîmin, egirrminin, egirrminin ***röt*** ~im, ~id, ~, ~îmin, ~in, ~in ***har rytit*** ~imes, ~ides, ~iges, ~îmines, ~ines, ~ines ***hade rytit*** ~îm, ~îd, ~î, ~îmin, ~în, ~în
Råka *säga fel* [Le dem der çün*]
- ***ut för*** [Giriftar bün*], [Tüş bün*]
Räcka *till* [Bes kirdin*], [Beş kirdin*]
Rädda [Nicat dan*]
Räkna 1 Şimardin [ş/j-imard] 2 [Xirrişt kirdin*], [Muhasibe kirdin*], [Hisaw kirdin*], [Jimare kirdin*] ***räknar*** 1 eşimarim, eşimarid, eşimarê, eşimarîmin, eşimarin, eşimarin ***räknade*** 1 ~im, ~id, ~, ~îmin, ~in, ~in ***har räknat*** 1 ~imes, ~ides, ~iges, ~îmines, ~ines, ~ines ***hade räknat*** 1 ~îm, ~îd, ~î, ~îmin, ~în, ~în
Rämna *(spricka)* 1 [Şex dan*], [Faq hîz dan*], [Şeq dan*] 2 [Zeng birdin*], [Zereng birdin*], [Şeq birdin*], [Şex birdin*], [Şîq birdin*], [Terek birdin*]
Räta [Rasa kirdin*], [Rasew kirdin*], [Ras kirdin*]
Röka *cigare* Kîşan [kîş] ***röker*** e~im, e~id, e~ê, e~îmin, e~in, e~in ***rökte*** ~am, ~ayd, ~a, ~aîmin, ~an, ~an ***har rökt*** ~ames, ~aydes, ~ages, ~aîmines, ~anes, ~anes ***hade rökt*** ~aîm, ~aîd, ~aî, ~aîmin, ~aîn, ~aîn
Röra *om* Şêwanin [şêwan] ***rör om*** eşêwnim, eşêwnid, eşêwnê, eşêwnîmin, eşêwnin, eşêwnin ***rörde om*** ~im, ~id, ~, ~îmin, ~in, ~in ***har rört om*** ~imes, ~ides, ~iges, ~îmines, ~ines, ~ines ***hade rört om*** ~îm, ~îd, ~î, ~îmin, ~în, ~în
- ***på sig*** 1 Xwilyan [xwilya] 2 [Gil dan*], [Tekan dan*] ***rör på sig*** 1 exwilyem, exwilyeyd, exwilyê, exwilyeymin, exwilyen, exwilyen ***rörde på sig*** 1 ~m, ~yd, ~, ~ymin, ~n, ~n ***har rört på sig*** 1 ~mes, ~ydes, ~ges, ~ymines, ~nes, ~nes ***hade rört på sig*** 1 ~gîm, ~gîd, ~gî, ~gîmin, ~gîn, ~gîn
- ***vid*** [Des lê dan*], [Des dan*]
Röva 1 [Çepaw kirdin*], [Xaret kirdin*], [TaLan kirdin*], [Birr kirdin*], [Lüyet kirdin*] 2 [Çepaw dan*] 3 [Ra girtin*], [Rê girtin*]

S

Sabotera [Xiraw kirdin*]
Sakna *(saknad)* [Tasû kirdin*]
Samla 1 [Cemew kirdin*], [Cem kirdin*], [Xirr kirdin*], [Kû kirdin*], [Gird kirdin*], [Lim kirdin*], [Kû kirdin*]
Samtala [Bas kirdin*]
Samtycka [Nermaw bün*], [Nerm bün*], [Razî bün*]
Sansa *sig* [Xwey girtin*]
Schasa [Kiş kirdin*]
Se 1 Dîn [dî] 2 [Temaşa kirdin*], [Niga kirdin*], [Seyl kirdin*], [Seyr kirdin*] 3 [Çew dan*] 4 Nürîn [nür] 5 Nüristin [nürist] ***ser*** 1 eünim, eünid, eünê, eünîmin, eünin, eünin 4 e~im, e~id, e~ê, e~îmin, e~in, e~in 5 enürim, enürid, enürê, enürîmin, enürin, enürin ***såg*** 1 ~m, ~d, ~, ~min, ~n, ~n 4

~îm, ~îd, ~î, ~îmin, ~în, ~în 5 ~im, ~id, ~, ~îmin, ~in, ~in ***har sett*** 1 ~mes, ~des, ~ges, ~mines, ~nes, ~nes 4 ~îmes, ~îdes, ~îges, ~îmines, ~înes, ~înes 5 ~imes, ~ides, ~iges, ~îmines, ~ines, ~ines ***hade sett*** 1 ~gîm, ~gîd, ~gî, ~gîmin, ~gîn, ~gîn 4 ~îgîm, ~îgîd, ~îgî, ~îgîmin, ~îgîn, ~îgîn 5 ~îm, ~îd, ~î, ~îmin, ~în, ~în

- ***sig omkring*** [Çaw lê dan*], [Çaw dan*]

Segra 1 Birdin [bird] 2 [ZaL bün*], [Pîrûz bün*], [Çêr bün*] ***segrar*** 1 ewem, eweyd, ewad, eweymin, ewen, ewen ***segrade*** 1 ~im, ~id, ~, ~îmin, ~in, ~in ***har segrat*** 1 ~imes, ~ides, ~iges, ~îmines, ~ines, ~ines ***hade segrat*** 1 ~îm, ~îd, ~î, ~îmin, ~în, ~în

Servera ELkîşan [eLkîş] ***serverar*** e~im, e~id, e~ê, e~îmin, e~in, e~in ***serverade*** ~am, ~ayd, ~a, ~aîmin, ~an, ~an ***har serverat*** ~ames, ~aydes, ~ages, ~aîmines, ~anes, ~anes ***hade serverat*** ~aîm, ~aîd, ~aî, ~aîmin, ~aîn, ~aîn

Sia [TaLe girtin*], [FaL girtin*]

Sikta *på måltavla* [Nîşan girtin*], [Nuxs girtin*], [Enaze girtin*]

Sikta *(sålla)* 1 Dawêjanin [dawêjan] 2 Wêjanin [wêjan] 3 [eLek kirdin*], [Seren kirdin*], [Wêjing kirdin*] ***siktar*** 1 dawêjnim, dawêjnid, dawêjnê, dawêjnîmin, dawêjnin, dawêjnin 2 ewêjnim, ewêjnid, ewêjnê, ewêjnîmin, ewêjnin, ewêjnin ***siktade*** [1,2] ~im, ~id, ~, ~îmin, ~in, ~in ***har siktat*** [1,2] ~imes, ~ides, ~iges, ~îmines, ~ines, ~ines ***hade siktat*** [1,2] ~îm, ~îd, ~î, ~îmin, ~în, ~în

Sila 1 Dawêjanin [dawêjan] 2 Wêjanin [wêjan] 3 [ELek kirdin*], [Seren kirdin*], [Wêjing kirdin*] ***silar*** 1 dawêjnim, dawêjnid, dawêjnê, dawêjnîmin, dawêjnin, dawêjnin 2 ewêjnim, ewêjnid, ewêjnê, ewêjnîmin, ewêjnin, ewêjnin ***silade*** [1,2] ~im, ~id, ~, ~îmin, ~in, ~in ***har silat*** [1,2] ~imes, ~ides, ~iges, ~îmines, ~ines, ~ines ***hade silat*** [1,2] ~îm, ~îd, ~î, ~îmin, ~în, ~în

Simma [Mele kirdin*], [Sinaw kirdin*], [Melye kirdin*]

Sitta Niştin [niş/nîş] ***sitter*** e~im, e~id, e~ê, e~îmin, e~in, e~in ***satt*** ~tim, ~tid, ~t, ~tîmin, ~tin, ~tin ***har suttit*** ~times, ~tides, ~tiges, ~tîmines, ~tines, ~tines ***hade suttit*** ~tîm, ~tîd, ~tî, ~tîmin, ~tîn, ~tîn

Sjasa [Kiş kirdin*]

Sjunga *mêt* 1 Xwenistin [xwenist], 2 Xwenîn [xwen] 3 Çirrîn [çirr] ***sjunger*** 1 exwenim, exwenid, exwenê, exwenîmin, exwenin, exwenin [2,3] e~im, e~id, e~ê, e~îmin, e~in, e~in ***sjöng*** [1]~istim, ~istid, ~ist, ~istîmin, ~istin, ~istin [2,3] ~îm, ~îd, ~î, ~îmin, ~în, ~în ***har sjungit*** [1] ~istimes, ~istides, ~istiges, ~istîmines, ~istines, ~istines [2,3] ~îmes, ~îdes, ~îges, ~îmines, ~înes, ~înes ***hade sjungit*** [1] ~istîm, ~istîd, ~istî, ~istîmin, ~istîn, ~istîn [2,3] ~îgîm, ~îgîd, ~îgî, ~îgîmin, ~îgîn, ~îgîn

- ***sorgesång*** *mûr* Lawanin [lawan] ***sjunger*** elawnim, elawnid, elawnê, elawnîmin, elawnin, elawnin ***sjöng*** mûr ~im, ~id, ~, ~îmin, ~in, ~in ***har sjungit*** mûr ~imes, ~ides, ~iges, ~îmines, ~ines, ~ines ***hade sjungit*** mûr ~îm, ~îd, ~î, ~îmin, ~în, ~în

- ***vaggsång*** Lawanin [lawan] ***sjunger*** elawnim, elawnid, elawnê, elawnîmin, elawnin, elawnin ***sjöng*** ~im, ~id, ~, ~îmin, ~in, ~in ***har sjungit*** ~imes, ~ides, ~iges, ~îmines, ~ines, ~ines ***hade sjungit*** ~îm, ~îd, ~î, ~îmin, ~în, ~în

Sjunka *i tankar* [Fam dan*], [Qüte dan*], [Qüt dan*]

Skada [Kelemedar kirdin*], [Azyet kirdin*]
Skaka 1 Lerzîn [lerz] 2 [Lerze kirdin*], [Lere kirdin*] ***Skakar*** 1 e~im, e~id, e~ê, e~îmin, e~in, e~in ***skakade*** 1 ~îm, ~îd, ~î, ~îmin, ~în, ~în ***har skakat*** 1 ~îmes, ~îdes, ~îges, ~îmines, ~înes, ~înes ***hade skakat*** 1 ~îgîm, ~îgîd, ~îgî, ~îgîmin, ~îgîn, ~îgîn
- ***om vätska*** 1 Jenîn [jen] 2 Hejanin [hejan] 3 Şekanin [şekan] ***skakar om*** 1 e~im, e~id, e~ê, e~îmin, e~in, e~in 2 ehejnim, ehejnid, ehejnê, ehejnîmin, ehejnin, ehejnin 3 eşeknim, eşeknid, eşeknê, eşeknîmin, eşeknin, eşeknin ***skakade om*** 1 ~îm, ~îd, ~î, ~îmin, ~în, ~în [2,3] ~im, ~id, ~, ~îmin, ~in, ~in ***har skakat om*** 1 ~îmes, ~îdes, ~îges, ~îmines, ~înes, ~înes [2,3] ~imes, ~ides, ~iges, ~îmines, ~ines, ~ines ***hade skakat om*** 1 ~îgîm, ~îgîd, ~îgî, ~îgîmin, ~îgîn, ~îgîn [2,3] ~îm, ~îd, ~î, ~îmin, ~în, ~în
- ***på*** [Tekan dan*]
- ***tyg och liknande*** Tekanin [tekan] ***skakar*** eteknim, eteknid, eteknê, eteknîmin, eteknin, eteknin ***skakade*** ~im, ~id, ~, ~îmin, ~in, ~in ***har skakat*** ~imes, ~ides, ~iges, ~îmines, ~ines, ~ines ***hade skakat*** ~îm, ~îd, ~î, ~îmin, ~în, ~în

Skala av 1 [Pelar kirdin*], [PeLperüşe kirdin*], [PeLpe rüşe kirdin*] 2 [Tûk kenistin*] 3 [Tûkew girtin*], [Tûk girtin*], [Pûs girtin*]
Skallra [Xişe xiş kirdin*], [Xişpe xişp kirdin*]
Skandalisera 1 [Aw rü birdin*] 2 [Bênaw kirdin*], [Xiraw kirdin*] 3 [We aw dan*], [We keL dan*]
Skapa 1 Saxtin [saxt] 2 [Dirus kirdin*], [Durus kirdin*] ***skapar*** esazim, esazid, esazê, esazîmin, esazin, esazin ***skapade*** ~im, ~id, ~, ~îmin, ~in, ~in ***har skapat*** ~imes, ~ides, ~iges, ~îmines, ~ines, ~ines ***hade skapat*** ~îm, ~îd, ~î, ~îmin, ~în, ~în
- ***hinder åt någon*** [Xefet dan*], [GîçeL dan*]
- ***levande ting*** [Zinê kirdin*], [Zênig kirdin*]
- ***problem*** [Xefet dan*], [GîçeL dan*]

Skela [Tîl kirdin*]
Skicka *iväg* [Kilew kirdin*], [Rewan kirdin*], [Kil kirdin*], [Rewane kirdin*]
Skilja *sig* 1 [TeLaq girtin*] 2 [TeLaq dan*] 3 [Le yek cîya bün*]
Skiljas [Le yek bün*], [Cîya bün*], [Le yekew bün*]
- ***(om gifta par)*** [Cîyawe bün*], [Cîya bün*]

Skimra 1 [Birîce kirdin*], [Birîqe kirdin*] 2 [Wirşe dan*], [Girşe dan*], [Şewq dan*]
Skina [Wirşe dan*], [Girşe dan*], [Şewq dan*]
Skingra [Pelpela kirdin*], [Pexşa kirdin*], [Pexşan kirdin*]
Skinna [Lüyeta kirdin*], [Lüyet kirdin*]
Skita 1 Rîyan [rîya] 2 [Gü kirdin*], [Firte kirdin*], [Xiraw kirdin*] 3 [Cirîte dan*] ***skiter*** 1 eryem, eryeyd, eryê, eryeymin, eryen, eryen ***sket*** 1 ~m, ~yd, ~, ~ymin, ~n, ~n ***har skitit*** 1 ~mes, ~ydes, ~ges, ~ymines, ~nes, ~nes ***hade skitit*** 1 ~gîm, ~gîd, ~gî, ~gîmin, ~gîn, ~gîn
- ***på sig*** [Zerd kirdin*]

Skjutsa Resanin [resan] ***skjutsar*** eresnim, eresnid, eresnê, eresnîmin, eresnin, eresnin ***skjutsade*** ~im, ~id, ~, ~îmin, ~in, ~in ***har skjutsat*** ~imes, ~ides, ~iges, ~îmines, ~ines, ~ines ***hade skjutsat*** ~îm, ~îd, ~î, ~îmin, ~în, ~în
Skoja [Şeqe kirdin*], [TîtaLî kirdin*], [Henekî kirdin*], [Henek kirdin*], [GaLe kirdin*]

Skramla [Xişe xiş kirdin*], [Xişpe xişp kirdin*]

Skratta 1 Xenîn [xen], Xenistin [xenist] ***skrattar*** e~im, e~id, e~ê, e~îmin, e~in, e~in ***skrattade*** [1] ~îm, ~îd, ~î, ~îmin, ~în, ~în [2] ~im, ~id, ~, ~îmin, ~in, ~in ***har skrattat*** [1] ~îmes, ~îdes, ~îges, ~îmines, ~înes, ~înes [2] ~imes, ~ides, ~iges, ~îmines, ~ines, ~ines ***hade skrattat*** [1] ~îgîm, ~îgîd, ~îgî, ~îgîmin, ~îgîn, ~îgîn [2] ~îm, ~îd, ~î, ~îmin, ~în, ~în

- ***(barns joller och höga skratt)*** 1 Qîqanin [qîq] 2 [Qîqe kirdin*] ***skrattar*** 1 e~nim, e~nid, e~nê, e~nîmin, e~nin, e~nin ***skrattade*** 1 ~anim, ~anid, ~an, ~anîmin, ~anin, ~anin ***har skrattat*** 1 ~animes, ~anides, ~aniges, ~anîmines, ~anines, ~anines ***hade skrattat*** 1 ~anîm, ~anîd, ~anî, ~anîmin, ~anîn, ~anîn

Skria *som en åsna* 1 Zirranin [zirran] 2 Serranin [serran] 3 Sükanin [sükan] 4 [Zirr zirr kirdin*]***skriar*** 1 ezirrnim, ezirrnid, ezirrnê, ezirrnîmin, ezirrnin, ezirrnin 2 eserrnim, eserrnid, eserrnê, eserrnîmin, eserrnin, eserrnin 3 esüknim, esüknid, esüknê, esüknîmin, esüknin, esüknin ***skriade*** [1,2,3] ~im, ~id, ~, ~îmin, ~in, ~in ***har skriat*** [1,2,3] ~imes, ~ides, ~iges, ~îmines, ~ines, ~ines ***hade skriat*** [1,2,3] ~îm, ~îd, ~î, ~îmin, ~în, ~în

Skrika 1 Qîjanin [qîj] 2 Qîranin [qîr] 3 Zîkanin [zîkan] 4 Zîqanin [zîqan] 5 Zirîkanin [zirîkan] 6 [Hawar kirdin*], [Zirîke kirdin*], [Hewar kirdin*] 7 Cîqanin [cîqan] 8 Cirîkanin [cirîkan] ***skriker*** [1,2] e~nim, e~nid, e~nê, e~nîmin, e~nin, e~nin 3 ezîknim, ezîknid, ezîknê, ezîknîmin, ezîknin, ezîknin 4 ezîqnim, ezîqnid, ezîqnê, ezîqnîmin, ezîqnin, ezîqnin 5 ezirîknim, ezirîknid, ezirîknê, ezirîknîmin, ezirîknin, ezirîknin 7 ecîqnim, ecîqnid, ecîqnê, ecîqnîmin, ecîqnin, ecîqnin 8 ecirîknim, ecirîknid, ecirîknê, ecirîknîmin, ecirîknin, ecirîknin ***skrek*** [1,2] ~anim, ~anid, ~an, ~anîmin, ~anin, ~anin [3,4,5,7,8] ~im, ~id, ~, ~îmin, ~in, ~in ***har skrikit*** [1,2] ~animes, ~anides, ~aniges, ~anîmines, ~anines, ~anines [3,4,5,7,8] ~imes, ~ides, ~iges, ~îmines, ~ines, ~ines ***hade skrikit*** [1,2] ~anîm, ~anîd, ~anî, ~anîmin, ~anîn, ~anîn [3,4,5,7,8] ~îm, ~îd, ~î, ~îmin, ~în, ~în

Skriva Nüsanin [nüsan] ***skriver*** enüsnim, enüsnid, enüsnê, enüsnîmin, enüsnin, enüsnin ***skrev*** ~im, ~id, ~, ~îmin, ~in, ~in ***har skrivit*** ~imes, ~ides, ~iges, ~îmines, ~ines, ~ines ***hade skrivit*** ~îm, ~îd, ~î, ~îmin, ~în, ~în

Skrodera [Werde werde kirdin*], [Dem wa kirdin*], [Tirre tirr kirdin*], [Berçek berçek kirdin*]

Skruva Pîçanin [pîçan] ***skruvar*** epîçnim, epîçnid, epîçnê, epîçnîmin, epîçnin, epîçnin ***skruvade*** ~im, ~id, ~, ~îmin, ~in, ~in ***har skruvat*** ~imes, ~ides, ~iges, ~îmines, ~ines, ~ines ***hade skruvat*** ~îm, ~îd, ~î, ~îmin, ~în, ~în

- ***sig*** Lülanin [lülan] ***skruvar*** lülnim, lülnid, lülnê, lülnîmin, lülnin, lülnin ***skruvade*** ~im, ~id, ~, ~îmin, ~in, ~in ***har skruvat*** ~imes, ~ides, ~iges, ~îmines, ~ines, ~ines ***hade skruvat*** ~îm, ~îd, ~î, ~îmin, ~în, ~în

Skrynkla 1 Çirûkanin [çirûkan] 2 Lüçanin [lüçan] 3 Lûçanin [lûçan] 4 [Lûç kirdin*], [Lüç kirdin*] ***skrynklar*** 1 eçirûknim, eçirûknid, eçirûknê, eçirûknîmin, eçirûknin, eçirûknin 2 elüçnim, elüçnid, elüçnê, elüçnîmin, elüçnin, elüçnin 3 elûçnim, elûçnid, elûçnê, elûçnîmin, elûçnin,

elûçnin ***skrynklade*** [1,2,3] ~im, ~id, ~, ~îmin, ~in, ~in ***har skrynklat*** [1,2,3] ~imes, ~ides, ~iges, ~îmines, ~ines, ~ines ***hade skrynklat*** [1,2,3] ~îm, ~îd, ~î, ~îmin, ~în, ~în

Skryta [Werde werde kirdin*], [Dem wa kirdin*], [Tirre tirr kirdin*], [Berçek berçek kirdin*]

Skrämma 1 [Herreşe dan*], [Herreşe u gurreşe dan*] 2 [ZîyeLetaq kirdin*] 3 [ZîyeLig birdin*], [Rix birdin*], [Riq birdin*], [Le pirrig birdin*], [Nawzig birdin*], [ZaLe birdin*], [ZüyeLe birdin*] 4 Tersanin [tersan] ***skrämmer*** 4 etersnim, etersnid, etersnê, etersnîmin, etersnin, etersnin ***skrämde*** 4 ~im, ~id, ~, ~îmin, ~in, ~in ***har skrämt*** 4 ~imes, ~ides, ~iges, ~îmines, ~ines, ~ines ***hade skrämt*** 4 ~îm, ~îd, ~î, ~îmin, ~în, ~în

Skrävla [Werde werd kirdin*], [Dem wa kirdin*], [Tirr tirr kirdin*], [Berçek berçek kirdin*]

Skura Sirîn [sir] ***skurar*** e~im, e~id, e~ê, e~îmin, e~in, e~in ***skurade*** ~îm, ~îd, ~î, ~îmin, ~în, ~în ***har skurat*** ~îmes, ~îdes, ~îges, ~îmines, ~înes, ~înes ***hade skurat*** ~îgîm, ~îgîd, ~îgî, ~îgîmin, ~îgîn, ~îgîn

Skutta 1 Perrîn [perr] 2 [Qinc girtin*], [Ginc girtin*], [Qumç girtin*], [GeLwaz girtin*], [GeLtaf girtin*], [PeLtaf girtin*] 3 [Ginc kirdin*], [Qinc kirdin*] ***skuttar*** 1 e~im, e~id, e~ê, e~îmin, e~in, e~in ***skuttade*** 1 ~îm, ~îd, ~î, ~îmin, ~în, ~în ***har skuttat*** 1 ~îmes, ~îdes, ~îges, ~îmines, ~înes, ~înes ***hade skuttat*** 1 ~îgîm, ~îgîd, ~îgî, ~îgîmin, ~îgîn, ~îgîn

Skvallra 1 [Çikraw kirdin*] 2 [Qisye we des dan*]

Skyla 1 Şardin [şard] 2 Pûşanin [pûşan] 3 [Heşar dan*] ***Skyler*** 1 eşarim, eşarid, eşarê, eşarîmin, eşarin, eşarin 2 epûşnim, epûşnid, epûşnê, epûşnîmin, epûşnin, epûşnin ***Skylde*** [1,2] ~im, ~id, ~, ~îmin, ~in, ~in ***har skylt*** [1,2] ~imes, ~ides, ~iges, ~îmines, ~ines, ~ines ***hade skylt*** [1,2] ~îm, ~îd, ~î, ~îmin, ~în, ~în

- ***med täcke*** [Mila dan*], [Le/We mil dan*], [Milew dan*]

Skylta *(visa upp)* [Nîşan kirdin*]

Skymma [Tarîkew bün*], [Tarîk bün*], [Tîyerîk bün*], [Şewa bün*], [Şew bün*]

Skynda [Pele kirdin*], [Zü kirdin*]

Skåda [Temaşa kirdin*], [Niga kirdin*], [Seyl kirdin*]

Skälla *(hund)* 1 Waqanin [waqan] 2 Baqanin [baqan] 3 [Pars kirdin*] ***skäller*** 1 ewaqnim, ewaqnid, ewaqnê, ewaqnîmin, ewaqnin, ewaqnin 2 ebaqnim, ebaqnid, ebaqnê, ebaqnîmin, ebaqnin, ebaqnin ***skällde*** [1,2] ~im, ~id, ~, ~îmin, ~in, ~in ***har skällt*** [1,2] ~imes, ~ides, ~iges, ~îmines, ~ines, ~ines ***hade skällt*** [1,2] ~îm, ~îd, ~î, ~îmin, ~în, ~în

- ***på*** [Qise pê kirdin*], [Qisye pê kirdin*], [Wirrawe kirdin*]

Skälva 1 Lerzîn [lerz] 2 [Lere kirdin*]

Skälver 1 e~im, e~id, e~ê, e~îmin, e~in, e~in ***skälvde*** ~îm, ~îd, ~î, ~îmin, ~în, ~în ***har skälvt*** ~îmes, ~îdes, ~îges, ~îmines, ~înes, ~înes ***hade skälvt*** ~îgîm, ~îgîd, ~îgî, ~îgîmin, ~îgîn, ~îgîn

- ***(om låga)*** [Pirte pirt kirdin*]

Skämma *bort* 1 [Le/We rü birdin*] 2 [Naz kirdin*], [Nazarî kirdin*]

- ***ut*** 1 [Aw rü birdin*] 2 [We aw dan*], [We keL dan*], [FîyeL dan*]

Skämmas *(blyg)* 1 [Aw bün*], [Şermezar bün*], [Şermesar bün*], [XecaLet bün*], [Tîyerîq bün*], [Zerd bün*] 2 [Dem ew xwar kirdin*], [Heya kirdin*], [Şerm kirdin*], [Ser ew xwar kirdin*] 3 [Mil cerr dan*]

Skämta [Şeqe kirdin*], [Qesî kirdin*], [TîtaLî kirdin*], [Henekî kirdin*], [Henek kirdin*], [GaLe kirdin*]

Skänka 1 Wexşanin [wexşan] 2 Wexşîn [wexş] ***skänker*** 1 ewexşnim, ewexşnid, ewexşnê, ewexşnîmin, ewexşnin, ewexşnin 2 e~im, e~id, e~ê, e~îmin, e~in, e~in ***skänkte*** 1 ~im, ~id, ~, ~îmin, ~in, ~in 2 ~îm, ~îd, ~î, ~îmin, ~în, ~în ***har skänkt*** 1 ~imes, ~ides, ~iges, ~îmines, ~ines, ~ines 2 ~îmes, ~îdes, ~îges, ~îmines, ~înes, ~înes ***hade skänkt*** 1 ~îm, ~îd, ~î, ~îmin, ~în, ~în 2 ~îgîm, ~îgîd, ~îgî, ~îgîmin, ~îgîn, ~îgîn

Skära 1 Wirrîn [wirr], Birrîn [birr] ***skär*** 1 e~im, e~id, e~ê, e~îmin, e~in, e~in ***skar*** 1 ~îm, ~îd, ~î, ~îmin, ~în, ~în ***har skurit*** 1 ~îmes, ~îdes, ~îges, ~îmines, ~înes, ~înes ***hade skurit*** 1 ~îgîm, ~îgîd, ~îgî, ~îgîmin, ~îgîn, ~îgîn

- ***cirkelformad*** [Xinc birr kirdin*]

Skärpa *hörseln* [Gûş bel kirdin*], [Gûşew qiLa bün*]

Skölja Şûrdin [şûrd] ***sköljer*** eşûrim, eşûrid, eşûrê, eşûrîmin, eşûrin, eşûrin ***sköljde*** ~im, ~id, ~, ~îmin, ~in, ~in ***har sköljt*** ~imes, ~ides, ~iges, ~îmines, ~ines, ~ines ***hade sköljt*** ~îm, ~îd, ~î, ~îmin, ~în, ~în

Skörda [Derew kirdin*], [Direw kirdin*]

- ***frukt, grönsak eller blomma*** çinîn [çin] ***skördar*** e~im, e~id, e~ê, e~îmin, e~in, e~in ***skördade*** ~îm, ~îd, ~î, ~îmin, ~în, ~în ***har skördat*** ~îmes, ~îdes, ~îges, ~îmines, ~înes, ~înes ***hade skördat*** ~îgîm, ~îgîd, ~îgî, ~îgîmin, ~îgîn, ~îgîn

Sköta *om* [Peresdarî kirdin*]

Skövla [Saf kirdin*], [Kawil kirdin*], [Wîran kirdin*], [Wêran kirdin*], [Samansa kirdin*], [Xapür kirdin*], [Xapûr kirdin*]

Slakta 1 [Ser w/b-irrîn] 2 [Qesawî kirdin*]

- ***(ett djur utan att följa de föreskrivna Sharia lagarna)*** [Heram kirdin*], [Necis kirdin*], [Mirdar kirdin*], [MirdaL kirdin*]

Slicka 1 Lisîn [lis] 2 [Lis dan*] ***slicker*** e~im, e~id, e~ê, e~îmin, e~in, e~in ***slickade*** ~îm, ~îd, ~î, ~îmin, ~în, ~în ***har slickat*** ~îmes, ~îdes, ~îges, ~îmines, ~înes, ~înes ***hade slickat*** ~îgîm, ~îgîd, ~îgî, ~îgîmin, ~îgîn, ~îgîn

Slinta *med benen* Gilyan [gilya] ***slinter*** egilyem, egilyeyd, egilyê, egilyeymin, egilyen, egilyen ***slant*** ~m, ~yd, ~, ~ymin, ~n, ~n ***har sluntit*** ~mes, ~ydes, ~ges, ~ymines, ~nes, ~nes ***hade sluntit*** ~gîm, ~gîd, ~gî, ~gîmin, ~gîn, ~gîn

Slipa *det som har egg* [Deme zerd kirdin*], [Têj kirdin*], [Tîj kirdin*]

Slita *och svettas* [Aw der dan*]

Slockna [Xamûş bün*], [Kûr bün*]

Sluddra [Pite pit kirdin*], [Min min kirdin*]

Sluka 1 [Sila dan*], [Silew dan*], [Qüt dan*], [Qütew dan*] 2 [Sil we ca kirdin*] 3 Qupanin [qupan] 4 Qütanin [qütan] 5 Silanin [silan] 6 HiLûfanin [hiLûfan] ***slukar*** 3 equpnim, equpnid, equpnê, equpnîmin, equpnin, equpnin 4 eqütnim, eqütnid, eqütnê, eqütnîmin, eqütnin, eqütnin 5 esilnim, esilnid, esilnê, esilnîmin, esilnin, esilnin 6 hiLûfnim, hiLûfnid, hiLûfnê, hiLûfnîmin, hiLûfnin, hiLûfnin ***slukade*** [3,4,5,6] ~im, ~id, ~, ~îmin, ~in, ~in ***har slukat*** [3,4,5,6] ~imes, ~ides, ~iges, ~îmines, ~ines, ~ines ***hade slukat*** [3,4,5,6] ~îm, ~îd, ~î, ~îmin, ~în, ~în

Slumra Xeftin [xeft] ***slumrar*** exefim, exefid, exefê, exefîmin, exefin, exefin

slumrade ~im, ~id, ~, ~îmin, ~in, ~in ***har slumrat*** ~imes, ~ides, ~iges, ~îmines, ~ines, ~ines ***hade slumrat*** ~îm, ~îd, ~î, ~îmin, ~în, ~în

Slunga 1 Xistin [xist] 2 [Pertaw kirdin*], [PeLtaf kirdin*] 3 [Fire dan*] ***slungar*** 1 exem, exeyd, exad, exeymin, exen, exen ***slungade*** 1 ~im, ~id, ~, ~îmin, ~in, ~in ***har slungat*** 1 ~imes, ~ides, ~iges, ~îmines, ~ines, ~ines ***hade slungat*** 1 ~îm, ~îd, ~î, ~îmin, ~în, ~în

Sluta 1 [Des hîz dan*] 2 [Bes kirdin*]

Slutföra [Temam kirdin*] 2 [Ta ser birdin*]

Slå 1 Dan [da] 2 Weşanin [weşan] ***slår*** [1] edem, edeyd, edad, edeymin, eden, eden [2] eweşnim, eweşnid, eweşnê, eweşnîmin, eweşnin, eweşnin ***slog*** [1]~m, ~y~, ~, ~ymin, ~n, ~n [2] ~im, ~id, ~, ~îmin, ~in, ~in ***har slagit*** [1]~mes, ~y~es, ~ges, ~ymines, ~nes, ~nes [2] ~imes, ~ides, ~iges, ~îmines, ~ines, ~ines ***hade slagit*** [1] ~yîm, ~yî~, ~yî, ~yîmin, ~yîn, ~yîn / ~gîm, ~gî~, ~gî, ~gîmin, ~gîn, ~gîn [2] ~îm, ~îd, ~î, ~îmin, ~în, ~în

- ***fördärvad*** [Cilkut kirdin*], [Şelkut kirdin*]

- ***slag*** Kutan [kuta] ***slår*** ekutim, ekutid, ekutê, ekutîmin, ekutin, ekutin ***slog*** ~m, ~yd, ~, ~îmin, ~n, ~n ***har slagit*** ~mes, ~ydes, ~ges, ~îmines, ~nes, ~nes ***hade slagit*** ~îm, ~îd, ~î, ~îmin, ~în, ~în

- ***sönder och samman*** 1 [Çeki berd dan*] 2 [KuteL kû kirdin*], [Şelkut kirdin*]

- ***till marken*** [Le/We zêw dan*]

- ***vad*** [Girew kirdin*], [Merc kirdin*]

- ***varandra*** [We/Le yek dan*]

Slåss [Cen kirdin*], [Ceng kirdin*], [Mirafe kirdin*], [Şerr kirdin*]

Släcka 1 Kuşanin [kuşan] 2 [Tarîk kirdin*], [Tîyerîk kirdin*], [Tar kirdin*], [Kûr kirdin*], [Xamûş kirdin*], [Kûr kirdin*] 3 Kujanin [kujan] ***släcker*** 1 ekuşnim, ekuşnid, ekuşnê, ekuşnîmin, ekuşnin, ekuşnin 3 ekujnim, ekujnid, ekujnê, ekujnîmin, ekujnin, ekujnin ***släckte*** [1,3] ~im, ~id, ~, ~îmin, ~in, ~in ***har släckt*** [1,3] ~imes, ~ides, ~iges, ~îmines, ~ines, ~ines ***hade släckt*** [1,3] ~îm, ~îd, ~î, ~îmin, ~în, ~în

Släckas [Kûr bün*], [Kûrew bün*]

Slänga 1 Xistin [xist] 2 [Pertaw kirdin*], [Peltaf kirdin*] 3 [Birk dan*], [Biring dan*] ***slänger*** 1 exem, exeyd, exad, exeymin, exen, exen ***slängde*** 1 ~im, ~id, ~, ~îmin, ~in, ~in ***har slängt*** 1 ~imes, ~ides, ~iges, ~îmines, ~ines, ~ines ***hade slängt*** 1 ~îm, ~îd, ~î, ~îmin, ~în, ~în

- ***bort*** 1 Xistin [xist] 2 [Fire dan*], [Firey dan*], [Birk dan*], [Biring dan*], [Hewa dan*], [Hûwa dan*] ***slänger*** 1 exem, exeyd, exad, exeymin, exen, exen ***slängde*** 1 ~im, ~id, ~, ~îmin, ~in, ~in ***har slängt*** 1 ~imes, ~ides, ~iges, ~îmines, ~ines, ~ines ***hade slängt*** 1 ~îm, ~îd, ~î, ~îmin, ~în, ~în

- ***ut*** [We der kirdin*], [Der xistin*]

Släpa 1 Kirranin [kirran] 2 Kîşan [kîşa] ***släpar*** 1 ekirrnim, ekirrnid, ekirrnê, ekirrnîmin, ekirrnin, ekirrnin 2 ekîşim, ekîşid, ekîşê, ekîşîmin, ekîşin, ekîşin ***släpade*** [1,2] ~im, ~id, ~, ~îmin, ~in, ~in ***har släpat*** [1,2] ~imes, ~ides, ~iges, ~îmines, ~ines, ~ines ***hade släpat*** [1,2] ~îm, ~îd, ~î, ~îmin, ~în, ~în

Släppa [WiL kirdin*], [Berd dan*]

- ***fri*** 1 [WiL kirdin*], [Azad kirdin*], [Wil kirdin*] 2 [Wer dan*], [Berd dan*]

- ***förbi*** 1 [Rê dan*] 2 [La girtin*]

Släta *murbruk* [Pamaw kirdin*]

Slöa [Latbazî kirdin*], [Dîlimî kirdin*]

Slösa [HeLexercî kirdin*]

Smaka 1 Çeşîn [çeş] 2 [Tam kirdin*], [Meze kirdin*], [Çeşe kirdin*] ***smakar*** 1 e~im, e~id, e~ê, e~îmin, e~in, e~in ***smakade*** 1 ~îm, ~îd, ~î, ~îmin, ~în, ~în ***har smakat*** 1 ~îmes, ~îdes, ~îges, ~îmines, ~înes, ~înes ***hade smakat*** 1 ~îgîm, ~îgîd, ~îgî, ~îgîmin, ~îgîn, ~îgîn
Smaksätta [Meze pê dan*], [Meze dan*]
Smalna [Teng bün*]
Smickra [Delî kirdin*], [May may kirdin*], [Paçîxî kirdin*], [Paçixî kirdin*], [XayemaLî kirdin*]
Smula sönder 1 Rizanin [rizan] 2 [Hürde kirdin*], [Hürdew kirdin*], [Hürd kirdin*], [Wird kirdin*], [Wirdew kirdin*], [Xürd kirdin*], [Hirrûş kirdin*], [Çeki werd kirdin*], [Xamêş kirdin*] ***smular sönder*** 1 eriznim, eriznid, eriznê, erizn îmin, eriznin, eriznin ***smulade sönder*** 1 ~im, ~id, ~, ~îmin, ~in, ~in ***har smulat sönder*** 1 ~imes, ~ides, ~iges, ~îmines, ~ines, ~ines ***hade smulat sönder*** 1 ~îm, ~îd, ~î, ~îmin, ~în, ~în
Smutsa [Çirkin kirdin*], [Pîs kirdin*]
Smutskasta [Bênaw kirdin*], [Xiraw kirdin*], [Rüsîye kirdin*]
Smycka [TiLa u piLa kirdin*]
Smälta 1 Tawyan [tawya] 2 Tawnîn [taw] 3 [Aw kirdin*] 4 [Aw bün*] ***smälter*** 1 etawyem, etawyeyd, etawyê, etawyeymin, etawyen, etawyen 2 e~nim, e~nid, e~nê, e~nîmin, e~nin, e~nin ***smälte*** 1 ~m, ~yd, ~, ~ymin, ~n, ~n ~nîm, ~nîd, ~nî, ~nîmin, ~nîn, ~nîn ***har smält*** 1 ~mes, ~ydes, ~ges, ~ymines, ~nes, ~nes 2 ~nîmes, ~nîdes, ~nîges, ~nîmines , ~nînes, ~nînes ***hade smält*** 1 ~gîm, ~gîd, ~gî, ~gîmin, ~gîn, ~gîn 2 ~nîgîm, ~nîgîd, ~nîgî, ~nîgîmin, ~nîgîn, ~nîgîn
Smöra *(fjäska)* [Xweştewî kirdin*], [Xweşdewî kirdin*]
Smörja in 1 MaLîn [maL] 2 [Çerm kirdin*], [Çewr kirdin*] ***smörjer*** 1 e~im, e~id, e~ê, e~îmin, e~in, e~in ***smorde*** 1 ~îm, ~îd, ~î, ~îmin, ~în, ~în ***har smort*** 1 ~îmes, ~îdes, ~îges, ~îmines, ~înes, ~înes ***hade smort*** 1 ~îgîm, ~îgîd, ~îgî, ~îgîmin, ~îgîn, ~îgîn
Snappa 1 [Bû birdin*] 2 [Halî bün*]
Snarka 1 Pirxanin [pirxan] 2 [Pirxe kirdin*], [Mirxe mirx kirdin*] 3 Mirxanin [mirxan] ***snarkar*** 1 epirxnim, epirxnid, epirxnê, epirxnîmin, epirxnin, epirxnin 3 emirxnim, emirxnid, emirxnê, emirxnîmin, emirxnin, emirxnin ***snarkade*** [1,3] ~im, ~id, ~, ~îmin, ~in, ~in ***har snarkat*** [1,3] ~imes, ~ides, ~iges, ~îmines, ~ines, ~ines ***hade snarkat*** [1,3] ~îm, ~îd, ~î, ~îmin, ~în, ~în
Snava 1 Gilyan [gilya] 2 [Letr birdin*], [Ret birdin*] 3 [Timiq dan*], [Tibûq dan*], [Ser sim dan*], [Letr dan*] ***snavar*** 1 egilyem, egilyeyd, egilyê, egilyeymin, egilyen, egilyen ***snavade*** 1 ~m, ~yd, ~, ~ymin, ~n, ~n ***har snavat*** 1 ~mes, ~ydes, ~ges, ~ymines, ~nes, ~nes ***hade snavat*** 1 ~gîm, ~gîd, ~gî, ~gîmin, ~gîn, ~gîn
Sno 1 Dizîn [diz] 2 Rifanin [rifan] 3 Qepanin [qepan] 4 [Dizî kirdin*] ***snor*** 1 e~im, e~id, e~ê, e~îmin, e~in, e~in 2 erifnim, erifnid, erifnê, erifnîmin, erifnin, erifnin 3 eqepnim, eqepnid, eqepnê, eqepnîmin, eqepnin, eqepnin ***snodde*** 1 ~îm, ~îd, ~î, ~îmin, ~în, ~în [2,3] ~im, ~id, ~, ~îmin, ~in, ~in ***har snott*** 1 ~îmes, ~îdes, ~îges, ~îmines, ~înes, ~înes [2,3] ~imes, ~ides, ~iges, ~îmines, ~ines, ~ines ***hade snott*** 1 ~îgîm, ~îgîd, ~îgî, ~îgîmin, ~îgîn, ~îgîn [2,3] ~îm, ~îd, ~î, ~îmin, ~în, ~în
Snubbla 1 Gilyan [gilya] 2 [Letr birdin*], [Ret birdin*] 3 [Timiq dan*], [Tibûq dan*],

[Ser sim dan*], [Letr dan*] ***snubblar*** 1 egilyem, egilyeyd, egilyê, egilyeymin, egilyen, egilyen ***snubblade*** 1 ~m, ~yd, ~, ~ymin, ~n, ~n ***har snubblat*** 1 ~mes, ~ydes, ~ges, ~ymines, ~nes, ~nes ***hade snubblat*** 1 ~gîm, ~gîd, ~gî, ~gîmin, ~gîn, ~gîn

Snurra 1 Çerxanin [çerxan] 2 [Xirr dan*] 3 [Pêçew dan*] 4 Çerxîn [çerx] ***snurrar*** 1 eçerxnim, eçerxnid, eçerxnê, eçerxnîmin, eçerxnin, eçerxnin 4 e~im, e~id, e~ê, e~îmin, e~in, e~in ***snurrade*** 1 ~im, ~id, ~, ~îmin, ~in, ~in 4 ~îm, ~îd, ~î, ~îmin, ~în, ~în ***har snurrat*** 1 ~imes, ~ides, ~iges, ~îmines, ~ines, ~ines 4 ~îmes, ~îdes, ~îges, ~îmines, ~înes, ~înes ***hade snurrat*** 1 ~îm, ~îd, ~î, ~îmin, ~în, ~în 4 ~îgîm, ~îgîd, ~îgî, ~îgîmin, ~îgîn, ~îgîn

Snyfta [Hin hin kirdin*]

Solka [Pîs kirdin*], [ÇepeL kirdin*], [Çirkin kirdin*]

Somna 1 Xeftin [xeft] 2 [We xaw çün*] 3 [Xaw birdin*], [Xew birdin*] ***somnar*** 1 exefim, exefid, exefê, exefîmin, exefin, exefin ***somnade*** 1 ~im, ~id, ~, ~îmin, ~in, ~in ***har somnat*** 1 ~imes, ~ides, ~iges, ~îmines, ~ines, ~ines ***hade somnat*** 1 ~îm, ~îd, ~î, ~îmin, ~în, ~în

Sopa [Gizig dan*], [Gizî dan*], [Carû dan*], [Gisik dan*]

Sorla [Wîte kirdin*], [Wîte wît kirdin*]

Sova Xeftin [xeft] ***sover*** exefim, exefid, exefê, exefîmin, exefin, exefin ***söv*** ~im, ~id, ~, ~îmin, ~in, ~in ***har sovit*** ~imes, ~ides, ~iges, ~îmines, ~ines, ~ines ***hade sovit*** ~îm, ~îd, ~î, ~îmin, ~în, ~în

Spara *pengar eller annat inför framtiden* [Paşdes kirdin*], [Pişdes kirdin*], [Cem kirdin*]

Sparka [Leqe dan*]

- ***boll*** [Şüt kirdin*], [Şût kirdin*]

Spela [Bazî kirdin*], [Geme kirdin*]

- ***kula*** [Tîle bazî kirdin*]
- ***musikinstrument*** Jenîn [jen] ***spelar*** e~im, e~id, e~ê, e~îmin, e~in, e~in ***spelade*** ~îm, ~îd, ~î, ~îmin, ~în, ~în ***har spelat*** ~îmes, ~îdes, ~îges, ~îmines, ~înes, ~înes ***hade spelat*** ~îgîm, ~îgîd, ~îgî, ~îgîmin, ~îgîn, ~îgîn

Spetsa 1 Sipanin [sipan] 2 [sêx dan*] ***spetsar*** 1 esipnim, esipnid, esipnê, esipnîmin, esipnin, esipnin ***spetsade*** 1 ~im, ~id, ~, ~îmin, ~in, ~in ***har spetsat*** 1 ~imes, ~ides, ~iges, ~îmines, ~ines, ~ines ***hade spetsat*** 1 ~îm, ~îd, ~î, ~îmin, ~în, ~în

Spilla *vätska* Rijanin [rijan] ***spiller*** erijnim, erijnid, erijnê, erijnîmin, erijnin, erijnin ***spillde*** ~im, ~id, ~, ~îmin, ~in, ~in ***har spillt*** ~imes, ~ides, ~iges, ~îmines , ~ines, ~ines ***hade spillt*** ~îm, ~îd, ~î, ~îmin, ~în, ~în

Spira 1 [Çêrew dan*], [Çüze dan*], [Çiqîre dan*], [Cîq dan*], [Çüzere dan*], [Çüzre dan*] 2 [Weç der kirdin*], [Weç kirdin*], [Pel kirdin*], [Beç kirdin*]

Spisa 1 Xwardin [xward] 2 [MiLak kirdin*] ***spisar*** 1 exwem, exweyd, exwad, exweymin, exwen, exwen ***spisade*** 1 ~im, ~id, ~, ~îmin, ~in, ~in ***har spisat*** 1 ~imes, ~ides, ~iges, ~îmines, ~ines, ~ines ***hade spisat*** 1 ~îm, ~îd, ~î, ~îmin, ~în, ~în

Sporra 1 [Taw dan*] 2 [Şürak kirdin*], [Şêreke kirdin*], [Şêr kirdin*]

Sporta [Wercis kirdin*], [Wercist kirdin*], [Werziş kirdin*]

Spotta 1 Tiffîn [tiff] 2 Tiffanin [tiffan] 3 [Tiff kirdin*] ***spottar*** etiffnim, etiffnid, etiffnê, etiffnîmin, etiffnin, etiffnin ***spottade*** [1] ~îm, ~îd, ~î, ~îmin, ~în, ~în [2] ~im, ~id, ~,

~îmin, ~in, ~in ***har spottat*** [1] ~îmes, ~îdes, ~îges, ~îmines, ~înes, ~înes [2] ~imes, ~ides, ~iges, ~îmines, ~ines, ~ines ***hade spottat*** [1] ~îgîm, ~îgîd, ~îgî, ~îgîmin, ~îgîn, ~îgîn [2] ~îm, ~îd, ~î, ~îmin, ~în, ~în

Spreja 1 Pijanin [pij] 2 Pişanin [piş] ***sprejar*** e~nim, e~nid, e~nê, e~nîmin, e~nin, e~nin ***sprejade*** ~anim, ~anid, ~an, ~anîmin, ~anin, ~anin ***har sprejat*** ~animes, ~anides, ~aniges, ~anîmines , ~anines, ~anines ***hade sprejat*** ~anîm, ~anîd, ~anî, ~anîmin, ~anîn, ~anîn

Spricka 1 [Zeng birdin*], [Zereng birdin*], [Şeq birdin*], [Şex birdin*], [Şîq birdin*], [Terek birdin*] 2 [Şex dan*], [Faq hîz dan*], [Şeq dan*]

Sprida *ut* [Pexşa kirdin*], [Pexşan kirdin*], [Pelpela kirdin*]

- *för vinden* 1 Tüçanin [tüçan] 2 Çüçanin [çüçan] ***sprider*** 1 etüçnim, etüçnid, etüçnê, etüçnîmin, etüçnin, etüçnin 2 eçüçnim, eçüçnid, eçüçnê, eçüçnîmin, eçüçnin, eçüçnin ***spred*** [1,2] ~im, ~id, ~, ~îmin, ~in, ~in ***har spridit*** [1,2] ~imes, ~ides, ~iges, ~îmines, ~ines, ~ines ***hade spridit*** [1,2] ~îm, ~îd, ~î, ~îmin, ~în, ~în

- *rykte* [Qise diris kirdin*], [Çikiraw kirdin*]

- *ut matta och liknande* *sifre* Xistin [xist] ***sprider*** exem, exeyd, exad, exeymin, exen, exen ***spred*** ~im, ~id, ~, ~îmin, ~in, ~in ***har spridit*** ~imes, ~ides, ~iges, ~îmines, ~ines, ~ines ***hade spridit*** ~îm, ~îd, ~î, ~îmin, ~în, ~în

Springa 1 Dewîn [dew], 2 dewistin [dewist] ***springer*** edewim, edewid, edewê, edewîmin, edewin, edewin ***sprang*** [1] ~îm, ~îd, ~î, ~îmin, ~în, ~în [2] ~im, ~id, ~, ~îmin, ~in, ~in ***har sprungit*** [1] ~îmes, ~îdes, ~îges, ~îmines, ~înes, ~înes [2] ~imes, ~ides, ~iges, ~îmines, ~ines, ~ines ***hade sprungit*** [1] ~îgîm, ~îgîd, ~îgî, ~îgîmin, ~îgîn, ~îgîn [2] ~îm, ~îd, ~î, ~îmin, ~în, ~în

- *runt och skrika som förryckt* [Ban le wer girtin*]

- *sin väg* [Der çün*]

Sprinkla med vatten [Aw reşe kirdin*]

Spruta 1 Pijanin [pij] 2 pişanin [piş] ***sprutar*** e~nim, e~nid, e~nê, e~nîmin, e~nin, e~nin ***sprutade*** ~anim, ~anid, ~an, ~anîmin, ~anin, ~anin ***har sprutat*** ~animes, ~anides, ~aniges, ~anîmines , ~anines, ~anines ***hade sprutat*** ~anîm, ~anîd, ~anî, ~anîmin, ~anîn, ~anîn

- *ut* 1 Fîşkanin [fîşkan] 2 Pijanin [pijan] 3 Pirjanin [pirjan] 4 Pirşanin [pirşan] 5 Cilîtanin [cilîtan] ***sprutar*** 1 efîşknim, efîşknid, efîşknê, efîşknîmin, efîşknin, efîşknin 2 epijnim, epijnid, epijnê, epijnîmin, epijnin, epijnin 3 epirjnim, epirjnid, epirjnê, epirjnîmin, epirjnin, epirjnin 4 epirşnim, epirşnid, epirşnê, epirşnîmin, epirşnin, epirşnin 5 ecilîtnim, ecilîtnid, ecilîtnê, ecilîtnîmin, ecilîtnin, ecilîtnin ***sprutade*** [1,2,3,4,5] ~im, ~id, ~, ~îmin, ~in, ~in ***har sprutat*** [1,2,3,4,5] ~imes, ~ides, ~iges, ~îmines, ~ines, ~ines ***hade sprutat*** [1,2,3,4,5] ~îm, ~îd, ~î, ~îmin, ~în, ~în

Språka [Qise kirdin*], [Qisye kirdin*], [Wagû kirdin*], [Wazgift kirdin*], [Wazgû kirdin*]

Spräcka 1 Terekanin [terek] 2 Tereqanin [tereq] 3 Pişkanin [pişk] ***spräcker*** e~nim, e~nid, e~nê, e~nîmin, e~nin, e~nin ***spräckte*** ~anim, ~anid, ~an, ~anîmin, ~anin, ~anin ***har spräckt*** ~animes,

~anides, ~aniges, ~anîmines, ~anines, ~anines ***hade spräckt*** ~anîm, ~anîd, ~anî, ~anîmin, ~anîn, ~anîn

Spränga 1 Terekanin [terek] 2 Tereqanin[tereq] 3 Teqanin [teq] 4 Pûqanin [pûq] 5 Tûqanin [tûq] 6 Pirûqanin [pirûqan] 7 Tirûqanin [tirûqan] 8 Pükanin [pük] ***spränger*** [1,2,3,4,5,8] e~nim, e~nid, e~nê, e~nîmin, e~nin, e~nin 6 epirûqnim, epirûqnid, epirûqnê, epirûqnîmin, epirûqnin, epirûqnin 7 etirûqnim, etirûqnid, etirûqnê, etirûqnîmin, etirûqnin, etirûqnin ***sprängde*** [1,2,3,4,5,8] ~anim, ~anid, ~an, ~anîmin, ~anin, ~anin [6,7] ~im, ~id, ~, ~îmin, ~in, ~in ***har sprängt*** [1,2,3,4,5,8] ~animes, ~anides, ~aniges, ~anîmines, ~anines, ~anines [6,7] ~imes, ~ides, ~iges, ~îmines, ~ines, ~ines ***hade sprängt*** [1,2,3,4,5,8] ~anîm, ~anîd, ~anî, ~anîmin, ~anîn, ~anîn [6,7] ~îm, ~îd, ~î, ~îmin, ~în, ~în

Spy 1 ELawirdin [eLawird] 2 [DiL qeLew bün*], [QeLew bün*] 3 Pilqanin [pilq] 4 QuLpanin [quLp] 5 [Qey kirdin*] ***spyr*** 1 eLyerim, eLyerid, eLyerê, eLyerîmin, eLyerin, eLyerin [3,4] e~nim, e~nid, e~nê, e~nîmin, e~nin, e~nin ***spydde*** 1 ~im, ~id, ~, ~îmin, ~in, ~in [3,4] ~anim, ~anid, ~an, ~anîmin, ~anin, ~anin ***har spytt*** 1 ~imes, ~ides, ~iges, ~îmines, ~ines, ~ines [3,4] ~animes, ~anides, ~aniges, ~anîmines, ~anines, ~anines ***hade spytt*** 1 ~îm, ~îd, ~î, ~îmin, ~în, ~în [3,4] ~anîm, ~anîd, ~anî, ~anîmin, ~anîn, ~anîn

Spå [TaLe girtin*], [FaL girtin*]

Spåra *upp* 1 [Şûn girtin*] 2 [Şûngir bün*]

Späda *ut* [KaL kirdin*], [KaLew kirdin*], [KaLa kirdin*]

Spädas *ut* [KaLew bün*], [KaL bün*]

Spänna [Qayim kirdin*]

- *om rep och dylikt* 1 [Niq u cir kirdin*], 2 [Girye dan*]

- *sig (muskler)* 1 [Zûr dan*] 2 [Zûr kirdin*] 3 Nikanin [nikan] 4 Niqanin [niqan] ***spänner*** 3 eniknim, eniknid, eniknê, eniknîmin, eniknin, eniknin 4 eniqnim, eniqnid, eniqnê, eniqnîmin, eniqnin, eniqnin ***spände*** [3,4] ~im, ~id, ~, ~îmin, ~in, ~in ***har spänt*** [3,4] ~imes, ~ides, ~iges, ~îmines, ~ines, ~ines ***hade spänt*** [3,4] ~îm, ~îd, ~î, ~îmin, ~în, ~în

- *åt* [Cîke birr kirdin*], [Sift kirdin*]

Spännas *åt* [Kip bün*], [Sift bün*], [Gîr bün*]

Spärra *in* [Ragîr kirdin*], [Ben kirdin*]

Spörja Pirsîn [pirs] ***spörjer*** e~im, e~id, e~ê, e~îmin, e~in, e~in ***sporde*** ~îm, ~îd, ~î, ~îmin, ~în, ~în ***har sport*** ~îmes, ~îdes, ~îges, ~îmines, ~înes, ~înes ***hade sport*** ~îgîm, ~îgîd, ~îgî, ~îgîmin, ~îgîn, ~îgîn

Stamma [Seri zûwan girtin*], [Tiki zûwan girtin*]

Stampa [Leqe maL kirdin*], [Pakû kirdin*], [PawiLa kirdin*]

stanna Wesanin [wes] ***stannar*** e~im, e~id, e~ê, e~îmin, e~in, e~in ***stannade*** ~am, ~ayd, ~a, ~aîmin, ~an, ~an ***har stannat*** ~ames, ~aydes, ~ages, ~aîmines, ~anes, ~anes ***hade stannat*** ~aîm, ~aîd, ~aî, ~aîmin, ~aîn, ~aîn

Stapla 1 Çinîn [çin] 2 [Ban yek nan*] ***staplar*** e~im, e~id, e~ê, e~îmin, e~in, e~in ***staplade*** ~îm, ~îd, ~î, ~îmin, ~în, ~în ***har staplat*** ~îmes, ~îdes, ~îges, ~îmines, ~înes, ~înes ***hade staplat*** ~îgîm, ~îgîd, ~îgî, ~îgîmin, ~îgîn, ~îgîn

Starta [Des pê kirdin*], [Binya nan*]

Steka 1 Wirjanin [wirjan] 2 Wirşanin [wirşan] 3 Birjanin [birjan] 4 Birşanin [birşan] 5 HeLbirjanin [heLbirjan] 6

HeLbirşanin [heLbirşan] ***steker*** 1 ewirjnim, ewirjnid, ewirjnê, ewirjnîmin, ewirjnin, ewirjnin 2 ewirşnim, ewirşnid, ewirşnê, ewirşnîmin, ewirşnin, ewirşnin 3 ebirjnim, ebirjnid, ebirjnê, ebirjnîmin, ebirjnin, ebirjnin 4 ebirşnim, ebirşnid, ebirşnê, ebirşnîmin, ebirşnin, ebirşnin 5 HeLbirjnim, HeLbirjnid, HeLbirjnê, HeLbirjnîmin, HeLbirjnin, HeLbirjnin 6 HeLbirşnim, HeLbirşnid, HeLbirşnê, HeLbirşnîmin, HeLbirşnin, HeLbirşnin ***stekte*** [1,2,3,4,5,6] ~im, ~id, ~, ~îmin, ~in, ~in ***har stekt*** [1,2,3,4,5,6] ~imes, ~ides, ~iges, ~îmines, ~ines, ~ines ***hade stekt*** [1,2,3,4,5,6] ~îm, ~îd, ~î, ~îmin, ~în, ~în

- ***i olja*** [Awrün kirdin*]

Stekas [Kewaw bün*]

Stelna [Siftew bün*], [Qayim bün*], [Req bün*], [Reqew bün*]

Stena [Kuçig waran kirdin*]

Sticka *in* [Tîya birdin*], [E naw birdin*]

- ***(insektsbett)*** 1 Çizanin [çizan] 2 Daçizanin [daçizan] ***sticker*** 1 eçiznim, eçiznid, eçiznê, eçiznîmin, eçiznin, eçiznin 2 daçiznim, daçiznid, daçiznê, daçiznîmin, daçiznin, daçiznin ***stack*** [1,2] ~im, ~id, ~, ~îmin, ~in, ~in ***har stuckit*** [1,2] ~imes, ~ides, ~iges, ~îmines, ~ines, ~ines ***hade stuckit*** [1,2] ~îm, ~îd, ~î, ~îmin, ~în, ~în

- ***strumpor och liknande*** Çinîn [çin] ***sticker*** e~im, e~id, e~ê, e~îmin, e~in, e~in ***stack*** ~îm, ~îd, ~î, ~îmin, ~în, ~în ***har stuckit*** ~îmes, ~îdes, ~îges, ~îmines, ~înes, ~înes ***hade stuckit*** ~îgîm, ~îgîd, ~îgî, ~îgîmin, ~îgîn, ~îgîn

Stiga av (få att) Dawezanin [dawezan] ***stiger av*** daweznim, daweznid, dawezné, daweznîmin, daweznin, daweznin ***steg av*** ~im, ~id, ~, ~îmin, ~in, ~in ***har stigit av*** ~imes, ~ides, ~iges, ~îmines, ~ines, ~ines ***hade stigit av*** ~îm, ~îd, ~î, ~îmin, ~în, ~în

Stinga 1 Çizanin [çizan] 2 Daçizanin [daçizan] ***stinger*** 1 eçiznim, eçiznid, eçiznê, eçiznîmin, eçiznin, eçiznin 2 daçiznim, daçiznid, daçiznê, daçiznîmin, daçiznin, daçiznin ***stack*** [1,2] ~im, ~id, ~, ~îmin, ~in, ~in ***har stungit*** [1,2] ~imes, ~ides, ~iges, ~îmines, ~ines, ~ines ***hade stungit*** [1,2] ~îm, ~îd, ~î, ~îmin, ~în, ~în

Stjäla 1 Dizîn [diz] 2 Rifanin [rifan] 3 [Dizî kirdin*] 4 Qepanin [qepan] 5 Rûwakanin [rûwakan] 6 Tirafanin [tirafan] ***stjäl*** e~im, e~id, e~ê, e~îmin, e~in, e~in 2 erifnim, erifnid, erifnê, erifnîmin, erifnin, erifnin 4 eqepnim, eqepnid, eqepnê, eqepnîmin, eqepnin, eqepnin 5 Rûwaknim, Rûwaknid, Rûwaknê, Rûwaknîmin, Rûwaknin, Rûwaknin 6 Tirafnim, Tirafnid, Tirafnê, Tirafnîmin, Tirafnin, Tirafnin ***stal*** ~îm, ~îd, ~î, ~îmin, ~în, ~în [2,4,5,6] ~im, ~id, ~, ~îmin, ~in, ~in ***har stulit*** ~îmes, ~îdes, ~îges, ~îmines, ~înes, ~înes [2,4,5,6] ~imes, ~ides, ~iges, ~îmines, ~ines, ~ines ***hade stulit*** ~îgîm, ~îgîd, ~îgî, ~îgîmin, ~îgîn, ~îgîn [2,4,5,6] ~îm, ~îd, ~î, ~îmin, ~în, ~în

Stoltsera *(vara högfärdig)* 1 [Werde werde kirdin*], [Dem wa kirdin*], [Tirre tirr kirdin*], [Berçek berçek kirdin*] 2 [Fîs girtin*], [Xwey girtin*] 3 [Wadar bün*] 4 [Xwey nîşan dan*]

Stoppa 1 Wesanin [wesan] 2 [Naw rê girtin*], [Nûwa rê girtin*], [Rê girtin*], [Nûwa girtin*], [Wer girtin*], [Pêş girtin*], [Des girtin*] 3 [Gîr dan*], [Gilew dan*], [Herrûke dan*] 4 Besanin [besan] ***stoppar*** 1 ewesnim, ewesnid, ewesnê, ewesnîmin, ewesnin, ewesnin 4 ebesnim, ebesnid, ebesnê, ebesnîmin, ebesnin, ebesnin

stoppade [1,4] ~im, ~id, ~, ~îmin, ~in, ~in ***har stoppat*** [1,4] ~imes, ~ides, ~iges, ~îmines, ~ines, ~ines ***hade stoppat*** [1,4] ~îm, ~îd, ~î, ~îmin, ~în, ~în

- ***in*** [Tîya birdin*], [E naw birdin*]

Storma *(anfalla)* 1 [Pelemar birdin*], [Hütre birdin*], [HiLamat birdin*], [HeLmet birdin*], [Hêriş birdin*], [Hüjim birdin*], [Pelamar birdin*] 2 [Hütre dan*], [Heywet dan*], [HeLmet dan*], [HiLamat dan*] 3 [Wer nan*]

Straffa [Ceza dan*], [Ciza dan*], [Padaşt dan*], [Siza dan*], [Edew dan*]

Stressa [HoL kirdin*], [HûL kirdin*], [HewL kirdin*], [HeLe piLe kirdin*]

Strimla 1 Darüşanin [darüşan] 2 Herüşanin [herüşan] 3 [Şet u pel kirdin*], [Şeti pel kirdin*], [Rene kirdin*], [Pey kirdin*], [ŞîtaL şîtaL kirdin*] 4 ELtilîşanin [eLtilîşan] 5 HeLtilîşanin [heLtilîşan] ***strimlar*** 1 darüşnim, darüşnid, darüşnê, darüşnîmin, darüşnin, darüşnin 2 herüşnim, herüşnid, herüşnê, herüşnîmin, herüşnin, herüşnin 4 eLtilîşnim, eLtilîşnid, eLtilîşnê, eLtilîşnîmin, eLtilîşnin, eLtilîşnin 5 heLtilîşnim, heLtilîşnid, heLtilîşnê, heLtilîşnîmin, heLtilîşnin, heLtilîşnin ***strimlade*** [1,2,4,5] ~im, ~id, ~, ~îmin, ~in, ~in ***har strimlat*** [1,2,4,5] ~imes, ~ides, ~iges, ~îmines, ~ines, ~ines ***hade strimlat*** [1,2,4,5] ~îm, ~îd, ~î, ~îmin, ~în, ~în

Strypa 1 Tasanin [tasan] 2 [Xinig kirdin*], [Xefe kirdin*] ***stryper*** 1 etasnim, etasnid, etasnê, etasnîmin, etasnin, etasnin ***ströp*** 1 ~im, ~id, ~, ~îmin, ~in, ~in ***har strypt*** 1 ~imes, ~ides, ~iges, ~îmines, ~ines, ~ines ***hade strypt*** 1 ~îm, ~îd, ~î, ~îmin, ~în, ~în

Stråla [Wirşe dan*], [Girşe dan*], [Şewq dan*]

Sträcka *(töja)* Kîşan [kîşa] ***sträcker*** ekîşim, ekîşid, ekîşê, ekîşîmin, ekîşin, ekîşin ***sträckte*** ~m, ~yd, ~, ~îmin, ~n, ~n ***har sträckt*** ~mes, ~ydes, ~ges, ~îmines, ~nes, ~nes ***hade sträckt*** ~îm, ~îd, ~î, ~îmin, ~în, ~în

Sträva efter 1 [Giztaw kirdin*], [Teqela kirdin*], [Kûşis kirdin*], [Zûr kirdin*] 2 [Zûr dan*], [Zenibeleq dan*], [Dü cerr dan dan*]

Strö *ut* [Pexşa kirdin*], [Pexşan kirdin*]

Studera *(plugga)* Xwenistin [xwenist] ***studerar*** exwenim, exwenid, exwenê, exwenîmin, exwenin, exwenin ***studerade*** ~im, ~id, ~, ~îmin, ~in, ~in ***har studerat*** ~imes, ~ides, ~iges, ~îmines, ~ines, ~ines ***hade studerat*** ~îm, ~îd, ~î, ~îmin, ~în, ~în

- ***ingående*** [Pitekene kirdin*]

Stupa nedsättande Tûpyan [tûpya] ***stupar*** etûpyem, etûpyeyd, etûpyê, etûpyeymin, etûpyen, etûpyen ***stupade*** ~m, ~yd, ~, ~ymin, ~n, ~n ***har stupat*** ~mes, ~ydes, ~ges, ~ymines, ~nes, ~nes ***hade stupat*** ~gîm, ~gîd, ~gî, ~gîmin, ~gîn, ~gîn

Stura [Qeyz kirdin*]

Stycka [Let kirdin*], [Kut kirdin*], [Let let kirdin*], [Kut kut kirdin*], [Qey kirdin*], [Beş kirdin*], [Tîke tîke kirdin*], [Pelpela kirdin*], [Şeqe kirdin*], [Beş beş kirdin*], [Beş beşew kirdin*]

Styckas [Beş bün*], [Tîke tîke bün*], [Let let bün*], [Kut kut bün*], [Pelpela bün*]

Stå 1 ELisan [eLisa], [Rasew bün*], [Hêz girtin*] ***står*** 1 eLisim, eLisid, eLisê, eLisîmin, eLisin, eLisin ***stod*** 1 ~m, ~yd, ~, ~îmin, ~n, ~n ***har stått*** 1 ~mes, ~ydes, ~ges, ~îmines, ~nes, ~nes ***hade stått*** 1 ~îm, ~îd, ~î, ~îmin, ~în, ~în

- upprätt 1 Wesanin [wesan] 2 [Rasew kirdin*], [Rasa kirdin*], [Ras kirdin*] ***står*** 1 ewesnim, ewesnid, ewesnê, ewesnîmin, ewesnin, ewesnin ***stod*** 1 ~im, ~id, ~, ~îmin, ~in, ~in ***har stått*** 1 ~imes, ~ides, ~iges, ~îmines, ~ines, ~ines ***hade stått*** 1 ~îm, ~îd, ~î, ~îmin, ~în, ~în

- upp Wesan [wes] ***står upp*** e~im, e~id, e~ê, e~îmin, e~in, e~in ***stod upp*** ~am, ~ayd, ~a, ~aîmin, ~an, ~an ***har stått upp*** ~ames, ~aydes, ~ages, ~aîmines, ~anes, ~anes ***hade stått upp*** ~aîm, ~aîd, ~aî, ~aîmin, ~aîn, ~aîn

- ut med [Exmaz kirdin*], [Ta kirdin*], [HeL kirdin*], [Midara kirdin*], 2 [Pa we gez dan*], [Pa gez dan*]

Ställa *ner* Nan [na] ***ställer ner*** enem, eneyd, enad, eneymin, enen, enen ***ställde ner*** ~m, ~yd, ~, ~ymin, ~n, ~n ***har ställt ner*** ~mes, ~ydes, ~ges, ~ymines, ~nes, ~nes ***hade ställt ner*** ~yîm, ~yîd, ~yî, ~yîmin, ~yîn, ~yîn / ~gîm, ~gîd, ~gî, ~gîmin, ~gîn, ~gîn

- i rad 1 [Zencîre dan*] 2 [Qetar nan*], [Yek le piŞt yek nan*]

- sig upp 1 ELisan [eLisa] 2 [Rasew bün*] ***ställer sig upp*** 1 eLisim, eLisid, eLisê, eLisîmin, eLisin, eLisin ***ställde sig upp*** 1 ~m, ~yd, ~, ~îmin, ~n, ~n ***har ställt sig upp*** 1 ~mes, ~ydes, ~ges, ~îmines, ~nes, ~nes ***hade ställt sig upp*** 1 ~îm, ~îd, ~î, ~îmin, ~în, ~în

- till med buller och bång [Qirmi qaL kirdin*]

- till med problem [Rîp dan*]

Stämma *vara rätt* [Ras bün*], [Dirus bün*], [Durus bün*]

Stänga 1 Wesanin [wesan] 2 Besîn [bes] 3 *derr* Nan [na] 4 [Sing dan*] 5 Besanin [besan] 6 Dawesanin [dawesan] ***stänger*** 1 ewesnim, ewesnid, ewesnê, ewesnîmin, ewesnin, ewesnin 2 ebesnim, ebesnid, ebesnê, ebesnîmin, ebesnin, ebesnin 3 enem, eneyd, enê, eneymin, enen, enen 5 ebesnim, ebesnid, ebesnê, ebesnîmin, ebesnin, ebesnin 6 dawesnim, dawesnid, dawesnê, dawesnîmin, dawesnin, dawesnin ***stängde*** [1,5,6] ~im, ~id, ~, ~îmin, ~in, ~in 2 ~îm, ~îd, ~î, ~îmin, ~în, ~în 3 ~m, ~yd, ~, ~ymin, ~n, ~n ***har stängt*** [1,5,6] ~imes, ~ides, ~iges, ~îmines, ~ines, ~ines 2 ~îmes, ~îdes, ~îges, ~îmines, ~înes, ~înes 3 ~mes, ~ydes, ~ges, ~ymines, ~nes, ~nes ***hade stängt*** [1,5,6] ~îm, ~îd, ~î, ~îmin, ~în, ~în 2 ~îgîm, ~îgîd, ~îgî, ~îgîmin, ~îgîn, ~îgîn 3 ~yîm, ~yîd, ~yî, ~yîmin, ~yîn, ~yîn / ~gîm, ~gîd, ~gî, ~gîmin, ~gîn, ~gîn

- av vägen 1 [Nûwabirr kirdin*] 2 [Rê wesanin*] 3 [Rê besanin*]

- hård [Cîke birr kirdin*]

Stängas [Texte bün*], [Çift bün*], [QiLf bün*]

Stävja 1 [Ver girtin*], [Wer girtin*] 2 [Defa kirdin*]

Stödja [Ladarî kirdin*], [Layîn girtin*], [Piştî kirdin*]

- sig mot [Lem dan*], [PaLew dan*]

Störta in *(reseras)* 1 Rimanin [riman] 2 [Xiz kirdin*], [Hirr kirdin*] ***störtar in*** 1 erimnim, erimnid, erimnê, erimnîmin, erimnin, erimnin ***störtade in*** 1 ~im, ~id, ~, ~îmin, ~in, ~in ***har störtat*** 1 ~imes, ~ides, ~iges, ~îmines, ~ines, ~ines ***hade störtat*** 1 ~îm, ~îd, ~î, ~îmin, ~în, ~în

Stöta *med något vass* [Niçig dan*]

Sucka ***av trötthet*** 1 Nirkanin [nirkan] 2 [Nirke kirdin*] ***suckar*** 1 enirknim, enirknid, enirknê, enirknîmin, enirknin, enirknin ***suckade*** 1 ~im, ~id, ~, ~îmin, ~in, ~in ***har***

suckat 1 ~imes, ~ides, ~iges, ~îmines, ~ines, ~ines ***hade suckat*** 1 ~îm, ~îd, ~î, ~îmin, ~în, ~în

Sudda Sirîn [sir] ***suddar*** e~im, e~id, e~ê, e~îmin, e~in, e~in ***suddade*** ~îm, ~îd, ~î, ~îmin, ~în, ~în ***har suddat*** ~îmes, ~îdes, ~îges, ~îmines, ~înes, ~înes ***hade suddat*** ~îgîm, ~îgîd, ~îgî, ~îgîmin, ~îgîn, ~îgîn

- ***bort alla spår efter något*** [Peykûr kirdin*], [Penkûr kirdin*]

Suga 1 Mijîn [mij] 2 Mikîn [mik] 3 [Mik dan*] ***suger*** [1,2] e~im, e~id, e~ê, e~îmin, e~in, e~in ***sög*** [1,2] ~îm, ~îd, ~î, ~îmin, ~în, ~în ***har sugit*** [1,2] ~îmes, ~îdes, ~îges, ~îmines, ~înes, ~înes ***hade sugit*** [1,2] ~îgîm, ~îgîd, ~îgî, ~îgîmin, ~îgîn, ~îgîn

- ***ut gift från ormbett*** [Jarbirr kirdin*]

Sukta efter 1 [DiLe qirçî kirdin*], [Perewa kirdin*] 2 [Qenc dan*]

Sumpa [Le/We des dan*], [Le/We kîs dan*]

Sura [Qeyz kirdin*]

Surra 1 [Niq u cir kirdin*] 2 [Girye dan*]

Svalna [Hinik bün*], [Hûnik bün*]

Svamla [Çene dan*], [Çine dan*], [Çeki çinake dan*], [Çinake dan*], [Çeqi peL dan*] 2 [Lûre kirdin*], [Xwariban kirdin*], [Wirracî kirdin*], [Jeke jek kirdin*]

Svansa [Paçîxî kirdin*], [XayemaLî kirdin*]

Svara [Cûwaw dan*]

Svetsa 1 Cûşanin [cûşan] 2 [Lehîm kirdin*] ***svetsar*** 1 ecûşnim, ecûşnid, ecûşnê, ecûşnîmin, ecûşnin, ecûşnin ***svetsade*** 1 ~im, ~id, ~, ~îmin, ~in, ~in ***har svetsat*** 1 ~imes, ~ides, ~iges, ~îmines, ~ines, ~ines ***hade svetsat*** 1 ~îm, ~îd, ~î, ~îmin, ~în, ~în

Svimma 1 [Pîran kirdin*], [Tas kirdin*], [Perkam kirdin*], [Qeş kirdin*], [Xeş kirdin*] 2 [We xwey çün*], [Le hûş çün*] 3 [Tasa birdin*], [Tasew birdin*] 4 [Bîxwid bün*]

Svindla 1 Firîwanin [firîwan] 2 XafiLanin [xafiLan] 3 Xawanin [xawan] 4 XeLetanin [xeLetan] 5 [DaLqiLa kirdin*], [Teqelfî kirdin*] 6 [Xapûre dan*] ***svindlar*** 1 efirîwnim, efirîwnid, efirîwnê, efirîwnîmin, efirîwnin, efirîwnin 2 exafilnim, exafilnid, exafilnê, exafilnîmin, exafilnin, exafilnin 3 exawnim, exawnid, exawnê, exawnîmin, exawnin, exawnin 4 exeLetnim, exeLetnid, exeLetnê, exeLetnîmin, exeLetnin ***svindlade*** [1,2,3,4] ~im, ~id, ~, ~îmin, ~in, ~in ***har svindlat*** [1,2,3,4] ~imes, ~ides, ~iges, ~îmines, ~ines, ~ines ***hade svindlat*** [1,2,3,4] ~îm, ~îd, ~î, ~îmin, ~în, ~în

Svullna [Pif kirdin*], [Bad kirdin*], [Bag kirdin*]

Svälja *vätska* ELquranin [eLquran] ***sväljer*** eLqurnim, eLqurnid, eLqurnê, eLqurnîmin, eLqurnin, eLqurnin ***svalde*** ~im, ~id, ~, ~îmin, ~in, ~in ***har svalt*** ~imes, ~ides, ~iges, ~îmines, ~ines, ~ines ***hade svalt*** ~îm, ~îd, ~î, ~îmin, ~în, ~în

Svälla [Pif kirdin*], [Bag kirdin*]

Svänga *(vända om)* 1 [Dewr dan*] 2 [Xirr xwardin*]

Svära 1 [Dijmîn dan*], [Xiraw dan*] 2 [Naxas kirdin*]

Sy [Git kirdin*]

- ***med symaskin*** Düranin [düran] ***syr*** edürnim, edürnid, edürnê, edürnîmin, edürnin, edürnin ***sydde*** ~im, ~id, ~, ~îmin, ~in, ~in ***har sytt*** ~imes, ~ides, ~iges, ~îmines, ~ines, ~ines ***hade sytt*** ~îm, ~îd, ~î, ~îmin, ~în, ~în

- ***sår*** [Kûk dan*], [TeqeL dan*], [Beqîye dan*], [Bexîye dan*], [Aj dan*]

Syna *(undersöka)* 1 [Sirinc dan*], [Sirênc dan*] 2 [Paypakî kirdin*], [Pitekene kirdin*]
Synas 1 [Pîya bün*], [Dîyar bün*] 2 [Ser heL dan*]
Synliggöra [Aşkira kirdin*], [Dîyar kirdin*], [Rûşna kirdin*]
Synliggöras [Dîyar bün*], [Aşkira bün*], [Roşin bün*]
Sysselsätta [Sergerm kirdin*]
Så 1 Karîn [kar] 2 KaLîn [kaL] 3 Kaştîn [kaşt] 4 Çiqanin [çiqan] ***sår*** [1,2] e~im, e~id, e~ê, e~îmin, e~in, e~in 3 ~im, ~id, ~ê, ~îmin, ~in, ~in 4 eçiqnim, eçiqnid, eçiqnê, eçiqnîmin, eçiqnin, eçiqnin ***sådde*** [1,2] ~îm, ~îd, ~î, ~îmin, ~în, ~în 3 ~îm, ~îd, ~î, ~îmin, ~în, ~în 4 ~im, ~id, ~, ~îmin, ~in, ~in ***har sått*** [1,2] ~îmes, ~îdes, ~îges, ~îmines, ~înes, ~înes 3 ~îmes, ~îdes, ~îges, ~îmines, ~înes, ~înes 4 ~imes, ~ides, ~iges, ~îmines, ~ines, ~ines ***hade sått*** [1,2] ~îgîm, ~îgîd, ~îgî, ~îgîmin, ~îgîn, ~îgîn 3 ~îgîm, ~îgîd, ~îgî, ~îgîmin, ~îgîn, ~îgîn 4 ~îm, ~îd, ~î, ~îmin, ~în, ~în
Såga [Herre kirdin*], [Erre kirdin*]
Sålla [ELek kirdin*], [Seren kirdin*], [Wêjing kirdin*]
Såra *köttsår och liknande* [Zîyem kirdin*]
- **känslor** 1 Rencanin [rencan] 2 [Kirûre kirdin*], [Azirde kirdin*] ***sårar*** erencnim, erencnid, erencnê, erencnîmin, erencnin, erencnin ***sårade*** ~im, ~id, ~, ~îmin, ~in, ~in ***har sårat*** ~imes, ~ides, ~iges, ~îmines, ~ines, ~ines ***hade sårat*** ~îm, ~îd, ~î, ~îmin, ~în, ~în

Säga Wetin [wet] ***säger*** eüjim, eüjid, eüjê, eüjîmin, eüjin, eüjin / üşim, üşid, üşê, üşîmin, üşin, üşin / eyjim, eyjid, eyjê, eyjîmin, eyjin, eyjin ***sa*** ~im, ~id, ~, ~îmin, ~in, ~in ***har sagt*** ~imes, ~ides, ~iges, ~îmines, ~ines, ~ines ***hade sagt*** ~îm, ~îd, ~î, ~îmin, ~în, ~în
Sälja Firûşan [firûşa] ***säljer*** efrûşim, efrûşid, efrûşê, efrûşîmin, efrûşin, efrûşin ***sålde*** ~m, ~yd, ~, ~îmin, ~n, ~n ***har sålt*** ~mes, ~ydes, ~ges, ~îmines, ~nes, ~nes ***hade sålt*** ~îm, ~îd, ~î, ~îmin, ~în, ~în
Sända [Rewan kirdin*], [Kil kirdin*], [Rewane Kirdin*]
Sänka *blicken* [Dem ew xwar kirdin*], [Çew ew xwar kirdin*]
- ***armen*** [Des ew xwar hawirdin*]
- ***ljudvolym*** [Den nizm kirdin*]
- ***ned i*** 1 Qupanin [qupan] 2 [Tê birdin*], [Têa birdin*] ***sänker*** 1 equpnim, equpnid, equpnê, equpnîmin, equpnin, equpnin ***sänkte*** 1 ~im, ~id, ~, ~îmin, ~in, ~in ***har sänkt*** 1 ~imes, ~ides, ~iges, ~îmines, ~ines, ~ines ***hade sänkt*** 1 ~îm, ~îd, ~î, ~îmin, ~în, ~în

Sära [Le yeka kirdin*], [Le yek kirdin*], [Cîya kirdin*]
Särbehandla [Diçewekî kirdin*]
Sätta *sig* Niştin [niş/nîş] ***sätter sig*** e~im, e~id, e~ê, e~îmin, e~in, e~in ***satte sig*** ~tim, ~tid, ~t, ~tîmin, ~tin, ~tin ***har satt sig*** ~times, ~tides, ~tiges, ~tîmines, ~tines, ~tines ***hade satt sig*** ~tîm, ~tîd, ~tî, ~tîmin, ~tîn, ~tîn
- ***ansikte mot ansikte*** [Rüye rü kirdin*]
- ***eld på*** Girranin [girran] ***sätter eld på*** egirrnim, egirrnid, egirrnê, egirrnîmin, egirrnin, egirrnin ***satte eld på*** ~im, ~id, ~, ~îmin, ~in, ~in ***har satt eld på*** ~imes, ~ides, ~iges, ~îmines, ~ines, ~ines ***hade satt eld på*** ~îm, ~îd, ~î, ~îmin, ~în, ~în
- ***i galopp*** [Xar dan*], [Taw dan*]
- ***i rörelse*** [Cim dan*], [Cimis dan*]
- ***ihop*** 1 [Peywes kirdin*], [Cift kirdin*] 2 [E qê yek nan*]

- *mittemot varandra* 1 [Rüye rü kirdin*], 2 [Werawer nan*]

- *någon* i ***trängomål*** [Xefet dan*], [GîçeL dan*]

- *på plats* *(om person)* [PexLe müş kirdin*], [Xer xapît kirdin*], [Zelîl kirdin*]

- *rot* *(ej om växt)* [Şûn girtin*], [Payar girtin*]

- *sig* *(om det som finns i vätskor)* [Tayirme dan*]

- *sig i rörelse* 1 [Rê kirdin*], [Cimis kirdin*], [File fil kirdin*], [Gili pil kirdin*], [Lexş kirdin*], [Lexşe kirdin*] 2 [Rewan bün*]

- *skott* *(spira)* [Çêrew dan*], [Çüze dan*], [Çiqîre dan*], [Cîq dan*], [Çüzere dan*], [Çüzre dan*]

- *stygn* 1 [Kûk dan*], [TeqeL dan*] 2 [Git kirdin*]

- *upp en pjäs* [Têat girtin*], [Deyr girtin*]

- *upp tält* [ÇatûL heL dan*], [SîyemaL heL dan*]

Söka 1 [Fîr kirdin*], [Fêr kirdin*], [Mîne kirdin*], [Minê kirdin*] 2 [Teqi çû dan*]

- *igenom* [Jêri ban kirdin*], [Jêri rü kirdin*]

Sönderdela [Let kirdin*], [Tîke tîke kirdin*], [Let let kirdin*], [Kut kut kirdin*], [Qey kirdin*], [Beş beş kirdin*], [Pelpela kirdin*], [Qince kirdin*]

Söndersmula [Xamêş kirdin*], [Hürd kirdin*]

Sörja [Şîwen kirdin*]

Söva Xefanin [xefan] ***söver*** exefnim, exefnid, exefnê, exefnîmin, exefnin, exefnin ***sövde*** ~im, ~id, ~, ~îmin, ~in, ~in ***har sövt*** ~imes, ~ides, ~iges, ~îmines, ~ines, ~ines ***hade sövt*** ~îm, ~îd, ~î, ~îmin, ~în, ~în

- *genom narkos* [Bencew dan*], [Benc dan*]

T

Ta 1 Birdin [bird] 2 Girtin [girt] 3 Senistin [senist] ***tar*** [1] ewem, eweyd, ewad, eweymin, ewen, ewen [2] egirim, eigrid, egirê, egirîmin, egirin, egirin [3] esenim, esenid, esenê, esenîmin, esenin, esenin ***tog*** ~im, ~id, ~, ~îmin, ~in, ~in ***har tagit*** ~imes, ~ides, ~iges, ~îmines, ~ines, ~ines ***hade tagit*** ~îm, ~îd, ~î, ~îmin, ~în, ~în

- *av* 1 Kenîn [ken] 2 Kenistin [kenist] 3 [HeL dan*], [EL dan*] ***tar av*** ekenim, ekenid, ekenê, ekenîmin, ekenin, ekenin ***tog av*** [1] ~îm, ~îd, ~î, ~îmin, ~în, ~în [2] ~im, ~id, ~, ~îmin, ~in, ~in ***har tagit av*** [1] ~îmes, ~îdes, ~îges, ~îmines, ~înes, ~înes [2] ~imes, ~ides, ~iges, ~îmines, ~ines, ~ines ***hade tagit av*** [1] ~îgîm, ~îgîd, ~îgî, ~îgîmin, ~îgîn, ~îgîn [2] ~îm, ~îd, ~î, ~îmin, ~în, ~în

- *avsked* [MaL awayî kirdin*], [Xuda hafizî kirdin*]

- *bort ogräs* [Wijar kirdin*], [Bijar kirdin*], [Wijîn kirdin*]

- *det lugnt* 1 [Bar sûk kirdin*] 2 [Sis girtin*]

- *en sväng* 1 Çerxîn [çerx] 2 [Xirr dan*], [Dewr dan*], [Gil dan*], [Çerx dan*] ***tar en sväng*** 1 e~im, e~id, e~ê, e~îmin, e~in, e~in ***tog en sväng*** 1 ~îm, ~îd, ~î, ~îmin, ~în, ~în ***har tagit en sväng*** 1 ~îmes, ~îdes, ~îges, ~îmines, ~înes, ~înes ***hade tagit en sväng*** 1 ~îgîm, ~îgîd, ~îgî, ~îgîmin, ~îgîn, ~îgîn

- *fast* Girtin [girt] ***tar fast*** egirim, eigrid, egirê, egirîmin, egirin, egirin ***tog fast*** ~im, ~id, ~, ~îmin, ~in, ~in ***har tagit fast***

~imes, ~ides, ~iges, ~îmines, ~ines, ~ines ***hade tagit fast*** ~îm, ~îd, ~î, ~îmin, ~în, ~în

- ***för sig*** [Gila dan*], [Gilew dan*], [Gil dan*]

- ***gisslan*** [Girew girtin*], [Girewgan girtin*], [Girewî girtin*]

- ***hand om*** [Ser peresî kirdin*], [Êwet kirdin*]

- ***i*** [Zûr dan*]

- ***ifrån*** [Lê birdin*]

- ***inte på allvar*** [Sis girtin*]

- ***kort vilopaus*** 1 [Çan der kirdin*], [Wiçan kirdin*] 2 [Wiçan girtin*]

- ***med på utflykt*** Gerdanin [gerdan] ***tar med på utflykt*** egerdnim, egerdnid, egerdnê, egerdnîmin, egerdnin, egerdnin ***tog med på utflykt*** ~im, ~id, ~, ~îmin, ~in, ~in ***har tagit med på utflykt*** ~imes, ~ides, ~iges, ~îmines, ~ines, ~ines ***hade tagit med på utflykt*** ~îm, ~îd, ~î, ~îmin, ~în, ~în

- ***med sig*** [Werda birdin*], [We gerda birdin*], [Wel xwey birdin*]

- ***med tvång*** Dawirranin [dawirran] ***tar med tvång*** dawirrnim, dawirrnid, dawirrnê, dawirrnîmin, dawirrnin, dawirrnin ***tog med tvång*** ~im, ~id, ~, ~îmin, ~in, ~in ***har tagit med tvång*** ~imes, ~ides, ~iges, ~îmines, ~ines, ~ines ***hade tagit med tvång*** ~îm, ~îd, ~î, ~îmin, ~în, ~în

- **oskulden** 1 FiLqanin [fiLqan] 2 Pişkanin [pişkan] 3 [Xiraw kirdin*] ***tar oskulden*** 1 efiLqnim, efiLqnid, efiLqnê, efiLqnîmin, efiLqnin, efiLqnin 2 epişknim, epişknid, epişknê, epişknîmin, epişknin, epişknin ***tog oskulden*** [1,2] ~im, ~id, ~, ~îmin, ~in, ~in ***har tagit oskulden*** [1,2] ~imes, ~ides, ~iges, ~îmines, ~ines, ~ines ***hade tagit oskulden*** [1,2] ~îm, ~îd, ~î, ~îmin, ~în, ~în

- ***på bar gärning*** *medan man har utomäktenskaplig samlag* [Le/We ban girtin*]

- ***på sitt ansvar*** [We mil girtin*]

- ***semester*** [Mereqez bün*], [Mir̄exes bün*]

- ***sitt liv*** [Xwey qes kirdin*], [Xwey kuştin*]

- ***skydd hos*** [Penahende bün*]

- ***slut*** [Qotar bün*], [Temam bün*]

- ***sönder*** Şikanin [şikan] ***tar sönder*** eşiknim, eşiknid, eşiknê, eşiknîmin, eşiknin, eşiknin ***tog sönder*** ~im, ~id, ~, ~îmin, ~in, ~in ***har tagit sönder*** ~imes, ~ides, ~iges, ~îmines , ~ines, ~ines ***hade tagit sönder*** ~îm, ~îd, ~î, ~îmin, ~în, ~în

- ***till flykt*** 1 [Der çün*] 2 Wayn [Se fly]

- ***tribut*** [Bac girtin*]

- ***under*** [We/Le jêr birdin*], [We/Le xwar birdin*]

- ***upp*** 1 ELgirtin [eLgirt], [Hîz dan*] ***tar upp*** 1 eLgirim, eLgirid, eLgirê, eLgirîmin, eLgirin, eLgirin ***tog upp*** 1 ~im, ~id, ~, ~îmin, ~in, ~in ***har tagit upp*** 1 ~imes, ~ides, ~iges, ~îmines, ~ines, ~ines ***hade tagit upp*** 1 ~îm, ~îd, ~î, ~îmin, ~în, ~în

- ***ut*** 1 Dirawirdin [dirawird] 2 Erawirdin [erawird] ***tar ut*** [1] edirarim, edirarid, edirarê, edirarîmin, edirarin, edirarin [2] eryerim, eryerid, eryerê, eryerîmin, eryerin, eryerin ***tog ut*** ~im, ~id, ~, ~îmin, ~in, ~in ***har tagit ut*** ~imes, ~ides, ~iges, ~îmines, ~ines, ~ines ***hade tagit ut*** ~îm, ~îd, ~î, ~îmin, ~în, ~în

- ***värn*** [Pena birdin*], [Hana birdin*]

- ***åt sig*** [Le/We xwey girtin*]

Tala 1 [Qise kirdin*], [Qisye kirdin*], [Wagû kirdin*], [Wazgift kirdin*], [Wazgû kirdin*] 2 [Dem dan*]
- ***illa om*** [Xwisp kirdin*], [Husp kirdin*], [Xusp kirdin*]

Tappa [Der çün*]
- ***all värde*** [Awsan bün*], [Bîerziş bün*]
- ***andan av förvåning*** [Maqew birdin*]
- ***aptiten*** [Meyl serd bün*], [DiLserd bün*], [DiLserdew bün*]
- ***balansen*** [Letr birdin*], [Ret birdin*]
- **bort något** 1 [We/Le desa kirdin*], [We desew kirdin*], [Gum kirdin*] 2 [Le/We des dan*], [Le/We kîs dan*], [We kîs dan
- ***bort sig*** 1 [WêLew bün*], [WêL bün*], [WiL bün*], [WiLew bün*], [Gum bün*] 2 [Şûn gum kirdin*], [Red gum kirdin*], [Rê gum kirdin*]
- ***färg*** [KaL bün*]
- ***färgen pga rädsla*** [Zerd bün*]
- ***förståndet*** 1 [Ban le wer girtin*] 2 [Lîwe bün*]
- ***hoppet*** [Na-umîd bün*]
- ***intresset*** 1 Kûmyan [kûmya] 2 [Sisew bün*], [Sis bün*], [Şil bün*], [Pişt serd bün*], [Serd bün*] ***tappar intresset*** 1 ekûmyem, ekûmyeyd, ekûmyê, ekûmyeymin, ekûmyen, ekûmyen ***tappade intresset*** 1 ~m, ~yd, ~, ~ymin, ~n, ~n ***har tappat intresset*** 1 ~mes, ~ydes, ~ges, ~ymines, ~nes, ~nes ***hade tappat intresset*** 1 ~gîm, ~gîd, ~gî, ~gîmin, ~gîn, ~gîn
- ***lusten*** 1 [Sisew bün*], [Sis bün*], [Şil bün*], [Pişt serd bün*] 2 [Meyl serd bün*], [DiLserd bün*], [DiLserdew bün*]
- ***medvetandet*** 1 [Qeş kirdin*], [Xeş kirdin*] 2 [Bîxwid bün*]
- ***sin skärpa*** [Kul bün*]
- ***tålamodet*** 1 [Ser çün*] 2 [Bîtaqet bün*]

Tatuera xaL Kutan [kuta] ***tatuerar*** ekutim, ekutid, ekutê, ekutîmin, ekutin, ekutin ***tatuerade*** ~m, ~yd, ~, ~îmin, ~n, ~n ***har tatuerat*** ~mes, ~ydes, ~ges, ~îmines, ~nes, ~nes ***hade tatuerat*** ~îm, ~îd, ~î, ~îmin, ~în, ~în

Tejpa Çespanin [çespan] ***tejpar*** eçespnim, eçespnid, eçespnê, eçespnîmin, eçespnin, eçespnin ***tejpade*** ~im, ~id, ~, ~îmin, ~in, ~in ***har tejpat*** ~imes, ~ides, ~iges, ~îmines, ~ines, ~ines ***hade tejpat*** ~îm, ~îd, ~î, ~îmin, ~în, ~în

Tigga [Gêaî kirdin*], [Xwas kirdin*], [Geday kirdin*], [Gida kirdin*], [Ta sû kiridn*]

Tillfredställa [Razî kirdin*]

Tillfråga Pirsîn [pirs] ***tillfrågar*** e~im, e~id, e~ê, e~îmin, e~in, e~in ***tillfrågade*** ~îm, ~îd, ~î, ~îmin, ~în, ~în ***har tillfrågat*** ~îmes, ~îdes, ~îges, ~îmines, ~înes, ~înes ***hade tillfrågat*** ~îgîm, ~îgîd, ~îgî, ~îgîmin, ~îgîn, ~îgîn

Tillfångata [Desgîr kirdin*]

Tillintetgöras 1 [Nabûd bün*], [Jîr rü bün*], [Wîran bün*], [Qelar bün*], [Qit bün*], [Leti pet bün*], [Let u pet bün*] 2 [We naw çün*], [Le bên çün*], [Le naw çün*], [Le kîs çün*]

Tillkännage [Sersaw kirdin*], [Aga kirdin*], [Deng kirdin*] 2 [Carr dan*]

Tillryggalägga 1 Rê wirrîn [wirr], 2 Rê birrîn [birr] 3 [Birr kirdin*] ***tillryggalägger*** [1,2] e~im, e~id, e~ê, e~îmin, e~in, e~in ***tillryggalade*** [1,2] ~îm, ~îd, ~î, ~îmin, ~în, ~în ***har tillryggalagt*** [1,2] ~îmes, ~îdes, ~îges, ~îmines , ~înes, ~înes ***hade tillryggalagt*** [1,2] ~îgîm, ~îgîd, ~îgî, ~îgîmin, ~îgîn, ~îgîn

Tillrättavisa 1 Xwitanin [xwitan] 2 [Serzenişt kirdin*], [Kizi kûr kirdin*], [Kûre kirdin*], [Liçge kirdin*], [Kûraw kirdin*], [Serzeniş kirdin*], [Qise pê kirdin*], [Qisye pê kirdin*], [Wirrawe kirdin*] 3 [Gawa dan*], [Gawew dan*] ***tillrättavisar*** 1 exwitnim, exwitnid, exwitnê, exwitnîmin, exwitnin, exwitnin ***tillrättavisade*** 1 ~im, ~id, ~, ~îmin, ~in, ~in ***har tillrättavisat*** 1 ~imes, ~ides, ~iges, ~îmines, ~ines, ~ines ***hade tillrättavisat*** 1 ~îm, ~îd, ~î, ~îmin, ~în, ~în

Tillstå [We jêr çün*], [We jîr çün*]

Tillåta 1 Hiştin [hişt] 2 [ra dan*], [rê dan*] ***tillåter*** 1 eylim, eylid, eylê, eylîmin, eylin, eylin ***tillät*** 1 ~im, ~id, ~, ~îmin, ~in, ~in ***har tillåtit*** 1 ~imes, ~ides, ~iges, ~îmines, ~ines, ~ines ***hade tillåtit*** 1 ~îm, ~îd, ~î, ~îmin, ~în, ~în

Tillåtas [Rewa bün*], [Qebûl bün*]

Tillämpa 1 [Desew kar kirdin*], [Xerîk kar kirdin*] 2 [We kar birdin*]

Tippa *slå vad* [Girew kirdin*], [Merc kirdin*]

Tipsa [Nûn dan*], [Nün dan*], [Nîşane dan*]

Titta 1 Dîn [dî] 2 [Temaşa kirdin*], [Niga kirdin*], [Seyl kirdin*], [Seyr kirdin*] 3 [Çew dan*] 4 Nürîn [nür] 5 Nüristin [nürist] ***tittar*** 1 eünim, eünid, eünê, eünîmin, eünin, eünin 4 e~im, e~id, e~ê, e~îmin, e~in, e~in 5 enürim, enürid, enürê, enürîmin, enürin, enürin ***tittade*** 1 ~m, ~d, ~, ~min, ~n, ~n 4 ~îm, ~îd, ~î, ~îmin, ~în, ~în 5 ~im, ~id, ~, ~îmin, ~in, ~in ***har tittat*** 1 ~mes, ~des, ~ges, ~mines, ~nes, ~nes 4 ~îmes, ~îdes, ~îges, ~îmines, ~înes, ~înes 5 ~imes, ~ides, ~iges, ~îmines, ~ines, ~ines ***hade tittat*** 1 ~gîm, ~gîd, ~gî, ~gîmin, ~gîn, ~gîn 4 ~îgîm, ~îgîd, ~îgî, ~îgîmin, ~îgîn, ~îgîn 5 ~îm, ~îd, ~î, ~îmin, ~în, ~în

- ***runt*** [Çaw lê dan*], [Çaw dan*], [Çew xirr dan*]

- ***utan att bli sedd*** [Sere tatigî kirdin*]

Tjafsa 1 Zirranin [zirran] 2 [Serkele dan*], [Çeqi peL dan*], [Çeq peL dan*] ***tjafsar*** 1 ezirrnim, ezirrnid, ezirrnê, ezirrnîmin, ezirrnin, ezirrnin ***tjafsade*** 1 ~im, ~id, ~, ~îmin, ~in, ~in ***har tjafsat*** 1 ~imes, ~ides, ~iges, ~îmines, ~ines, ~ines ***hade tjafsat*** 1 ~îm, ~îd, ~î, ~îmin, ~în, ~în

Tjata 1 TiLinganin [tiLingan] 2 [Çine dan*] ***tjatar*** 1 etiLingnim, etiLingnid, etiLingnê, etiLingnîmin, etiLingnin, etiLingnin ***tjatade*** 1 ~im, ~id, ~, ~îmin, ~in, ~in ***har tjatat*** 1 ~imes, ~ides, ~iges, ~îmines, ~ines, ~ines ***hade tjatat*** 1 ~îm, ~îd, ~î, ~îmin, ~în, ~în

Tjudra *(specifikt för hund)* [Sîte kirdin*]

- ***(specifikt för kamel)*** [Qemter kirdin*]

- ***(specifikt för ko)*** [Qirangise kirdin*]

- ***(åsna eller häst)*** [Liqaw kirdin*]

Tjura 1 Tûryan [tûrya] 2 [Qeyz kirdin*] ***tjurar*** 1 etûryem, etûryeyd, etûryê, etûryeymin, etûryen, etûryen ***tjurade*** 1 ~m, ~yd, ~, ~ymin, ~n, ~n ***har tjurat*** 1 ~mes, ~ydes, ~ges, ~ymines, ~nes, ~nes 2 tûr kirdines, la lê kirdines, qar kirdines ***hade tjurat*** 1 ~gîm, ~gîd, ~gî, ~gîmin, ~gîn, ~gîn

Tjuta 1 Zîkanin [zîkan] 2 Zîqanin [zîqan] 3 Zirîkanin [zirîkan] 4 [Hawar kirdin*], [Zirîke kirdin*], [Hewar kirdin*], [Hawar kirdin*] ***tjuter*** 1 ezîknim, ezîknid, ezîknê, ezîknîmin, ezîknin, ezîknin 2 ezîqnim, ezîqnid, ezîqnê, ezîqnîmin, ezîqnin, ezîqnin 3 ezirîknim, ezirîknid, ezirîknê, ezirîknîmin, ezirîknin, ezirîknin ***tjöt*** [1,2,3] ~im, ~id, ~, ~îmin, ~in, ~in ***har tjutit*** [1,2,3] ~imes, ~ides, ~iges, ~îmines, ~ines, ~ines ***hade tjutit*** [1,2,3] ~îm, ~îd, ~î, ~îmin, ~în, ~în

Tjuva 1 Dizîn [diz] 2 Rifanin [rifan] ***tjuvar*** 1 e~im, e~id, e~ê, e~îmin, e~in, e~in 2 erifnim, erifnid, erifnê, erifnîmin, erifnin, erifnin ***tjuvade*** 1 ~îm, ~îd, ~î, ~îmin, ~în, ~în 2 ~im, ~id, ~, ~îmin, ~in, ~in ***har tjuvat*** 1 ~îmes, ~îdes, ~îges, ~îmines, ~înes, ~înes 2 ~imes, ~ides, ~iges, ~îmines, ~ines, ~ines ***hade tjuvat*** 1 ~îgîm, ~îgîd, ~îgî, ~îgîmin, ~îgîn, ~îgîn 2 ~îm, ~îd, ~î, ~îmin, ~în, ~în

Tjäna *pengar* 1 Dirawirdin [dirawird] 2 Erawirdin [erawird] ***tjänar*** 1 edirarim, edirarid, edirarê, edirarîmin, edirarin, edirarin 2 eryerim, eryerid, eryerê, eryerîmin, eryerin, eryerin ***tjänade*** [1,2] ~im, ~id, ~, ~îmin, ~in, ~in ***har tjänat*** [1,2] ~imes, ~ides, ~iges, ~îmines, ~ines, ~ines ***hade tjänat*** [1,2] ~îm, ~îd, ~î, ~îmin, ~în, ~în

- ***arbeta åt/för*** [Xizmet kirdin*]

Tjänstgöra *(militär)* [Xizmet kirdin*], [Serbazî kirdin*]

Tolerera 1 [Exmaz kirdin*], [Ta kirdin*] 2 [Pa we gez dan*], [Pa gez dan dan*] 3 [We ser birdin*]

Tolka [Dipyek kirdin*], [Dipyekew kirdin*], [Dûpat kirdin*]

- ***drömmar*** [Peçîn kirdin*], [Şîyew kirdin*], [Xaw peçîn kirdin*], [Xew peçîn kirdin*]

Tordas [Coret kirdin*], [Zat kirdin*]

Torka 1 [Hişk bün*], [Wişk bün*] 2 [Hişk kirdin*], [Wişk kirdin*]

- ***så att fukten försvinner*** 1 Wişkanin [wişkan] 2 Dawişkanin [dawişkan] 3 Xwişkanin [xwişkan] 4 Hişkanin [hişkan] ***torkar*** 1 ewişknim, ewişknid, ewişknê, ewişknîmin, ewişknin, ewişknin 2 dawişknim, dawişknid, dawişknê, dawişknîmin, dawişknin, dawişknin 3 exwişknim, exwişknid, exwişknê, exwişknîmin, exwişknin, exwişknin 4 ehişknim, ehişknid, ehişknê, ehişknîmin, ehişknin, ehişknin ***torkade*** [1,2,3,4] ~im, ~id, ~, ~îmin, ~in, ~in ***har torkat*** [1,2,3,4] ~imes, ~ides, ~iges, ~îmines, ~ines, ~ines ***hade torkat*** [1,2,3,4] ~îm, ~îd, ~î, ~îmin, ~în, ~în

- ***upp*** Sirîn [sir] 2 Kirranin [kirran] ***torkar*** e~im, e~id, e~ê, e~îmin, e~in, e~in 2 ekirrnim, ekirrnid, ekirrnê, ekirrnîmin, ekirrnin, ekirrnin ***torkade*** ~îm, ~îd, ~î, ~îmin, ~în, ~în 2 ~im, ~id, ~, ~îmin, ~in, ~in ***har torkat*** ~îmes, ~îdes, ~îges, ~îmines, ~înes, ~înes 2 ~imes, ~ides, ~iges, ~îmines, ~ines, ~ines ***hade torkat*** ~îgîm, ~îgîd, ~îgî, ~îgîmin, ~îgîn, ~îgîn 2 ~îm, ~îd, ~î, ~îmin, ~în, ~în

Trampa [Leqe maL kirdin*], [Pakû kirdin*], [PawiLa kirdin*], [PamaL kirdin*], [Pakut kirdin*]

Trassla till [KiLafe kirdin*]

Trava *på varandra* 1 Çinîn [çin] 2 [Ban yek nan*] ***travar*** e~im, e~id, e~ê, e~îmin, e~in, e~in ***travade*** ~îm, ~îd, ~î, ~îmin, ~în, ~în ***har travat*** ~îmes, ~îdes, ~îges, ~îmines, ~înes, ~înes ***hade travat*** ~îgîm, ~îgîd, ~îgî, ~îgîmin, ~îgîn, ~îgîn

Trilla Keftin [keft] ***trillar*** ekefim, ekefid, ekefê, ekefîmin, ekefin, ekefin ***trillade*** ~im, ~id, ~, ~îmin, ~in, ~in ***har trillat*** ~imes, ~ides, ~iges, ~îmines, ~ines, ~ines ***hade trillat*** ~îm, ~îd, ~î, ~îmin, ~în, ~în

Triumfera 1 Birdin [bird] 2 [ZaL bün*], [Pîrûz bün*], [Çêr bün*] ***triumferar*** 1 ewem, eweyd, ewad, eweymin, ewen, ewen ***triumferade*** 1 ~im, ~id, ~, ~îmin, ~in, ~in ***har triumferat*** 1 ~imes, ~ides, ~iges, ~îmines, ~ines, ~ines ***hade triumferat*** 1 ~îm, ~îd, ~î, ~îmin, ~în, ~în

Trolla [Cadû kirdin*]
Trotsa [Mil keç kirdin*], [Mil çeft kirdin*]
Trycka *pressa* 1 Guşanin [guşan] 2 gûşanin [gûşan] 3 [Zûr kirdin*] ***trycker***.1 eguşnim, eguşnid, eguşnê, eguşnîmin, eguşnin, eguşnin 2 egûşnim, egûşnid, egûşnê, egûşnîmin, egûşnin, egûşnin ***tryckte*** 1 ~im, ~id, ~, ~îmin, ~in, ~in 2 ~im, ~id, ~, ~îmin, ~in, ~in ***har tryckt*** 1 ~imes, ~ides, ~iges, ~îmines, ~ines, ~ines 2 ~imes, ~ides, ~iges, ~îmines, ~ines, ~ines ***hade tryckt*** 1 ~îm, ~îd, ~î, ~îmin, ~în, ~în 2 ~îm, ~îd, ~î, ~îmin, ~în, ~în
 - bok/tidning [Le/We çap dan*]
 - in Tepanin [tepan] ***trycker in*** etepnim, etepnid, etepnê, etepnîmin, etepnin, etepnin ***tryckte in*** ~im, ~id, ~, ~îmin, ~in, ~in ***har tryckt in*** ~imes, ~ides, ~iges, ~îmines, ~ines, ~ines ***hade tryckt in*** ~îm, ~îd, ~î, ~îmin, ~în, ~în
Tråna [Perewa kirdin*], [Hewa kirdin*]
Trängta [Tasû kirdin*]
Trötta *ut* [Menê kirdin*], [Şeket kirdin*], [WiLeket kirdin*], [Lû birr kirdin*]
Tröttna *(bli trött)* 1 Dapirükyan [dapirükya] 2 [Mîyenî bün*], [Şeket bün*], [As bün*] ***tröttnar*** 1 dapirükyem, dapirükyeyd, dapirükyê, dapirükyeymin, dapirükyen, dapirükyen ***tröttnade*** 1 ~m, ~yd, ~, ~ymin, ~n, ~n ***har tröttnat*** 1 ~mes, ~ydes, ~ges, ~ymines, ~nes, ~nes ***hade tröttnat*** 1 ~gîm, ~gîd, ~gî, ~gîmin, ~gîn, ~gîn
Tugga 1 Qurûjanin [qurûjan] 2 Caîn [ca] ***tuggar*** 1 equrûjnim, equrûjnid, equrûjnê, equrûjnîmin, equrûjnin, equrûjnin 2 e~m, e~yd, e~d, e~ymin, e~n, e~n ***tuggade*** 1 ~im, ~id, ~, ~îmin, ~in, ~in 2 ~îm, ~îd, ~î, ~îmin, ~în, ~în ***har tuggat*** 1 ~imes, ~ides, ~iges, ~îmines, ~ines, ~ines 2 ~îmes, ~îdes, ~îges, ~îmines, ~înes, ~înes ***hade tuggat*** 1 ~îm, ~îd, ~î, ~îmin, ~în, ~în 2 ~îgîm, ~îgîd, ~îgî, ~îgîmin, ~îgîn, ~îgîn
Tukta 1 [Hewsar kirdin*], [Ayim kirdin*], [Et kirdin*], [Hey le wer kirdin*], [Edew kirdin*] 2 [Şax şikanin*]
Tumla 1 Pilanin [pilan] 2 [Xilûr bün*] ***tumlar*** 1 epilnim, epilnid, epilnê, epilnîmin, epilnin, epilnin ***tumlade*** 1 ~im, ~id, ~, ~îmin, ~in, ~in ***har tumlat*** 1 ~imes, ~ides, ~iges, ~îmines, ~ines, ~ines ***hade tumlat*** 1 ~îm, ~îd, ~î, ~îmin, ~în, ~în
Tunna [Tinik kirdin*]
Tuppa *av* 1 [Qeş kirdin*], [Xeş kirdin*] 2 [Tasa birdin*], [Tasew birdin*], [Tas birdin*] 3 [Bîxwid bün*]
Tutta *(eld)* Girranin [girran] ***tuttar*** egirrnim, egirrnid, egirrnê, egirrnîmin, egirrnin, egirrnin ***tuttade*** ~im, ~id, ~, ~îmin, ~in, ~in ***har tuttat*** ~imes, ~ides, ~iges, ~îmines, ~ines, ~ines ***hade tuttat*** ~îm, ~îd, ~î, ~îmin, ~în, ~în
Tvaga Şûrdin [şûrd] ***tvagar*** eşûrim, eşûrid, eşûrê, eşûrîmin, eşûrin, eşûrin ***tvagade*** ~im, ~id, ~, ~îmin, ~in, ~in ***har tvagat*** ~imes, ~ides, ~iges, ~îmines, ~ines, ~ines ***hade tvagat*** ~îm, ~îd, ~î, ~îmin, ~în, ~în
Tveka 1 [Şek kirdin*], [Guman kirdin*], [Pa pa kirdin*], [Pa we pa kirdin*], [Rê rê kirdin*], [Des des kirdin*], [DiLe diL kirdin*] 2 [Guman birdin*]
Tvinga [Naçar kirdin*], [Zûrgîr kirdin*]
Tvångsförflytta [HeLweda kirdin*], [Aware kirdin*]
Tvätta Şûrdin [şûrd] ***tvättar*** eşûrim, eşûrid, eşûrê, eşûrîmin, eşûrin, eşûrin ***tvättade*** ~im, ~id, ~, ~îmin, ~in, ~in ***har tvättat*** ~imes, ~ides, ~iges, ~îmines, ~ines, ~ines ***hade tvättat*** ~îm, ~îd, ~î, ~îmin, ~în, ~în

Tycka *om* 1 [DiL girtin*], [We diL girtin*] 2 [DiLe qirçî kirdin*] 3 [We diL bün*], [DiLxwaz bün*], [DiLgîr bün*]
Tyda [Dipyek kirdin*], [Dipyekew kirdin*], [Dûpat kirdin*]
- ***drömmar*** [Peçîn kirdin*], [Şîyew kirdin*], [Xaw peçîn kirdin*]
Tydliggöras [Dîyar bün*], [Roşin bün*]
Tygla 1 [Dewere kirdin*], [Becer kirdin*] 2 [Dewere birdin*]
Tyna bort *(minnet om en)* [Naw kûrew bün*], [Naw kûra bün*]
Tysta 1 Kipanin [kipan] 2 [Sakit kirdin*] ***tystar*** 1 ekipnim, ekipnid, ekipnê, ekipnîmin, ekipnin, ekipnin ***tystade*** 1 ~im, ~id, ~, ~îmin, ~in, ~in ***har tystat*** 1 ~imes, ~ides, ~iges, ~îmines, ~ines, ~ines ***hade tystat*** 1 ~îm, ~îd, ~î, ~îmin, ~în, ~în
Tystna 1 [Xamûş bün*], [Kip bün*], [Bêdeng bün*], [Kirri kipp bün*], [Sakit bün] 2 [Zûwan we dema birdin*]
Tåla 1 [TamiL kirdin*] 2 [Wer girtin*], [Ver girtin*], [Taqet girtin*]
Täcka [Mila dan*], [Le/We milew dan*], [Le/We mil dan*]
Tämja [Ram kirdin*], [Desî kirdin*], [DeseLên kirdin*], [MaLî kirdin*]
Tämjas [Ram bün*], [Desî bün*], [DeseLên bün*]
Tända 1 [Dem dan*] 2 [Rûşin kirdin*], [Girr kirdin*], [Gorr kirdin*]
- ***eld*** 1 Girranin [girran] 2 Gîsanin [gîsan] 3 [Dem dan*], [Gîs dan*] ***tänder*** 1 egirrnim, egirrnid, egirrnê, egirrnîmin, egirrnin, egirrnin 2 egîsnim, egîsnid, egîsnê, egîsnîmin, egîsnin, egîsnin ***tände*** [1,2] ~im, ~id, ~, ~îmin, ~in, ~in ***har tänt*** [1,2] ~imes, ~ides, ~iges, ~îmines, ~ines, ~ines ***hade tänt*** [1,2] ~îm, ~îd, ~î, ~îmin, ~în, ~în

Tändas [Gira girtin*], [Dem girtin*]
Tänja *(sträcka)* Kîşan [kîşa] ***tänjer*** ekîşim, ekîşid, ekîşê, ekîşîmin, ekîşin, ekîşin ***tänjde*** ~m, ~yd, ~, ~îmin, ~n, ~n ***har tänjt*** ~mes, ~ydes, ~ges, ~îmines, ~nes, ~nes ***hade tänjt*** ~îm, ~îd, ~î, ~îmin, ~în, ~în
Tänka 1 [Fikrew kirdin*], [Fikr kirdin*], [Fêr kirdin*] 2 [Qüte birdin*] 3 [Fam dan*], [Qüte dan*], [Qütew dan*]
Täppas *igen (om vattenkälla)* [Kûr bün*]
Täta [Kipa kirdin*], [Kip kirdin*], [Kirri kip kirdin*]
Tävla [Lû girtin*]
Töa *smälta* 1 Tawyan [tawya] 2 [Aw bün*] 1 ***töar*** etawyem, etawyeyd, etawyê, etawyeymin, etawyen, etawyen ***töade*** ~m, ~yd, ~, ~ymin, ~n, ~n ***har töat*** ~mes, ~ydes, ~ges, ~ymines, ~nes, ~nes ***hade töat*** ~gîm, ~gîd, ~gî, ~gîmin, ~gîn, ~gîn
Tömma [ÇûL kirdin*], [Lê der kirdin*], [Petî kirdin*], [Pük kirdin*], [Xalî kirdin*]
- ***om vätskor*** [Ewcî kirdin*]
- ***till sista droppe*** Çûrranin [çurran] ***tömmer*** eçûrrnim, eçûrrnid, eçûrrnê, eçûrrnîmin, eçûrrnin, eçûrrnin ***tömde*** ~im, ~id, ~, ~îmin, ~in, ~in ***har tömt*** ~imes, ~ides, ~iges, ~îmines, ~ines, ~ines ***hade tömt*** ~îm, ~îd, ~î, ~îmin, ~în, ~în
Tömmas *på befolkning* [Cîwaz bün*], [ÇûL bün*]
Töras [Coret kirdin*], [Zat kirdin*]

U

Undanröja [La birdin*]
Underhålla [Sergerm kirdin*]
Underlätta [Asan kirdin*], [Hasan kirdin*], [Rewan kirdin*], [Rehet kirdin*]
Underskatta [We kem girtin*], [Des kem girtin*]

Undersöka [Sirinc dan*], [Sirênc dan*] 2 [Peypakî kirdin*], [Pitekene kirdin*]
- ***händelse*** [Peypakî kirdin*]
Undsätta 1 [Nicat dan*] 2 [Gîyan der kirdin*]
Undvika [Dürî kirdin*], [Pîyerêz kirdin*], [Parêz kirdin*]
Uppdaga [Aşkira kirdin*]
Uppdela [Dabeş kirdin*], [Beş kirdin*], [Beşa kirdin*], [Beşew kirdin*]
Uppdämma [Aw girtin*]
Uppfostra 1 Perweranin [perweran] 2 [êwet kirdin*] ***uppfostrar*** 1 perwernim, perwernid, perwernê, perwernîmin, perwernin, perwernin ***uppfostrade*** 1 ~im, ~id, ~, ~îmin, ~in, ~in ***har uppfostrat*** 1 ~imes, ~ides, ~iges, ~îmines, ~ines, ~ines ***hade uppfostrat*** 1 ~îm, ~îd, ~î, ~îmin, ~în, ~în 2 [Perwerde kirdin*], [Sere were kirdin*], [Gewra kirdin*], [Êwet kirdin*], [Gep kirdin*], [Heywet kirdin*], [Êmat kirdin*]
Uppgöra 1 [Qerar dan*], [Wade dan*] 2 [Qerar nan*]
Upphöra [Qotar bün*]
Upplysa [Sersaw kirdin*], [Aga kirdin*], [Halî kirdin*] 2 [HewaL dan*], [Xewer dan*]
Upplösas *i delar* [Terafîde bün*], [Pelpela bün*], [Tera bün*]
Uppmuntra 1 [ErgaLe dan*], [DiL dan*] 2 [Şürak kirdin*], [Şêreke kirdin*], [Şêr kirdin*]
Uppmärksamma [Wişyar kirdin*], [Wirya kirdin*], [Sersaw kirdin*], [Aga kirdin*]
Uppmäta [Enaze girtin*], [Endaze girtin*], [Hinaz girtin*], [Henaz girtin*]
Uppoffra [Guzeyşt kirdin*], [Guzeşt kirdin*], [Xirr kirdin*], [Fida kirdin*], [Feda kirdin*]
Upprepa *en handling* [Diwaje kirdin*], [Le nû kirdin*]
Uppskatta *(estimera)* 1 [Sengîn u sûk kirdin*], [Azma kirdin*], [Dipyek kirdin*], [Sing kirdin*], [Berawird kirdin*] 2 [Sing dan*]
Uppträda *hotfull* [Herreşe u gurreşe kirdin*], [Herreşe kirdin*]
Urholka [Pük kirdin*]
Urinera [Mîz kirdin*], [Mêz kirdin*], [Gimîz kirdin*], [Gimêz kirdin*], [Şaş kirdin*]
Utfodra *djur* [Dan kirdin*]
Utföra Kirdin [kird] ***utför*** ekem, ekeyd, ekad, ekeymin, eken, eken ***utförde*** ~im, ~id, ~, ~îmin, ~in, ~in ***har utfört*** ~imes, ~ides, ~iges, ~îmines, ~ines, ~ines ***hade utfört*** ~îm, ~îd, ~î, ~îmin, ~în, ~în
- ***god gärning*** [Xasî kirdin*], [Xûwî kirdin*]
- ***meningslös arbete*** [AwzeL dan*], [Aw guni xer dan*]
Utförsälja [Aw kirdin*], [Herracî kirdin*]
Uthärda 1 [TamiL kirdin*] 2 [Wer girtin*], [Ver girtin*], [Taqet girtin*] 3 [Zûwan we dema birdin*] 4 [Exmaz kirdin*], [Ta kirdin*], [HeL kirdin*], [Midara kirdin*]
Utkora 1 HeLwijanin [heLwijan] 2 Wijanin [wijan] 3 [Desçin kirdin*], [Dawêj kirdin*], [GuLçin kirdin*] ***utkorar*** 1 heLwijnim, heLwijnid, heLwijnê, heLwijnîmin, heLwijnin, heLwijnin 2 ewijnim, ewijnid, ewijnê, ewijnîmin, ewijnin, ewijnin ***utkorade*** [1,2] ~anim, ~anid, ~an, ~anîmin, ~anin, ~anin ***har utkorat*** [1,2] ~animes, ~anides, ~aniges, ~anîmines, ~anines, ~anines ***hade utkorat*** [1,2] ~anîm, ~anîd, ~anî, ~anîmin, ~anîn, ~anîn
Utmana *(egga)* 1 [Tîj kirdin*], [Têj kirdin*], [Ser têj kirdin*], [Tîr kirdin*], [Lû birr kirdin*] 2 [DiLgawî dan*], [Han dan*]

Utmatta 1 HeLpirrükanin [heLpirrükan] 2 Herekanin [herekan] 3 Pirrükanin [pirrükan] ***utmattar*** 1 heLpirrüknim, heLpirrüknid, heLpirrüknê, heLpirrüknîmin, heLpirrüknin, heLpirrüknin 2 ehereknim, ehereknid, eherekné, ehereknîmin, ehereknin, ehereknin 3 epirrüknim, epirrüknid, epirrüknê, epirrüknîmin, epirrüknin, epirrüknin ***utmattade*** [1,2,3] ~im, ~id, ~, ~îmin, ~in, ~in ***har utmattat*** [1,2,3] ~imes, ~ides, ~iges, ~îmines, ~ines, ~ines ***hade utmattat*** [1,2,3] ~îm, ~îd, ~î, ~îmin, ~în, ~în

Utropa *kungöra* [Carr dan*], [Carr kîşan*]

Utrota 1 [TiLûherr kirdin*], [TiLû kirdin*], [Qeli pel kirdin*], [Semersa kirdin*], [Let u pet kirdin*], [BiLing biLing kirdin*], [Tar u mar kirdin*], [Nabûd kirdin*] 2 [Le beyn birdin*], [Le bên birdin*], [Le naw birdin*] 3 Fewtanin [fewtan] ***utrotar*** 3 efewtnim, efewtnid, efewtnê, efewtnîmin, efewtnin, efewtnin ***utrotade*** 3 ~im, ~id, ~, ~îmin, ~in, ~in ***har utrotat*** ~imes, ~ides, ~iges, ~îmines, ~ines, ~ines ***hade utrotat*** ~îm, ~îd, ~î, ~îmin, ~în, ~în

Utse 1 HeLwijanin [heLwijan] 2 Wijanin [wijan] 3 [Desçin kirdin*], [Dawêj kirdin*], [GuLçin kirdin*] ***utser*** 1 heLwijnim, heLwijnid, heLwijnê, heLwijnîmin, heLwijnin, heLwijnin 2 ewijnim, ewijnid, ewijnê, ewijnîmin, ewijnin, ewijnin ***utsåg*** [1,2] ~anim, ~anid, ~an, ~anîmin, ~anin, ~anin ***har utsett*** [1,2] ~animes, ~anides, ~aniges, ~anîmines, ~anines, ~anines ***hade utsett*** [1,2] ~anîm, ~anîd, ~anî, ~anîmin, ~anîn, ~anîn

Utsättas *för problem* [Giriftar bün*], [Tüş bün*]

Uttömma Çûrranin [çurran] ***uttömmer*** eçûrrnim, eçûrrnid, eçûrrnê, eçûrrnîmin, eçûrrnin, eçûrrnin ***uttömde*** ~im, ~id, ~, ~îmin, ~in, ~in ***har uttömt*** ~imes, ~ides, ~iges, ~îmines, ~ines, ~ines ***hade uttömt*** ~îm, ~îd, ~î, ~îmin, ~în, ~în

Utveckla *Wer/Nûwa* xistin [xist] ***utvecklar*** exem, exeyd, exad, exeymin, exen, exen ***utvecklade*** ~im, ~id, ~, ~îmin, ~in, ~in ***har utvecklat*** ~imes, ~ides, ~iges, ~îmines, ~ines, ~ines ***hade utvecklat*** ~îm, ~îd, ~î, ~îmin, ~în, ~în

Utvecklas [Wer keftin*]

Utvälja 1 HeLwijanin [heLwijan] 2 Wijanin [wijan] 3 [Desçin kirdin*], [Dawêj kirdin*], [GuLçin kirdin*] ***utväljer*** 1 heLwijnim, heLwijnid, heLwijnê, heLwijnîmin, heLwijnin, heLwijnin 2 ewijnim, ewijnid, ewijnê, ewijnîmin, ewijnin, ewijnin ***utvalde*** [1,2] ~anim, ~anid, ~an, ~anîmin, ~anin, ~anin ***har utvalt*** [1,2] ~animes, ~anides, ~aniges, ~anîmines, ~anines, ~anines ***hade utvalt*** [1,2] ~anîm, ~anîd, ~anî, ~anîmin, ~anîn, ~anîn

Utöva *magi/trolldom* 1 [Cadû kirdin*] 2 [Sitr xwenîn*], [Sitr xwenistin*]

V

Vackla *(tveka)* [Şek kirdin*], [Guman kirdin*], [Pa pa kirdin*], [Pa we pa kirdin*], [Rê rê kirdin*], [Des des kirdin*], [DiLe diL kirdin*]

Vada *i vatten* [Le aw dan*]

Vaka *över* 1 [Çawedêrî kirdin*] 2 [We dîyar bün*], [Çew e pê bün*], [Hür e mil bün*]

Vakna ELisan [eLisa] ***vaknar*** eLisim, eLisid, eLisê, eLisîmin, eLisin, eLisin ***vaknade*** ~m, ~yd, ~, ~îmin, ~n, ~n ***har vaknat*** ~mes, ~ydes, ~ges, ~îmines,

~nes, ~nes ***hade vaknat*** ~îm, ~îd, ~î, ~îmin, ~în, ~în

Vakta [Çew pêa bün*], [Hür e mil bün*], [Hür e pê bün*]

Valla *(gå på bete)* [We lewerr birdin*]

Vandra 1 Cimistin [cimist] 2 Cimîn[cim] ***vandrar*** e~im, e~id, e~ê, e~îmin, e~in, e~in ***vandrade*** [1] ~im, ~id, ~, ~îmin, ~in, ~in [2] ~îm, ~îd, ~î, ~îmin, ~în, ~în ***har vandrat*** [1] ~imes, ~ides, ~iges, ~îmines , ~ines, ~ines [2] ~îmes, ~îdes, ~îges, ~îmines, ~înes, ~înes ***hade vandrat*** [1] ~îm, ~îd, ~î, ~îmin, ~în, ~în [2] ~îgîm, ~îgîd, ~îgî, ~îgîmin, ~îgîn, ~îgîn

Vanhedra 1 [We aw dan*], [We keL dan*], [FîyeL dan*] 2 [Rüsîye kirdin*] 3 [Abrü birdin*], [Awrü birdin*]

Vanvårda [Mise mis kirdin*], [Singe sing kirdin*]

Vanära 1 [Abrü birdin*], [Awrü birdin*] 2 [Rüsîye kirdin*]

Vara Bün [bü] ***är*** hesem, hesed, hesê, heseman, hesedan, heseyan ***var*** ~m, ~d, ~, ~min, ~n, ~n ***har varit*** ~mes, ~des, ~ges, ~mines, ~nes, ~nes ***hade varit*** ~gîm, ~gîd, ~gî, ~gîmin, ~gîn, ~gîn

- ***arrogant*** [Fîs girtin*], [Lüt girtin*]
- ***begåvad*** [Hûşyar bün*], [Wirya bün*], [Zîrek bün*], [Zana bün*]
- ***beredd*** [Amade bün*], [Gurc bün*], [Gurcew bün*]
- ***desorienterad*** 1 Lêwyan [lêwya] 2 Dêwyan [dêwya] ***är desorienterad*** 1 lêwyem, lêwyeyd, lêwyê, lêwyeymin, lêwyen, lêwyen 2 dêwyem, dêwyeyd, dêwyê, dêwyeymin, dêwyen, dêwyen ***var desorienterad*** [1,2] ~m, ~yd, ~, ~ymin, ~n, ~n ***har varit desorienterad*** [1,2] ~mes, ~ydes, ~ges, ~ymines, ~nes, ~nes ***hade varit desorienterad*** [1,2] ~gîm, ~gîd, ~gî, ~gîmin, ~gîn, ~gîn
- ***desperat*** [Dermene bün*], [Xerîk bün*]
- ***fisförnäm*** 1 [Lüt berz kirdin*] 2 [Lüt girtin*], [Fîs girtin*]
- ***fokuserad*** [Wirdew bün*], [Wird bün*]
- ***fräck*** [Rüdarî kirdin*]
- ***ful i mun*** [Dijmîn dan*], [Xiraw dan*]
- ***fäst vid en person*** [Hirû girtin*], [Gurê girtin], [Gira girtin*], [Xê girtin*], [Gorê girtin*]
- ***förberedd*** [Girr gurcew bün*], [Tîyar bün*], [Çax bün*]
- ***förbryllad*** 1 Lêwyan [lêwya] 2 Dêwyan [dêwya] ***är förbryllad*** 1 lêwyem, lêwyeyd, lêwyê, lêwyeymin, lêwyen, lêwyen 2 dêwyem, dêwyeyd, dêwyê, dêwyeymin, dêwyen, dêwyen ***var förbryllad*** [1,2] ~m, ~yd, ~, ~ymin, ~n, ~n ***har varit förbryllad*** [1,2] ~mes, ~ydes, ~ges, ~ymines, ~nes, ~nes ***hade varit förbryllad*** [1,2] ~gîm, ~gîd, ~gî, ~gîmin, ~gîn, ~gîn
- ***försiktig*** [Kûm kirdin*]
- ***förståndig*** [Hûşyar bün*], [Wirya bün*], [Bifam bün*]
- ***förtjust i*** [We diL bün*], [DiLxwaz bün*], [DiLgîr bün*]
- ***förvirrad*** 1 Lêwyan [lêwya] 2 Dêwyan [dêwya] ***är förvirrad*** 1 lêwyem, lêwyeyd, lêwyê, lêwyeymin, lêwyen, lêwyen 2 dêwyem, dêwyeyd, dêwyê, dêwyeymin, dêwyen, dêwyen ***var förvirrad*** [1,2] ~m, ~yd, ~, ~ymin, ~n, ~n ***har varit förvirrad*** [1,2] ~mes, ~ydes, ~ges, ~ymines, ~nes, ~nes ***hade varit förvirrad*** [1,2] ~gîm, ~gîd, ~gî, ~gîmin, ~gîn, ~gîn
- ***glad*** 1 [Zewq kirdin*], [Şewq kirdin*], [Şadî kirdin*], [Şayî kirdin*], [Xweşî kirdin*], [Şatî kirdin*] 2 [Şa bün*], [Şad bün*], [XweşaL bün*]

- ***hjälplös*** [Dermene bün*], [Xerîk bün*]
- ***hungrig*** [Zig cerr dan*], [B/W-irsî bün*]
- ***högfärdig*** 1 [Fîs girtin*], [Lüt girtin*], [Xwey girtin*] 2 [Lüt berz kirdin*] 3 [Xwey nîşan dan*]
- ***i behov av hjälp*** [Mixtac bün*], [Mihtac bün*]
- **i färd med** Daştin [daşt] ***är i färd med*** dîrim, dîrid, dîrê, dîrîmin, dîrin, dîrin ***var i färd med*** ~im, ~id, ~, ~îmin, ~in, ~in ***har varit i färd med*** ~imes, ~ides, ~iges, ~îmines, ~ines, ~ines ***hade varit i färd med*** ~îm, ~îd, ~î, ~îmin, ~în, ~în
- ***i jämvikt*** [Mîzan bün*]
- ***ihålig*** [Pük bün*]
- ***insolent*** [Rüdarî kirdin*]
- ***intelligent*** [Hûşyar bün*], [Wirya bün*], [Zîrek bün*]
- ***koncentrerad*** 1 [Wirdew bün*], [Wird bün*] 2 [îsifa girtin*], [Mizne girtin*]
- ***korrekt*** [Ras bün*], [Durus bün*], [Dirus bün*]
- ***kvar*** 1 Menistin [menist] 2 Menîn [men] ***är kvar*** [1,2] emenim, emenid, emenê, emenîmin, emenin, emenin ***var kvar*** [1] ~im, ~id, ~, ~îmin, ~in, ~in [2] ~îm, ~îd, ~î, ~îmin, ~în, ~în ***har varit kvar*** [1] ~imes, ~ides, ~iges, ~îmines, ~ines, ~ines [2] ~îmes, ~îdes, ~îges, ~îmines, ~înes, ~înes ***hade varit kvar*** [1] ~îm, ~îd, ~î, ~îmin, ~în, ~în [2] ~îgîm, ~îgîd, ~îgî, ~îgîmin, ~îgîn, ~îgîn
- ***kär*** [DiL dan*]
- ***kärnfri*** [Pük bün*]
- ***ledsen*** [Kiz bün*]
- ***less på folk och hålla sig för sig själv*** [Yas girtin*]
- ***mån om*** [Izmet girtin*], [Hismet girtin*], [Hirmet girtin*]
- ***noggrann*** [Düz bün*], [Mîzan bün*]
- ***nöjd*** [DiLa dan*]
- ***obeslutsam*** [Şek kirdin*], [Guman kirdin*], [Pa pa kirdin*], [Pa we pa kirdin*], [Rê rê kirdin*], [Des des kirdin*], [DiLe diL kirdin*]
- ***oförskämd*** [Rüdarî kirdin*]
- ***okokt*** [Xam bün*]
- ***på jakt efter*** [Papey bün*], [We/Le şûn bün*]
- ***rak på sak*** [Naw rüa girtin*]
- ***redo*** [Amade bün*], [Gurcew bün*], [Gurc bün*]
- ***rå*** [Xam bün*]
- ***rädd*** 1 [Le pirig çün*], [ZîyeLig çün*], [ZüyeLe çün*] 2 [Mil kwirr kirdin*] 3 Tersîn [ters] ***är rädd*** 3 e~im, e~id, e~ê, e~îmin, e~in, e~in ***var rädd*** 3 ~îm, ~îd, ~î, ~îmin, ~în, ~în ***har varit rädd*** 3 ~îmes, ~îdes, ~îges, ~îmines, ~înes, ~înes ***hade varit rädd*** 3 ~îgîm, ~îgîd, ~îgî, ~îgîmin, ~îgîn, ~îgîn
- ***rädd för*** Gazyan [gazya] ***är rädd för*** egazyem, egazyeyd, egazyê, egazyeymin, egazyen, egazyen ***var rädd för*** ~m, ~yd, ~, ~ymin, ~n, ~n ***har varit rädd för*** ~mes, ~ydes, ~ges, ~ymines, ~nes, ~nes ***hade varit rädd för*** ~gîm, ~gîd, ~gî, ~gîmin, ~gîn, ~gîn
- ***rädd om*** [Izmet girtin*], [Hismet girtin*]
- ***sant*** [Ras bün*], [Dirus bün*], [Durus bün*]
- ***sig*** *(bilda var)* [Aw dûz bün*] 2 [Çirk kirdin*]
- ***skarpsinnig*** [Hûşyar bün*], [Wirya bün*]
- ***sorglös*** [Rehet bün*], [Asûde bün*]
- ***sugen på något*** [Temay çiştê kirdin*]
- ***sysselsatt*** [Des gîr bün*], [XecL bün*], [Xerîk bün*]

- sysselsatt med Daştin [daşt] ***är sysselsatt med*** dîrim, dîrid, dîrê, dîrîmin, dîrin, dîrin ***var sysselsatt med*** ~im, ~id, ~, ~îmin, ~in, ~in ***har varit sysselsatt med*** ~imes, ~ides, ~iges, ~îmines, ~ines, ~ines ***hade varit sysselsatt med*** ~îm, ~îd, ~î, ~îmin, ~în, ~în

- uppmärksam [Îsifa girtin*], [MiLaze girtin*], [Mizne girtin*]

- upptagen [Des gîr bün*], [XecL bün*], [Xerîk bün*]

- upptagen med Daştin [daşt] ***är upptagen med*** dîrim, dîrid, dîrê, dîrîmin, dîrin, dîrin ***var upptagen med*** ~im, ~id, ~, ~îmin, ~in, ~in ***har varit upptagen med*** ~imes, ~ides, ~iges, ~îmines, ~ines, ~ines ***hade varit upptagen med*** ~îm, ~îd, ~î, ~îmin, ~în, ~în

- utled på folk och hålla sig för sig själv [Yas girtin*]

- vilsen 1 [WêLew bün*], [WêLa bün*], [WiL bün*], [WiLew bün*] 2 [Rê gum kirdin*]

Varna 1 [Herreşe dan*], [Herreşe u gurreşe dan*]

Vaska *diska* Şûrdin [şûrd] **vaskar** eşûrim, eşûrid, eşûrê, eşûrîmin, eşûrin, eşûrin **vaskade** ~im, ~id, ~, ~îmin, ~in, ~in ***har vaskat*** ~imes, ~ides, ~iges, ~îmines, ~ines, ~ines ***hade vaskat*** ~îm, ~îd, ~î, ~îmin, ~în, ~în

Vattna [Awyarî kirdin*], [Aw dan*]

Vecka 1 Lûçanin [lûçan] 2 Lüçanin [lüçan] 3 [Ta kirdin*] ***veckar*** 1 elûçnim, elûçnid, elûçnê, elûçnîmin, elûçnin, elûçnin 2 elüçnim, elüçnid, elüçnê, elüçnîmin, elüçnin, elüçnin ***veckade*** [1,2] ~im, ~id, ~, ~îmin, ~in, ~in ***har veckat*** [1,2] ~imes, ~ides, ~iges, ~îmines, ~ines, ~ines ***hade veckat*** [1,2] ~îm, ~îd, ~î, ~îmin, ~în, ~în

Vela [Şek kirdin*], [Guman kirdin*], [Pa pa kirdin*], [Rê rê kirdin*], [Pa we pa kirdin*], [Des des kirdin*], [DiLe diL kirdin*]

Veta Zanistin [zanist] ***vet*** ezanim, ezanid, ezanê, ezanîmin, ezanin, ezanin **visste** ~im, ~id, ~, ~îmin, ~in, ~in ***har vetat*** ~imes, ~ides, ~iges, ~îmines, ~ines, ~ines ***hade vetat*** ~îm, ~îd, ~î, ~îmin, ~în, ~în

- hur [Rê birdin*]

- varken ut eller in [Dermene bün*], [Xerîk bün*]

Vibrera Lerzîn [lerz] ***vibrerar*** e~im, e~id, e~ê, e~îmin, e~in, e~in ***vibrerade*** ~îm, ~îd, ~î, ~îmin, ~în, ~în ***har vibrerat*** ~îmes, ~îdes, ~îges, ~îmines, ~înes, ~înes ***hade vibrerat*** ~îgîm, ~îgîd, ~îgî, ~îgîmin, ~îgîn, ~îgîn

Vidga [WiLa kirdin*], [Pîyen kirdin*], [Pan kirdin*], [Xirr kirdin*], [Wişa kirdin*]

Vidgå 1 [Iqrar kirdin*], [Eqrar kirdin*] 2 [We jêr çün*], [We jîr çün*]

Vidhålla 1 [Car u hicet kirdin*], [Hicet kirdin*], [Lenc kirdin*], [Kutir kirdin*], [Eqrar kirdin*], [Kwit kirdin*], [Kûtir kirdin*], [Pamil kirdin*], [Sikwin kirdin*] 2 [Pa we gez dan*] 3 [Qurs girtin*]

Vika [Lû kirdin*], [Qey kirdin*], [Tû kirdin*], [Ta kirdin*]

- av [Rê la dan*]

- fyra gånger [Çûwar qey kirdin*], [Çûwar la kirdin*], [Çûwar lû kirdin*]

Vila 1 [Çan der kirdin*], [Wiçan kirdin*] 2 [Wiçan girtin*]

- ut [Şeketî der kirdin*]

Vilja 1 Twastin [twast] 2 Tûwastin [Tûwastin] 3 Xwastin [xwast] 4 [Ida kirdin*] ***vill*** 1 etwam, etwayd, etwad, etwaymin, etwan, etwan 2 etûwam, etûwayd, etûwad, etûwaymin, etûwan, etûwan ***ville*** [1,2,3] ~im, ~id, ~, ~îmin, ~in,

~in *har velat* [1,2,3] ~imes, ~ides, ~iges, ~îmines, ~ines, ~ines *hade velat* [1,2,3] ~îm, ~îd, ~î, ~îmin, ~în, ~în

Vinna 1 Birdin [bird] 2 [ZaL bün*], [Pîrûz bün*], [Çêr bün*] *vinner* 1 ewem, eweyd, ewad, eweymin, ewen, ewen *vann* 1 ~im, ~id, ~, ~îmin, ~in, ~in *har vunnit* 1 ~imes, ~ides, ~iges, ~îmines, ~ines, ~ines *hade vunnit* 1 ~îm, ~îd, ~î, ~îmin, ~în, ~în

- *över* Tûzanin [tûzan] **vinner** *över* etûznim, etûznid, etûznê, etûznîmin, etûznin, etûznin **vann** *över* ~im, ~id, ~, ~îmin, ~in, ~in *har vunnit över* ~imes, ~ides, ~iges, ~îmines, ~ines, ~ines *hade vunnit över* ~îm, ~îd, ~î, ~îmin, ~în, ~în

Vippa 1 Tekanin [tekan] *vippar* 1 eteknim, eteknid, eteknê, eteknîmin, eteknin, eteknin *vippade* 1 ~im, ~id, ~, ~îmin, ~in, ~in *har vippat* 1 ~imes, ~ides, ~iges, ~îmines, ~ines, ~ines *hade vippat* 1 ~îm, ~îd, ~î, ~îmin, ~în, ~în

Vira *in* 1 Pîçanin [pîçan] 2 [Pêç dan*] *virar in* 1 epîçnim, epîçnid, epîçnê, epîçnîmin, epîçnin, epîçnin *virade in* 1 ~im, ~id, ~, ~îmin, ~in, ~in *har virat in* 1 ~imes, ~ides, ~iges, ~îmines , ~ines, ~ines *hade virat in* 1 ~îm, ~îd, ~î, ~îmin, ~în, ~în

- *runt huvudet* [Ser girtin*]

Virra [Mat bün*], [Sergerdan bün*], [Peşêw bün*]

Visa [Nîşan dan*]

- *respekt* 1 [Rü kesê girtin*], [Qedr girtin*], [Xatir girtin*], [Erhem u terhem girtin*] 2 [Tewere rü birdin*]

- *runt* [Xirr dan*]

- *sig* [Xwey nîşan dan*]

- *sitt deltagande* [DiLaLet dan*]

Visitera 1 Dawişkanin [dawişkan] 2 Wişkanin [wişkan] 3 [Jêri ban kirdin*], [Jêri rü kirdin*], *visiterar* 1 dawişknim, dawişknid, dawişknê, dawişknîmin, dawişknin, dawişknin *visiterade* [1,2] ~im, ~id, ~, ~îmin, ~in, ~in *har visiterat* [1,2] ~imes, ~ides, ~iges, ~îmines, ~ines, ~ines *hade visiterat* [1,2] ~îm, ~îd, ~î, ~îmin, ~în, ~în

Viska 1 Sirkanin [sirkan] 2 Fiçanin [fiçan] 3 [Witi wat kirdin*], [Wite wit kirdin*], [Piçe piç kirdin*] *viskar* 1 esirknim, esirknid, esirknê, esirknîmin, esirknin, esirknin 2 efiçnim, efiçnid, efiçnê, efiçnîmin, efiçnin, efiçnin *viskade* 1 ~im, ~id, ~, ~îmin, ~in, ~in *har viskat* 1 ~imes, ~ides, ~iges, ~îmines, ~ines, ~ines *hade viskat* 1 ~îm, ~îd, ~î, ~îmin, ~în, ~în

Vispa Şêwanin [şêwan] *vispar* eşêwnim, eşêwnid, eşêwnê, eşêwnîmin, eşêwnin, eşêwnin *vispade* ~im, ~id, ~, ~îmin, ~in, ~in *har vispat* ~imes, ~ides, ~iges, ~îmines, ~ines, ~ines *hade vispat* ~îm, ~îd, ~î, ~îmin, ~în, ~în

Vissla 1 Fîkanin [fîk] 2 [Fîke kîşan*] *visslar* 1 e~nim, e~nid, e~nê, e~nîmin, e~nin, e~nin *visslade* 1 ~anim, ~anid, ~an, ~anîmin, ~anin, ~anin *har visslat* 1 ~animes, ~anides, ~aniges, ~anîmines, ~anines, ~anines *hade visslat* 1 ~anîm, ~anîd, ~anî, ~anîmin, ~anîn, ~anîn

- *fåglars visslande* 1 Qîqanin [qîq] 2 [Qîqe kirdin*] *visslar* 1 e~nim, e~nid, e~nê, e~nîmin, e~nin, e~nin *visslade* 1 ~anim, ~anid, ~an, ~anîmin, ~anin, ~anin *har visslat* 1 ~animes, ~anides, ~aniges, ~anîmines, ~anines, ~anines *hade visslat* 1 ~anîm, ~anîd, ~anî, ~anîmin, ~anîn, ~anîn

Vissna 1 ÇilLüsyan [çiLüs] 2 PiLmijgyan [piLmijg] 3 PijiLmyan [pijiLm], 4 Dapirükyan [dapirükya] 5 [Sîsew bün*],

[Pütar bün*], [Kirj bün*], [Kiz bün*] 6 [Qüja birdin*], [Qüj birdin*] 7 [PijiLme kirdin*] ***vissnar*** [1,2,3] e~yem, e~yeyd, e~yê, e~yeymin, e~yen, e~yen 4 dapirükyem, dapirükyeyd, dapirükyê, dapirükyeymin, dapirükyen, dapirükyen ***vissnade*** [1,2,3] ~yam, ~yayd, ~ya, ~yaymin, ~yan, ~yan 4 ~m, ~yd, ~, ~ymin, ~n, ~n ***har vissnat*** [1,2,3] ~yames, ~yaydes, ~yages, ~yaymines , ~yanes, ~yanes 4 ~mes, ~ydes, ~ges, ~ymines, ~nes, ~nes ***hade vissnat*** [1,2,3] ~yagîm, ~yagîd, ~yagî, ~yagîmin, ~yagîn, ~yagîn 4 ~gîm, ~gîd, ~gî, ~gîmin, ~gîn, ~gîn

Vittna [Şat bün*], [Şad bün*], [Şahid bün*]

Vomera 1 ELawirdin [eLawird] 2 [DiL qeLew bün*], [QeLew bün*] 3 Pilqanin [pilq] 4 QuLpanin [quLp] 5 [Qey kirdin*] ***vomerar*** 1 eLyerim, eLyerid, eLyerê, eLyerîmin, eLyerin, eLyerin [3,4] e~nim, e~nid, e~nê, e~nîmin, e~nin, e~nin ***vomerade*** 1 ~im, ~id, ~, ~îmin, ~in, ~in [3,4] ~anim, ~anid, ~an, ~anîmin, ~anin, ~anin ***har vomerat*** 1 ~imes, ~ides, ~iges, ~îmines, ~ines, ~ines [3,4] ~animes, ~anides, ~aniges, ~anîmines, ~anines, ~anines ***hade vomerat*** 1 ~îm, ~îd, ~î, ~îmin, ~în, ~în [3,4] ~anîm, ~anîd, ~anî, ~anîmin, ~anîn, ~anîn

Vrida 1 Pîçanin [pîçan] 2 [Pêçew dan*], [Pêç dan*] ***vrider*** 1 epîçnim, epîçnid, epîçnê, epîçnîmin, epîçnin, epîçnin ***vred*** 1 ~im, ~id, ~, ~îmin, ~in, ~in ***har vridit*** 1 ~imes, ~ides, ~iges, ~îmines, ~ines, ~ines ***hade vridit*** 1 ~îm, ~îd, ~î, ~îmin, ~în, ~în

- ***klockan*** [Kûk kirdin*]

- ***sig*** Lülanin [lülan] ***vrider*** lülnim, lülnid, lülnê, lülnîmin, lülnin, lülnin ***vred*** ~im, ~id, ~, ~îmin, ~in, ~in ***har vridit*** ~imes, ~ides, ~iges, ~îmines, ~ines, ~ines ***hade vridit*** ~îm, ~îd, ~î, ~îmin, ~în, ~în

- ***ur*** 1 Cerrîn [cerr] 2 [Cerr dan*] 3 [Cirr dan*] ***vrider*** 1 e~nim, e~nid, e~nê, e~nîmin, e~nin, e~nin ***vred*** 1 ~îm, ~îd, ~î, ~îmin, ~în, ~în ***har vridit*** 1 ~îmes, ~îdes, ~îges, ~îmines, ~înes, ~înes ***hade vridit*** 1 ~îgîm, ~îgîd, ~îgî, ~îgîmin, ~îgîn, ~îgîn

Vurma *för* [Hewa kirdin*], [Hewes kirdin*]

Våga [Coret kirdin*], [Zat kirdin*]

Vårda [Peresdarî kirdin*]

Väcka 1 ELisanin [eLisan] 2 Perranin [perran], 3 [We/Le xewer kirdin*] ***väcker*** [1] eLisnim, eLisnid, eLisnê, eLisnîmin, eLisnin, eLisnin [2] eperrnim, eperrnid, eperrnê, eperrnîmin, eperrnin, eperrnin ***väckte*** ~im, ~id, ~, ~îmin, ~in, ~in ***har väckt*** ~imes, ~ides, ~iges, ~îmines, ~ines, ~ines ***hade väckt*** ~îm, ~îd, ~î, ~îmin, ~în, ~în

Vädja [LaLke kirdin*]

Vädra *kläder genom skakning* ELtekanin [eLtekan] ***vädrar*** eLteknim, eLteknid, eLteknê, eLteknîmin, eLteknin, eLteknin ***vädrade*** ~im, ~id, ~, ~îmin, ~in, ~in ***har vädrat*** ~imes, ~ides, ~iges, ~îmines, ~ines, ~ines ***hade vädrat*** ~îm, ~îd, ~î, ~îmin, ~în, ~în

Väga 1 Kîşan [kîşa] 2 [Qepan kirdin*] ***väger*** 1 ekîşim, ekîşid, ekîşê, ekîşîmin, ekîşin, ekîşin ***vägde*** 1 ~m, ~yd, ~, ~îmin, ~n, ~n ***har vägt*** 1 ~mes, ~ydes, ~ges, ~îmines, ~nes, ~nes ***hade vägt*** 1 ~îm, ~îd, ~î, ~îmin, ~în, ~în

Välja 1 heLwijanin [heLwijan] 2 Wijanin [wijan] 3 [Desçin kirdin*], [Dawêj kirdin*], [GuLçin kirdin*] ***väljer*** 1 heLwijnim, heLwijnid, heLwijnê, heLwijnîmin, heLwijnin, heLwijnin 2 ewijnim, ewijnid, ewijnê, ewijnîmin, ewijnin, ewijnin ***valde***

[1,2] ~anim, ~anid, ~an, ~anîmin, ~anin, ~anin ***har valt*** [1,2] ~animes, ~anides, ~aniges, ~anîmines, ~anines, ~anines ***hade valt*** [1,2] ~anîm, ~anîd, ~anî, ~anîmin, ~anîn, ~anîn

Välkomna [We pîrî çün*], [We pêşwaz çün*]

Välta [Jêri rü kirdin*], [Ser ew xwar kirdin*], [Jîri rü kirdin*], [Ban u xwar kirdin*], [Çep kirdin*], [Dem ew xwar kirdin*], [Ser ew lêj kirdin*]

Vända *om* [Dewr dan*] 2 [Xirr xwardin*]

- ***på ex. bröd*** [Game dan*], [Gamew dan*]

- ***sig*** [La kirdin*], [Lawe kirdin*], [Lawa kirdin*], [Lawew kirdin*], [Rü kirdin*], [Wer kirdin*], [Indar kirdin*]

- ***upp och ned*** [Ban u xwar kirdin*], [Jîr u ban kirdin*]

Vänja 1 [Hûkare kirdin*], [Hukare kirdin*], [Çeçe kirdin*], [Çeşe kirdin*] 2 [Xê dan*]

Vänjas *vid* [Hûkare bün*], [Hukare bün*], [Digan xünî bün*]

Vänta 1 Wesan [wes] 2 [Sewr kirdin*] 3 [Pagez dan*] ,[Pa we gez dan*] ***väntar*** 1 e~im, e~id, e~ê, e~îmin, e~in, e~in ***väntade*** 1 ~am, ~ayd, ~a, ~aîmin, ~an, ~an ***har väntat*** 1 ~ames, ~aydes, ~ages, ~aîmines, ~anes, ~anes ***hade väntat*** 1 ~aîm, ~aîd, ~aî, ~aîmin, ~aîn, ~aîn

- ***på*** [Çewerê bün*]

Värja [Ver girtin*], [Wer girtin*]

Värma [Germa kirdin*], [Germ kirdin*], [Süyer kirdin*]

Värpa [Xa kirdin*]

Vässa [Deme zerd kirdin*], [Têj kirdin*], [Tîj kirdin*]

- ***göra spetsig för penna*** Tiraşîn [tiraş] ***vässar*** e~im, e~id, e~ê, e~îmin, e~in, e~in ***vässade*** ~îm, ~îd, ~î, ~îmin, ~în, ~în ***har vässat*** ~îmes, ~îdes, ~îges, ~îmines, ~înes, ~înes ***hade vässat*** ~îgîm, ~îgîd, ~îgî, ~îgîmin, ~îgîn, ~îgîn

Väva Çinîn [çin] ***väver*** e~im, e~id, e~ê, e~îmin, e~in, e~in ***vävde*** ~îm, ~îd, ~î, ~îmin, ~în, ~în ***har vävt*** ~îmes, ~îdes, ~îges, ~îmines, ~înes, ~înes ***hade vävt*** ~îgîm, ~îgîd, ~îgî, ~îgîmin, ~îgîn, ~îgîn

Växa [Gep bün*], [KeLên bün*]

- ***bli lång*** [Şûrra bün*], [Dirîj bün*]

Vörda 1 [Tewre rü birdin*], [Tewere rü birdin*] 2 [Hirmet girtin*], [Izmet girtin*], [Hismet girtin*]

Y

Yla Lülanin [lülan] ***ylar*** elülnim, elülnid, elülnê, elülnîmin, elülnin, elülnin ***ylade*** ~im, ~id, ~, ~îmin, ~in, ~in ***har ylat*** ~imes, ~ides, ~iges, ~îmines, ~ines, ~ines ***hade ylat*** ~îm, ~îd, ~î, ~îmin, ~în, ~în

Yra [Gazi gewr kirdin*], [PeLxaşe kirdin*], [Wirrawe kirdin*]

Å

Åka [Sewar bün*]

- **fast** Gîryan [gîr] ***åker fast*** e~yem, e~yeyd, e~yê, e~yeymin, e~yen, e~yen ***åkte fast*** ~yam, ~yayd, ~ya, ~yaymin, ~yan, ~yan ***har åkt fast*** ~yames, ~yaydes, ~yages, ~yaymines, ~yanes, ~yanes ***hade åkt fast*** ~yagîm, ~yagîd, ~yagî, ~yagîmin, ~yagîn, ~yagîn

Åldras [Dîyari ken girtin*], [Pîr bün*]

Ångra *sig* 1 [Tewbe kirdin*], [Dax kirdin*], 2 [Peşîman bün*], [BetaL bün*], [BetaLew bün*]

Återbörda [Düya dan*]

Återfinna [We dî kirdin*], [Pêya kirdin*], [Peya kirdin*], [Peyda kirdin*]
Återlämna [Düya dan*]
Återsjukna [Hewgil kirdin*], [Wakift kirdin*], [Wakif kirdin*]
Återstå 1 Menistin [menist] 2 Menîn [men] 3 [Ragîr bün*] ***återstår*** [1,2] emenim, emenid, emenê, emenîmin, emenin, emenin ***återstod*** [1] ~im, ~id, ~, ~îmin, ~in, ~in [2] ~îm, ~îd, ~î, ~îmin, ~în, ~în ***har återstått*** [1] ~imes, ~ides, ~iges, ~îmines, ~ines, ~ines [2] ~îmes, ~îdes, ~îges, ~îmines, ~înes, ~înes ***hade återstått*** [1] ~îm, ~îd, ~î, ~îmin, ~în, ~în [2] ~îgîm, ~îgîd, ~îgî, ~îgîmin, ~îgîn, ~îgîn
Återta *sin rätt* 1 [Heqew kirdin*] 2 [Heq senistin*]
Återvända Çünew [çü] ***återvänder*** eçimew, eçidew, eçiew, eçîminew, eçinew, eçinew ***återvände*** ~mew, ~dew, ~ew, ~minew, ~new, ~new ***har återvänt*** ~mesew, ~desew, ~esew, ~minesew, ~nesew, ~nesew ***hade återvänt*** ~gîmew, ~gîdew, ~gîew, ~gîminew, ~gînew, ~gînew
Åtskilja [Le yeka kirdin*], [Le yekew kirdin*], [Cîya kirdin*], [Nawcî kirdin*]
Åtskiljas [Le yek bün*], [Le yekew bün*], [Cîya bün*]

Ä

Äga 1 Daştin [daşt] 2 [Xawin bün*] ***äger*** 1 dîrim, dîrid, dîrê, dîrîmin, dîrin, dîrin ***ägde*** 1 ~im, ~id, ~, ~îmin, ~in, ~in ***har ägt*** 1 ~imes, ~ides, ~iges, ~îmines, ~ines, ~ines ***hade ägt*** 1 ~îm, ~îd, ~î, ~îmin, ~în, ~în
Äta 1 Xwardin [xward] 2 [MiLak kirdin*] ***äter*** 1 exwem, exweyd, exwad, exweymin, exwen, exwen ***åt*** 1 ~im, ~id, ~, ~îmin, ~in, ~in ***har ätit*** 1 ~imes, ~ides, ~iges, ~îmines, ~ines, ~ines ***hade* ätit** 1 ~îm, ~îd, ~î, ~îmin, ~în, ~în
- ***sakta*** [Nüçe nüç kirdin*]

Ö

Ödelägga 1 [Saf kirdin*], [KawiL kirdin*], [Wîran kirdin*], [Wêran kirdin*], [Samansa kirdin*] 2 [Teq dan*], [Le beyn dan*], [Le bên dan*]
Ödeläggas [KawiL bün*], [Wêran bün*], [KawL bün*], [Xapûr bün*]
Öka [Fire kirdin*], [Zîyag kirdin*], [Ezaf kirdin*], [Ezafe kirdin*], [Zîyatî kirdin*]
Önska 1 Twastin [twast] 2 Xwastin [xwast] 3 [Tase kirdin*], [Arezû kirdin*], [Hez kirdin*] ***önskar*** 1 etwam, etwayd, etwad, etwaymin, etwan, etwan 2 exwazim, exwazid, exwazê, exwazîmin, exwazin, exwazin ***önsakde*** [1,2] ~im, ~id, ~, ~îmin, ~in, ~in ***har önskat*** [1,2] ~imes, ~ides, ~iges, ~îmines, ~ines, ~ines ***hade önskat*** [1,2] ~îm, ~îd, ~î, ~îmin, ~în, ~în
Öppna 1 Çeqanin [çeqan] 2 Daçeqanin [daçeqan] 3 [Waz kirdin*], [Wa kirdin*] ***öppnar*** 1 eçeqnim, eçeqnid, eçeqnê, eçeqnîmin, eçeqnin, eçeqnin 2 daçeqnim, daçeqnid, daçeqnê, daçeqnîmin, daçeqnin, daçeqnin ***öppnade*** [1,2] ~im, ~id, ~, ~îmin, ~in, ~in ***har öppnat*** [1,2] ~imes, ~ides, ~iges, ~îmines, ~ines, ~ines ***hade öppnat*** [1,2] ~îm, ~îd, ~î, ~îmin, ~în, ~în
- ***vägen*** [Rê waz kirdin*]
Överdriva 1 [Qurrat dan*] 2 [Qurratî kirdin*], [We gerê kirdin*], [Qisye qeü kirdin*] 3 [Sagira wetin*]
Övermanna 1 Tûzanin [tûzan] 2 [Şikes dan*] ***övermannar*** 1 etûznim, etûznid,

etûznê, etûznîmin, etûznin, etûznin ***övermannade*** 1 ~im, ~id, ~, ~îmin, ~in, ~in ***har övermannat*** 1 ~imes, ~ides, ~iges, ~îmines, ~ines, ~ines ***hade övermannat*** 1 ~îm, ~îd, ~î, ~îmin, ~în, ~în

Överse *se genom fingrarna med* Çew pûşanin [pûşan] ***Överser*** Çew epûşnim, Çew epûşnid, Çew epûşnê, Çew epûşnîmin, Çew epûşnin, Çew epûşnin ***översåg*** ~im, ~id, ~, ~îmin, ~in, ~in ***har översett*** ~imes, ~ides, ~iges, ~îmines, ~ines, ~ines ***hade översett*** ~îm, ~îd, ~î, ~îmin, ~în, ~în

Övertyga [DiLnîya kirdin*], [MiLheq kirdin*], [Qinyat kirdin*]

Övervinna 1 Birdin [bird] 2 [Şikes dan*] ***övervinner*** 1 ewem, eweyd, ewad, eweymin, ewen, ewen ***övervann*** 1 ~im, ~id, ~, ~îmin, ~in, ~in ***har övervunnit*** 1 ~imes, ~ides, ~iges, ~îmines, ~ines, ~ines ***hade övervunnit*** 1 ~îm, ~îd, ~î, ~îmin, ~în, ~în